Vermögensgerichtsstand und einstweiliger Rechtsschutz im deutschen, niederländischen und europäischen Internationalen Zivilverfahrensrecht

Europäische Hochschulschriften
Publications Universitaires Européennes
European University Studies

Reihe II
Rechtswissenschaft

Série II Series II
Droit
Law

Bd./Vol. 3681

PETER LANG
Frankfurt am Main · Berlin · Bern · Bruxelles · New York · Oxford · Wien

Volker Willeitner

Vermögensgerichtsstand und einstweiliger Rechtsschutz im deutschen, niederländischen und europäischen Internationalen Zivilverfahrensrecht

PETER LANG
Europäischer Verlag der Wissenschaften

Bibliografische Information Der Deutschen Bibliothek
Die Deutsche Bibliothek verzeichnet diese Publikation in der Deutschen Nationalbibliografie; detaillierte bibliografische Daten sind im Internet über <http://dnb.ddb.de> abrufbar.

Zugl.: Heidelberg, Univ., Diss., 2003

D 16
ISSN 0531-7312
ISBN 3-631-51060-8

www.peterlang.de

Vorwort

Die vorliegende Arbeit ist im Wintersemester 2002/2003 von der Juristischen Fakultät der Ruprecht-Karls-Universität, Heidelberg, als Inauguraldissertation angenommen worden. Die mündliche Prüfung fand am 05. Februar 2003 statt.

Erster und großer Dank gebührt Herrn Prof. Dr. iur. Dr. h.c. mult. Erik JAYME, der diese Arbeit angeregt, betreut und das Erstgutachten erstellt hat.

Ferner danke ich Herrn Prof. Dr. iur. Thomas PFEIFFER für die rasche Erstellung des Zweitgutachtens.

Für die besondere Unterstützung möchte ich Herrn Dr. iur. O.L.G. RIS, Herrn Uwe SCHAAL und Frau Siegrun D. MERK danken, die nicht nur durch sachliche Diskussionen und hilfreiche Fingerzeige im Dickicht elektronischer Textverarbeitung zur Fertigung der Arbeit beigetragen haben.

Besonderer Dank meinen Eltern, die diese Arbeit in jeder Hinsicht tatkräftig gefördert haben.

Volker Willeitner — Stuttgart, März 2003

Einleitung

Teil 1
Grundlagen

Teil 2
Die Anwendungsvoraussetzung der realen Verknüpfung als Gegenstand der Diskussion

Teil 3
Analyse

Einleitung

§ 1 Einführung

A. Allgemeines

Wertentscheidungen des materiellen Rechts zu treffen und durchzusetzen, ist Aufgabe des Staates, seiner Gerichte und Vollstreckungsorgane. Diese in rechtsstaatlicher Weise zu erfüllen, bedarf es formalisierter und kontrollierbarer Verfahrensschritte. Die dafür aufgewendete Zeit schafft einem unwilligen Schuldner Gelegenheit, die zwangsweise Vollstreckung eines Urteils zu erschweren, zu gefährden, zu verhindern. Die Wertentscheidungen einer Rechtsordnung können sich aber nur bewähren, wenn sie durchsetzbar bleiben. Deshalb muß die Zwangsvollstreckung gerichtlicher Entscheidungen durch einstweiligen Rechtsschutz gesichert werden. Diese klassische, gläubigerschützende Funktion des einstweiligen Rechtsschutzes erweiterte sich in der Praxis. Neben die Sicherungsfunktion trat die Regelungs- bzw. Rechtsfriedensfunktion. Einen zweiten Schwerpunkt bildete die rasche Regelung streitiger Rechtsverhältnisse.

Die Zahl der Eilverfahren nimmt zu. Die Gründe dafür sind vielfältig. Zum einen bewirkt die technische Entwicklung eine höhere, auch internationale Mobilität von Vollstreckungsgegenständen. Diese wurde durch die Schaffung des europäischen Binnenmarktes begünstigt. Zum anderen steigt die Regelungsdichte des Privatrechtsverkehrs, z.B. durch verbraucherschützende Normen als Sonderprivatrecht. Die Erwartung, Streitigkeiten in einem klärenden Gespräch der Beteiligten ohne richterliche Vermittlung beilegen zu können, nimmt entsprechend ab. Das führt zu mehr Prozessen, zu einer längeren Dauer der einzelnen Verfahren und läßt die Zahl einstweiliger Rechtsschutzverfahren steigen.[1]

Das Bedürfnis des Gläubigers, seine Ansprüche zu sichern oder ein Rechtsverhältnis vorläufig zu regeln, besteht im nationalen und internationalen Privatrechtsverkehr. Im internationalen Fall werden die Prozeßrisiken breiter. Findet der Prozeß im Ausland statt, stellen das Sprachproblem, die mangelnde Vertrautheit mit fremdem Recht[2], die unter Umständen große räumliche Entfernung

---

1 BAUR, S. 1 ff.; EILERS, S. 1 f.

2 Gemeint ist die Anwendung von ausländischem Verfahrensrecht und IPR. Auch bei einem Verfahren im Ausland kann auf Grund des ausländischen IPR das heimatliche Sachrecht des Klägers angewendet werden. Es zeigt sich die Verknüpfung zwischen der internationalen Entscheidungszuständigkeit und dem anzuwendenden IPR, s. BGHZ 44, 46, 50

zum Verhandlungsort und die Ungewißheit bezüglich Anerkennung und Vollstreckung der ausländischen Entscheidung im Inland zusätzliche Risiken dar.

Mit der Begründung des europäischen Binnenmarktes wurden die wirtschaftlichen Rahmenbedingung harmonisiert. Man erkannte das Bedürfnis nach effektivem Rechtsschutz innerhalb des Binnenmarktes.[3] Art. 220 des EG-Vertrages[4] sah vor, „die Vereinfachung der Förmlichkeiten für die gegenseitige Anerkennung und Vollstreckung richterlicher Entscheidungen und Schiedssprüche" sicherzustellen. Über den Auftrag des Art. 220 EG-Vertrag hinausgehend wurden nicht nur Anerkennungs- und Vollstreckungsfragen, sondern auch die Entscheidungszuständigkeit im EWG-Übereinkommen über die gerichtliche Zuständigkeit und die Vollstreckung gerichtlicher Entscheidungen in Zivil- und Handelssachen vom 27.9.1968 (EuGVÜ)[5] staatsvertraglich geregelt. Die Auslegung des Staatsvertrages wurde dem Gerichtshof der Europäischen Gemeinschaften übertragen.[6] Das EuGVÜ enthält mit Art. 24 EuGVÜ eine Bestimmung für einstweilige Maßnahmen. Die Reform des EuGVÜ und dessen Verabschiedung als EG-Verordnung[7] führten nur zu einer redaktionellen Anpassung der Vorschrift (im folgenden die EuGVÜ-Fassung kursiv). Art. 31 EuGVVO/Art. 24 EuGVÜ lautet:

> „Die in dem Recht eines Mitgliedstaats (Vertragsstaats) vorgesehenen einstweiligen Maßnahmen einschließlich solcher, die auf eine Sicherung gerichtet sind, können bei den Gerichten dieses Staates auch dann beantragt werden, wenn für die Entscheidung in der Hauptsache das Gericht eines anderen Mitgliedstaats (Vertragsstaats) auf Grund dieses Übereinkommens zuständig ist."

EuGVVO und EuGVÜ nehmen also auf die im Recht der Vertragsstaaten enthaltenen einstweiligen Maßnahmen Bezug. Eine abschließende Harmonisierung

---

3 Ausführlich BASEDOW, Hdbuch IZVR-I, Kap. II Rdnrn. 5-11

4 Jetzt Art. 293 EG mit gleichem Inhalt BGBl. II 1998, 387, ber. BGBl. II 1999, 416.

5 BGBl. II 1972, 774; heute gültig in der Fassung des Beitrittsübereinkommens mit Österreich, Finnland und Schweden vom 29.11.1996, BGBl. II 1999, 419. Die Schiedsgerichtsbarkeit wurde dagegen ausgelassen, Art. 1 Abs. 2 Nr. 4 EuGVVO/EuGVÜ.

6 Luxemburger Protokoll betreffend die Auslegung des Übereinkommens vom 27.7.1968 über die gerichtliche Zuständigkeit und die Vollstreckung gerichtlicher Entscheidungen in Zivil- und Handelssachen durch den Gerichtshof, BGBl. II 1972, 846; gültig in der Fassung des 3. Beitrittsübereinkommens vom 26.5.1989, BGBl. II 1994, 531

7 Verordnung (EG) Nr. 44/2001 des Rates vom 22.12.2000 über die gerichtliche Zuständigkeit und die Anerkennung und Vollstreckung von Entscheidungen in Zivil- und Handelssachen (EuGVVO), ABl. EG Nr. L, 16.1.2001, S. 1-23

der Maßnahmen und der auf sie bezogenen internationalen Zuständigkeiten fehlt.[8]

B. Die Van Uden-Entscheidung des Europäischen Gerichtshofes

Der Europäische Gerichtshof entschied am 17.11.1998, daß zwischen dem „Gegenstand der beantragten [einstweiligen] Maßnahmen und der gebietsbezogenen Zuständigkeit [...] des angerufenen Gerichts eine reale Verknüpfung“ bestehen muß.[9] In diesem Verfahren beantragte der niederländische Antragsteller gegen den deutschen Antragsgegner eine Leistungsverfügung beim Gericht ihres Sitzes gemäß Art. 126 Nr. 3 WBRv. Diese Norm ist in Art. 3 Abs. 2 EuGVVO/EuGVÜ aufgelistet, d.h. einen Gerichtsstand in der Hauptsache könnte sie nicht begründen. Der EuGH stellte jedoch fest, daß Art. 3 Abs. 2 EuGVVO/EuGVÜ im Bereich des einstweiligen Rechtsschutzes seine Ausschlußwirkung nicht entfaltet.[10] Art. 126 Nr. 3 WBRv. könne die Zuständigkeit eines niederländischen Gerichts für einstweilige Maßnahmen in einem EuGVÜ-Fall begründen. Die einschränkende Voraussetzung einer realen Verknüpfung zwischen dem Gegenstand der einstweiligen Maßnahme und der „gebietsbezogenen Zuständigkeit des Vertragsstaates“ wird nicht näher definiert. Es wird lediglich darauf hingewiesen, daß „das örtlich zuständige Gericht oder jedenfalls das Gericht des Vertragsstaats, in dem sich die von der beantragten Maßnahme betroffenen Vermögensgegenstände befinden, „sicherlich am besten in der Lage“ sei die Einstweiligkeit der Maßnahme sicherzustellen.[11]

Für den Vermögensgerichtsstand des § 23 ZPO, der ebenfalls in Art. 3 Abs. 2 EuGVVO/EuGVÜ aufgeführt ist, bedeutet die EuGH-Entscheidung zweierlei: Zum einen werden die in Art. 3 Abs. 2 EuGVVO/EuGVÜ aufgelisteten Gerichtsstände, also auch § 23 ZPO, nicht für den Bereich des einstweiligen Rechtsschutzes als exorbitant verbannt. Zum anderen wird als zusätzliche, einschränkende Anwendungsvoraussetzung eine „reale Verknüpfung“ zwischen dem von der einstweiligen Maßnahme betroffenen Gegenstand und der internationalen Zuständigkeit des angerufenen Gerichts vorausgesetzt.

---

8 Diese Manko soll durch unterschiedliche Harmonisierungsvorschläge beseitigt werden. Ein jüngerer Vorschlag für eine einheitliche Regelung zur Vermeidung von „schwarzen Löchern“, in die der Schuldner sich flüchten könne, stammt von der International Law Association. Zu ihrem Entwurf von Principles on Provisional and Protective Measures in International Litigation siehe EHRENZELLER, SZIER 1998, S. 177 ff.

9 EuGH, Rs. C-391/95, (Van Uden/Deco-Line), Slg. 1998, I-7091 Tenor Nr. 4

10 EuGH, Rs. C-391/95, (Van Uden/Deco-Line), Slg. 1998, I-709 Tz. 42

11 EuGH, Rs. C-391/95, (Van Uden/Deco-Line), Slg. 1998, I-7091. Tz. 39 mit Verweis auf EuGH, Rs. 125/79, (Denilauler/Couchet Frères), Slg. 1980, 1553, Tz. 15

Unklar sind die Folgen dieser Entscheidung, da es nicht unmittelbar eine Frage der internationalen Zuständigkeit ist, wie die Einstweiligkeit einer Maßnahme gesichert wird. Die Regelung der internationalen Zuständigkeit beantwortet die Frage, „ob“ die Gerichte eines Staates einem Kläger Rechtsschutz gewähren müssen, weil der Sachverhalt ausreichend enge Beziehungen zum Inland hat.[12] „Wie“ man einstweiligen Rechtsschutz ausgestaltet und seinen vorläufigen Charakter sichert, ist ein anderes Problem. Der EuGH verquickt den Begriff „einstweilige Maßnahme“ mit Zuständigkeitsfragen, was vor dem Hintergrund des JENARD-Berichts zum EuGVÜ bedenklich erscheint. Dort ist festgehalten, daß „in jedem Vertragsstaat [...] bei dem zuständigen Gericht einstweilige [...] Maßnahmen [...] ohne Rücksicht auf die Zuständigkeitsregeln [...] beantragt werden [können]“.[13]

Damit ist die Frage nach vertragsautonomen, einstweiligen Maßnahmetypen aufgeworfen.[14] Insofern besteht Klärungsbedarf, da – laut EuGH – Art. 31 EuGVVO/Art. 24 EuGVÜ die Zuständigkeitsordnung des Übereinkommens mit dem Verweis auf sämtliche Gerichtsstände im Recht der Vertragsstaaten durchbricht. Eine solche Durchbrechung muß klar bestimmt sein, um nicht Rechtsunsicherheit entstehen zu lassen.[15] Unbestimmt ist die einschränkende Voraussetzung der „realen Verknüpfung“, wobei die Annahme des EuGH unbewiesen ist, vorrangiger Zweck des Art. 31 EuGVVO/Art. 24 EuGVÜ sei gerade, die Einstweiligkeit der Maßnahmen zu sichern. Für die deutsche Praxis besteht die Unsicherheit, wie § 23 ZPO zu handhaben ist, weiter fort, denn die beschränkende Voraussetzung des EuGH ist gleich unklar, wie der schon 1991 vom Bundesgerichtshof zur Begrenzung des § 23 ZPO verlangte „hinreichende Bezug des Rechtsstreits zum deutschen Inland“.[16]

Den „hinreichenden Inlandsbezug“ stellte der Bundesgerichtshof rechtsfortbildend in einem Urteil vom 2.7.1991 als zusätzliches Tatbestandsmerkmal für § 23 ZPO auf und verweigerte der Klägerin den Rechtsschutz deutscher Gerichte, da er im zu entscheidenden Fall einen hinreichenden Inlandsbezug ablehnte.[17]

---

12 F.A.MANN, RdC 1964-I, S. 1 ff.

13 JENARD, Bericht zum EuGVÜ, ABl. EG. Nr. C 59, S. 1, 42 vom 5.3.1979

14 Der Begriff „einstweiligen Maßnahme“ sei vertragsautonom und weit auszulegen, HÜßTEGE in THOMAS/Putzo, Art. 31 EuGVVO/Art. 24 EuGVÜ, Rdnr. 2. I. MEIER fordert einen vertragsautonomen Maßnahmetypus in Form einer Leistungsverfügung, die den Anspruch vorläufig in voller Höhe befriedigt aber nur in einem Gerichtsstand der Art. 2 ff. EuGVVO/EuGVÜ beantragt und zugesprochen werden soll, I. MEIER, IZPR, S. 72.

15 ALBRECHT, S. 102

16 BGH, Urt. vom 2.7.1991, IPRax 1992, 160 ff.

17 Ein zypriotisches Bauunternehmen hatte sich gegenüber libyschen Behörden verpflichtet, in Libyen ein Hafenanlage zu errichten. Die Anzahlung wurde von einer libyschen Bank gesichert; eine Anzahlungsgarantie gab eine türkisches Geldinstitut. Das klagende Bau-

Eine Konkretisierung des Begriffs nahm der Bundesgerichtshof nicht vor. Es sei nicht erforderlich gewesen „abschließend zu klären, durch welche Umstände im einzelnen ein die Vermögenszuständigkeit begründender Inlandsbezug hergestellt“ würde.[18] Er begründet seine Entscheidung mit dem Verweis auf den Inländergerichtsstand des preußischen Prozeßrechts und einer Tendenz der völkerrechtlichen Vertragspraxis, den Vermögensgerichtsstand einzuschränken.[19] Wann ein hinreichender Inlandsbezug bestehen soll, bleibt weitgehend offen.

---

unternehmen hinterlegte bei der beklagten türkischen Bank 20 Mio. US-Dollar zur Sicherheit. Der Bauvertrag wurde aufgelöst. Das Bauunternehmen bestritt, daß der Garantiefall eingetreten sei und klagte in London gegen die türkische Bank auf Rückzahlung der Sicherheit. Die Klage wurde abgewiesen, weil London ein forum non conveniens sei. Zur forum non conveniens-Doktrin siehe DORSEL, S. 23 ff.

18 BGH IPRax 1992, 160, 163 unter 3).

19 BGH IPRax 1992, 160, 161-163. Art. 34 des Anhangs zur preußischen Allgemeinen Gerichtsordnung war Vorläufer des § 23 ZPO und lautet: „Jeder Ausländer, welcher in den preußischen Staaten bewegliches oder unbewegliches Vermögen besitzt, kann von einem preußischen Unterthan bei demjenigen Gericht unter welchem sich dieses Vermögen befindet, auch wegen persönlicher Forderungen zum Zwecke der Befriedigung aus dem im Inlande befindlichen Objekte in Anspruch genommen werden.“

§ 2 Art. 31 EuGVVO/ Art. 24EuGVÜ, Art. 3 Abs. 2 EuGVVO/EuGVÜ und der Hauptsachegerichtsstand im Sinne der §§ 919 1. Alt. und 937 Abs. 1 ZPO

Soweit das deutsche Recht dem Hauptsachegericht im Sinne der §§ 919 1. Alt., 937 Abs. 1 ZPO die Zuständigkeit für einstweilige Maßnahmen überträgt, ist fraglich, wie dieses bei Anwendbarkeit der EuGVVO oder des EuGVÜ zu bestimmen ist. Problematisch ist, ob alle Gerichtsstände des deutschen Rechts das Hauptsachegericht im Sinne der §§ 919 1. Alt., 937 Abs. 1 ZPO bezeichnen (so der EuGH) oder ob § 23 ZPO durch Art. 3 Abs. 2 EuGVVO/EuGVÜ ausgeschlossen ist. Anders formuliert: Ist der Verweis des Art. 31 EuGVVO/Art. 24 EuGVÜ auf die Rechte der Mitgliedstaaten lediglich ein unkritischer Hinweis, der die nationalen Gerichtsstände völlig unberührt läßt? Oder enthält Art. 31 EuGVVO/Art. 24 EuGVÜ eine eigenständige und abschließende Zuständigkeitsregelung, die nur bedingt, d.h. nur auf nicht-exorbitante Gerichtsstände des nationalen Rechts verweist und im übrigen den nationalen Rechten nur die Bestimmung der örtlichen Zuständigkeit beläßt?[20] Die Meinungen in der deutschen Rechtsprechung und Literatur gehen auseinander.
NAGEL vertrat 1984 noch die Auffassung, Art. 31 EuGVVO/Art. 24 EuGVÜ schließe § 23 ZPO für die Bestimmung des Gerichts der Hauptsache aus. Die Gerichtsstände im internationalen Eilverfahren ergäben sich ausschließlich aus dem Übereinkommen selbst. Art. 3 Abs. 2 EuGVVO/EuGVÜ entfalte „eindeutig“ auch in Eilverfahren seine Wirkung.[21] Art. 31 EuGVVO/Art. 24 EuGVÜ bezwecke, daß nur dasjenige Gericht einstweilige Maßnahmen erlasse, das auch für die Hauptsache zuständig sei.

Etwas großzügiger möchte PUTTFARKEN Art. 31 EuGVVO/Art. 24 EuGVÜ handhaben. § 23 ZPO sei wegen Art. 31 EuGVVO/Art. 24 EuGVÜ in Verfahren des einstweiligen Rechtsschutzes nicht anwendbar. Art. 31 EuGVVO/Art. 24 EuGVÜ verweise nur auf die spezifischen Eilzuständigkeiten der nationalen Rechte, also auf die §§ 919 2. Alt. und 942 ZPO.[22] Einstweilige Maßnahmen sollten nur von Gerichten erlassen werden, die auch für die Hauptsache zuständig oder dem Streitgegenstand räumlich nahe seien.

---

20 Dafür ALBRECHT, S. 113 f., mit einem Verweis auf EuGH, Rs. 125/79, (Denilauler/Couchet Frères), Slg. 1980, 1553, Tz. 17 auf S. 114, Text zu N. 512; GRUNDMANN, S. 131-138

21 So ausdrücklich NAGEL, Internationales Zivilprozeßrecht, 2. Aufl., Münster 1984, S. 83. Er änderte seine Ansicht in der 3. Auflage (dort Rdnr. 178), dahin, daß § 23 ZPO doch das Gericht der Hauptsache bestimmen könne. GOTTWALD schloß sich dieser Ansicht an, NAGEL/GOTTWALD, 4. Aufl., Münster 1997, § 15 Rdnr. 10.

22 PUTTFARKEN, Urteilsanmerkung, RIW/AWD 1977, 360 ff.

Die herrschende Meinung will die Hauptsachezuständigkeit gemäß den §§ 919 1. Alt. und 937 ZPO uneingeschränkt durch EuGVVO oder EuGVÜ nach allen Gerichtsständen des deutschen Rechts bestimmen. Art. 3 Abs. 2 EuGVVO/EuGVÜ schließe § 23 ZPO im Bereich des einstweiligen Rechtsschutzes nicht aus. Dieser sei insofern aus dem sachlichen Geltungsbereich von EuGVVO und EuGVÜ ausgenommen. Zweck des Art. 31 EuGVVO/Art. 24 EuGVÜ sei es das nationale Recht nicht zu beschneiden und dem Gläubiger alle Gerichtsstände offenzuhalten.[23]

Vermittelnder Ansicht ist KROPHOLLER, der der herrschenden Meinung folgen will, wenn einzelnen exorbitanten Gerichtsständen „gewisse Grenzen" gezogen werden. Entscheidend sei der Zweck des Art. 31 EuGVVO/Art. 24 EuGVÜ. Diese Norm wolle Verzögerungen bei der Durchsetzung von Ansprüchen in internationalen Fällen vermeiden. Demzufolge sei z.B. der Klägergerichtsstand des Art. 14 CC unzulässig, wenn die einstweilige Maßnahme außerhalb Frankreichs vollstreckt werden müsse.[24]

---

23 SCHÜTZE, Deutsches IZPR, S. 184

24 KROPHOLLER, Europäisches Zivilprozeßrecht, Art. 24 Rdnr. 9. Zum ganzen Streit ausführlich STICKLER, S. 29 ff.; GRUNDMANN, S. 129 ff.

§ 3 Fragestellung

A. Inhalt des unbestimmten Rechtsbegriffes „reale Verknüpfung“

Die Urteile von EuGH und BGH werfen eine Vielzahl von Fragen auf. Was der Begriff des EuGH („reale Verknüpfung zwischen dem Gegenstand einer einstweiligen Maßnahme und der gebietsbezogenen Zuständigkeit des angerufenen Gerichts“) oder der des BGH („hinreichender Bezug [...] zum deutschen Inland“) konkret verlangen, ist unklar; das Zusammenspiel zwischen EuGVVO/EuGVÜ und den §§ 916 ff. ZPO ebenso.

Der EuGH verweist allgemein auf das „örtlich zuständige Gericht oder [..] das Gericht des Vertragsstaates“, in dem die von der beantragten Maßnahme betroffenen Vermögensgegenstände belegen sind.[25] Detaillierter äußert er sich zu den Voraussetzungen einer Leistungsverfügung aufgrund eines vertraglichen Anspruches, was Gegenstand der Van Uden-Entscheidung war. Eine solche „vorläufige Erbringung einer vertraglichen Hauptleistung“ könne nur unter Art. 31 EuGVVO/Art. 24 EuGVÜ subsumiert werden, wenn zum einen „die Rückzahlung des zugesprochenen Betrages [...] in dem Fall, daß der Antragsteller nicht in der Hauptsache obsiegt, gewährleistet ist“ und zum anderen „nur bestimmte Vermögensgegenstände des Antragsgegners“, die sich im „örtlichen Zuständigkeitsbereich des angerufenen Gerichts befinden oder befinden müßten“, betroffen sind.[26]

Von mehreren Autoren wird vertreten, daß damit ein Vollstreckungsbezug zwischen dem eine einstweilige Maßnahme aussprechenden Gericht und dem betroffenen Gegenstand generell Voraussetzung der internationalen Zuständigkeit nach Art. 31 EuGVVO/Art. 24 EuGVÜ sei.[27] Offen bleibt, wie dieser Vollstreckungsbezug konkret ausgestaltet ist und wie streng er im Eilverfahren bewiesen werden muß. Ebenso ist nicht klar, ob der Vollstreckungsbezug nur Entscheidungs- oder auch Anerkennungs- und Vollstreckungsvoraussetzung ist, d.h. was mit einer einstweiligen Maßnahme geschieht, wenn zwischen ihrem Erlaß und ihrer Vollstreckung die „reale Verknüpfung“ aufgehoben wird, z.B. durch

---

25 EuGH, Rs. C-391/95, (Van Uden/Deco-Line), Slg. 1998, I-7091. Tz. 39 mit Verweis auf EuGH, Rs. 125/79, (Denilauler/Couchet Frères), Slg. 1980, 1553

26 EuGH, Rs. C-391/95, (Van Uden/Deco-Line), Slg. 1998, I-7091 Tenor Nr. 5

27 HEß/VOLLKOMMER, IPRax 1999, 220, 222 r.Sp.; HEß, IPRax 2000, 370, 372 ff.; STADLER, JZ 1999, 1089, 1093 unter b); SPELLENBERG/LEIBLE, ZZPInt. 4 (1999), 221, 229 f.

Verbringen des betroffenen Gegenstandes in einen anderen Vertragsstaat oder einen Drittstaat.[28]

Im übrigen wird zwischen Leistungsverfügungen und sonstigen einstweiligen Maßnahmen unterschieden. Im Erst-recht-Schluß werden die strengen Voraussetzungen des EuGH für eine Leistungsverfügung auf alle Arten einstweiliger Maßnahmen gemäß Art. 31 EuGVVO/Art. 24 EuGVÜ übertragen. Daß jede einstweilige Maßnahme auf der Grundlage des Art. 31 EuGVVO/Art. 24 EuGVÜ diese strengen Voraussetzungen erfüllen muß, ist aber nicht zwingend. Einerseits stellte der EuGH die strengen Voraussetzungen explizit nur zur Sicherung der Einstweiligkeit von Leistungsverfügungen auf. Andererseits sagt er, daß die Anwendung des Art. 31 EuGVVO/Art. 24 EuGVÜ „insbesondere" eine reale Verknüpfung voraussetze.

Wie sich die konkrete Anwendung von § 23 ZPO im Rahmen des europäischen, einstweiligen Rechtsschutzes gestaltet, bleibt offen. Daß die „reale Verknüpfung" und der „hinreichende Inlandsbezug" nicht deckungsgleich sein können, ist noch vergleichsweise klar.[29] Zwar sollen beide Voraussetzungen Zuständigkeiten einschränken. Der Hintergrund ist aber jeweils ein anderer, schon weil der hinreichende Inlandsbezug in einem Hauptverfahren, die reale Verknüpfung aber für internationale Eilverfahren entwickelt wurde.

B. Leistungsverfügungen nach EuGVVO und EuGVÜ

Besonders umstritten ist die Behandlung von Leistungsverfügungen nach EuGVVO und EuGVÜ. Der EuGH trennt grundsätzlich zwei Zuständigkeitsgrundlagen für einstweilige Maßnahmen. Zum einen sollen alle Arten von einstweiligen Maßnahmen, also auch Leistungsverfügungen, ohne weitere Voraussetzungen durch ein nach den Artt. 2 und 5 ff. EuGVVO/EuGVÜ international zuständiges Hauptsachegericht erlassen werden können. Zum anderen stehe parallel als selbständige Zuständigkeit Art. 31 EuGVVO/Art. 24 EuGVÜ in Verbindung mit autonomem Recht zur Verfügung. Da die autonomen Zuständigkeitsrechte nicht harmonisiert seien, müsse eine Durchbrechung des Systems von EuGVVO und EuGVÜ verhindert werden, weshalb besonders Leistungsverfügungen nur unter einengenden Voraussetzungen auf Art. 31 EuGVVO/Art. 24 EuGVÜ gestützt werden könnten. Erforderlich seien nach dem EuGH eine Sicherheitsleistung und ein qualifizierter Vollstreckungsbezug zwischen der Leistungsverfügung und den „Vermögensgegenständen des Antragsgegners [..], die

[28] SPELLENBERG/LEIBLE, ZZPInt. 4 (1999), 221, 232 unter III.
[29] SPELLENBERG/LEIBLE, ZZPInt. 4 (1999), 221, 229

sich im örtlichen Zuständigkeitsbereich des angerufenen Gerichts befinden oder befinden müßten".

Fraglich ist, ob für alle Leistungsverfügungen eine Sicherheitsleistung erforderlich ist. Strittig ist das für Unterhaltsansprüche, denn der Unterhalt Begehrende befindet sich in der Regel in einer Notsituation. Wäre es ihm finanziell möglich, die Sicherheitsleistung zu erbringen, müßte er keine Leistungsverfügung beantragen. Deshalb wird vorgeschlagen für Leistungsverfügungen bei familienrechtlichen und unter Umständen auch bei gesetzlichen Regreßansprüchen auf eine Sicherheitsleistung zu verzichten.[30]

Es ist darüber hinaus unklar, ob der EuGH nicht nur die internationale sondern auch die örtliche Zuständigkeit für Leistungsverfügungen regeln wollte, wenn er vom „örtlichen Zuständigkeitsbereich des angerufenen Gerichts" spricht.[31] Ein Folgeproblem stellt sich, wenn man von einer örtlichen Zuständigkeitsregelung ausgeht: Schwierigkeiten bereitet dann der Vollstreckungsbezug zwischen einstweiliger Maßnahme und erlassendem Gericht bei Zahlungsansprüchen, denn hier sei ein örtlicher Bezug einer einstweiligen Maßnahme nicht feststellbar, denn Geldschulden werden über die Zwangsvollstreckung in das gesamte Schuldnervermögen befriedigt. Die gleiche Problematik stelle sich bei vorläufigen Unterlassungsverfügungen; auch hier fehle die örtliche Beziehung zu einem bestimmten Vollstreckungsobjekt.[32]

Strittig ist auch die Frage, ob Leistungsverfügungen extraterritoriale Wirkungen haben können. Der EuGH scheint in seiner Mietz-Entscheidung[33] davon auszugehen, daß Leistungsverfügungen in anderen Mitglied- und Vertragsstaaten anerkennungs- und vollstreckungsfähig sind. Einige Autoren lehnen die Anerkennung und Vollstreckung von Leistungsverfügungen aus Art. 31 EuGVVO/Art. 24 EuGVÜ in anderen Mitglied- und Vertragsstaaten grundsätzlich ab, andere befürchten empfindliche Rechtsschutzlücken, falls man die Gläubiger auf eine Art Rechtsverfolgung im „Mosaiksystem" verweisen würde.[34]

---

30 SPELLENBERG/LEIBLE, ZZPInt. 4 (1999), 221, 224 f.; a.A. STADLER, JZ 1999, 1089, 1097, l.Sp. vor a).

31 Für das Verständnis als örtlicher Zuständigkeitsregelung SPELLENBERG/ LEIBLE, ZZPInt. 4 (1999), 221, 230

32 HEß/VOLLKOMMER, IPRax 1999, 220, 224 f.

33 EuGH, Rs. C-99/96, (Mietz/Intership Yachting Sneek BV), Slg. 1999, I-2277 ff.

34 Für die extraterritoriale Wirkung von Leistungsverfügungen HEß, IPRax 2000, 370, 373 r.Sp.; a.A. STADLER, JZ 1999, 1089, 1098 f.; WOLF, EWS 2000, 11, 17, l. Sp.

C. Der autonome Begriff der einstweiligen Maßnahme als Korrektiv der Anerkennung und Vollstreckung

Der EuGH sieht in Art. 31 EuGVVO/Art. 24 EuGVÜ nicht lediglich eine Zuständigkeitsverweisung. Damit kommt dem Begriff der „einstweiligen Maßnahme“ besondere Bedeutung zu.

Ob der Begriff der einstweiligen Maßnahme aus Art. 31 EuGVVO/Art. 24 EuGVÜ weit oder eher eng auszulegen sei, ist streitig. Die Unstimmigkeiten lassen sich an zwei Punkten festmachen: der Vorwegnahme der Hauptsache und der Dringlichkeit als Zuständigkeitsvoraussetzung. Man könnte Leistungsverfügungen generell von Art. 31 EuGVVO/Art. 24 EuGVÜ ausnehmen, da sie die Hauptsache vorentscheiden können und deshalb nicht mehr nur „vorläufigen“ Rechtsschutz bieten. Ein zur Hauptsache paralleler Rechtsschutzweg sei nur gerechtfertigt, wenn eine besondere Dringlichkeit vorliege. Ansonsten solle der Gläubiger sein Recht beim Hauptsachegericht in einem normalen Verfahren suchen.[35]

Der EuGH formulierte in der Van Uden-Entscheidung einen weiten, autonomen Maßnahmebegriff, da er Leistungsverfügungen mit einbezog. Dabei schloß er nationale Zuständigkeiten für einstweilige Maßnahmen nicht aus, für deren Erlaß keine Dringlichkeit erforderlich ist. In der Mietz-Entscheidung[36], deren Gegenstand wie schon in der Sache Van Uden ein niederländisches (incasso) kort geding (kurzes Streitverfahren) war, bezog er diese Art einstweiligen Rechtsschutzes sogar ausdrücklich mit in den Maßnahmebegriff des Art. 31 EuGVVO/Art. 24 EuGVÜ ein, obwohl dieses Verfahren keine hohen Ansprüche an das Dringlichkeitserfordernis stellt.[37] Schon in der Van Uden-Entscheidung wurde ersichtlich, daß der EuGH dem Merkmal der Dringlichkeit keine Bedeutung im Rahmen seiner Begriffsbestimmung zumißt.[38] Eine Leistungsverfügung sei immer als einstweilige Maßnahme iSd Art. 31 EuGVVO/24 EuGVÜ anzuse-

---

35 vgl. I. MEIER, IZPR, S. 72; GEIMER/SCHÜTZE, Europäisches Zivilprozeßrecht, Art. 24 Rdnr. 22.; BISCHOFF/HUET, Journal du droit international 1982, 942, 947 unter B); weitere Nachweise bei STADLER, JZ 1999, 1089, 1096 Nr. 102

36 EuGH, Rs. C-99/96, (Mietz/Intership Yachting Sneek BV), Slg. 1999, I-2277 ff.

37 Gemäß dem Wortlaut des Art. 289 Abs.1 WBRv. ist für eine Entscheidung im kort geding zwar „unverzügliche Eile“ (onverwijlde spoed) erforderlich, jedoch werden insofern sehr niedrige Anforderungen gestellt. Z.B. wird bei nicht ernsthaft bestrittenen Geldforderungen die Dringlichkeit ganz regelmäßig bejaht, STADLER, JZ 1999, 1089, 1095 unter a). Dies erinnert stark an das französische Vorbild des kort geding, das référé-Verfahren. Es ist dort ausnahmsweise möglich bei eindeutiger Rechtslage ohne Rücksicht auf die Dringlichkeit Leistungsverfügungen zu bekommen, vgl. Art. 809 Abs. 2 NCPC, STADLER, JZ 1999, 1089, 1096 unter b).

38 SPELLENBERG/LEIBLE, ZZPInt. 4 (1999), 221, 228 unter 3.)

hen, wenn eine ausreichende Sicherheitsleistung und ein räumlicher Vollstreckungsbezug gegeben seien. Die zuständigkeitsrechtliche Nähebeziehung wird Teil des europäischen Maßnahmebegriffs.

Diese Handhabung des Art. 31 EuGVVO/Art. 24 EuGVÜ hat einen besonderen Effekt. Grundsätzlich darf vom Zweitgericht bis auf genau bestimmte Ausnahmefälle nicht nachgeprüft werden, wie die Zuständigkeitsnormen der EuGVVO und des EuGVÜ durch das entscheidende Gericht angewendet werden, Art. 35 Abs. 3 EuGVVO/Art. 28 Abs. 3 EuGVÜ. Steht aber die Anerkennung und Vollstreckung einer Leistungsverfügung gemäß Art. 31 EuGVVO/Art. 24 EuGVÜ an, muß das Exequaturgericht nach EuGVÜ von Amts wegen, nach EuGVVO auf Parteiantrag, Art. 41 EuGVVO, prüfen, ob die vom EuGH in der Van Uden-Entscheidung formulierten Voraussetzungen vorliegen. Benennt das die Maßnahme erlassende Gericht nicht ausdrücklich seine Zuständigkeitsgrundlage, so sei zu unterstellen, daß es sich auf Art. 31 EuGVVO/Art. 24 EuGVÜ iVm seinem nationalen Recht gestützt habe. Fehle dann eine der Voraussetzungen, seien Anerkennung und Vollstreckung zu versagen.[39]

Diese Anerkennungs- und Vollstreckungskontrolle wird als zulässig angesehen, da nicht die Zuständigkeit der Gerichte des Ursprungsstaates kontrolliert werde, sondern nur, ob eine einstweilige Maßnahme iSd Art. 31 EuGVVO/Art. 24 EuGVÜ vorliege.[40]

Das ist wegen Art. 35 EuGVVO/Art. 28 EuGVÜ nicht unangreifbar. Wenn man mit dem EuGH Art. 31 EuGVVO/Art. 24 EuGVÜ als selbständige Zuständigkeitsnorm ansieht, dann gehört der Begriff der einstweiligen Maßnahme zum Tatbestand dieser Zuständigkeitsnorm, wie z.B. der Begriff der unerlaubten Handlung zum Tatbestand der Zuständigkeitsnorm des Art. 5 Nr. 3 EuGVVO/EuGVÜ. Gemäß Art. 35 EuGVVO/Art. 28 EuGVÜ werden Fehlentscheidung bezüglich der internationalen Zuständigkeit bis auf genau benannte Ausnahmefälle grundsätzlich hingenommen, „gleichgültig, ob sie durch unzutreffende tatsächliche Feststellungen oder durch fehlerhafte Rechtsanwendung entstanden“ sind.[41] Wenn man die Anwendung der Tatbestandsmerkmale (hier der Begriff der einstweiligen Maßnahme) einer Zuständigkeitsnorm (hier Art. 31 EuGVVO/Art. 24 EuGVÜ) überprüft, dann überprüft man die Entscheidungszuständigkeit des Erstgerichts.[42] Warum sollte bei Art. 31 EuGVVO/Art. 24 EuG-

[39] EuGH, Rs. C-99/96, (Mietz/Intership Yachting Sneek BV), Slg. 1999, I-2277 ff., Tz. 55 f.

[40] LANGE NJB 1999, 157, 160 r.Sp, unter 2.; STADLER, JZ 1999, 1089, 1098 r.Sp. oben; SPELLENBERG/LEIBLE, ZZPInt. 4 (1999), 221, 232, Text zu N. 67.

[41] KROPHOLLER, Europäisches Zivilprozeßrecht, Art. 28 Rdnr. 1

[42] a.A. STADLER, JZ 1999, 1089, 1098 r.Sp.o. unter b).

VÜ eine Anerkennungs- und Vollstreckungskontrolle stattfinden, bei Art. 5 Nr. 3 EuGVVO/EuGVÜ jedoch nicht?

§ 4 Gang der Untersuchung

Die Arbeit gliedert sich in drei Teile. Im ersten Teil sollen die Maßnahmen des einstweiligen Rechtsschutzes und die Regelungen der internationalen Zuständigkeit nach deutschem, niederländischem und europäischem internationalen Zivilverfahrensrecht erläutert, ein Abriß der möglichen Anknüpfungssysteme und Anknüpfungspunkte gegeben und die betroffenen Interessen sowie ihre Bedeutung für die Zuständigkeitsanknüpfung speziell in internationalen Eilverfahren dargestellt werden. Im zweiten Teil wird der aktuelle Diskussionsstand in Literatur und Rechtsprechung zu den Fragen und Folgeprobleme der EuGH-Entscheidungen zu Art. 31 EuGVVO/Art. 24 EuGVÜ aufgezeigt. Der dritte Teil enthält eine Analyse der in der bisherigen Diskussion vertretenen Positionen und bietet einen eigenen Interpretationsansatz der Van Uden- und Mietz-Entscheidung, insbesondere der Anwendungsvoraussetzung der „realen Verknüpfung". Folgende Fragen sollen beantwortet werden:

1. Welche Eilmaßnahmen des deutschen und niederländischen Verfahrensrechts fallen unter den Begriff der „einstweiligen Maßnahmen einschließlich solcher, die auf eine Sicherung gerichtet sind" aus Art. 31 EuGVVO/Art. 24 EuGVÜ? Können insbesondere Leistungsverfügungen und das niederländische kort geding-Verfahren darunter gefaßt werden, und wenn ja, unter welchen Voraussetzungen und Einschränkungen?

2. Können einstweilige Maßnahmen aus Art. 31 EuGVVO/Art. 24 EuGVÜ extraterritoriale Wirkung haben oder bewirkt die Voraussetzung der „realen Verknüpfung", daß sämtliche oder nur bestimmte Eilmaßnahmen nicht mehr unter den Begriff der „Entscheidung" aus Art. 32 EuGVVO/Art. 25 EuGVÜ fallen? Beinhaltet die Voraussetzung der 'realen Verknüpfung eine territoriale Wirkungsbeschränkung für Leistungsverfügungen oder soll sie nur die Entscheidungszuständigkeit regeln?

3. Welche konkreten Voraussetzungen bestehen für die Entscheidungszuständigkeit nach Art. 31 EuGVVO/Art. 24 EuGVÜ? Welchen Einfluß hat hier der Begriff der „realen Verknüpfung"? Hat er überhaupt eine konkrete Bedeutung oder wiederholt er nur die völkerrechtliche Voraussetzung für die Begründung internationaler Zuständigkeiten, nämlich eine ausreichende Nähebeziehung zwischen Sachverhalt und Forum? Verlangt er die Anknüpfung der internationalen Entscheidungszuständigkeit des Art. 31 EuGVVO/Art. 24 EuGVÜ an die Belegenheit von Vermögen, an eine Vollstreckungsmöglichkeit oder an den Ort, an dem eine einstweilige Maßnahme wirken wird? Gilt diese Anknüpfung einheitlich oder bestehen Unterschiede, z.B. zwischen den einzelnen Eilmaßnahmen oder den durch

sie gesicherten Ansprüchen? Gewährt die reale Verknüpfung dem Eilrichter Zuständigkeitsermessen? Regelt Art. 31 EuGVVO/Art. 24 EuGVÜ nur die internationale oder auch die örtliche Zuständigkeit?

4. Wie bestimmt sich der Hauptsachegerichtsstand im Sinne der §§ 919 1. Alt., 937 Abs. 1 ZPO bei einer einstweiligen Maßnahme aus Art. 31 EuGVVO/Art. 24 EuGVÜ?

§ 5 Internationaler, einstweiliger Rechtsschutz nach autonomem, deutschen und niederländischen Recht, EuGVÜ und EuGVVO

Im folgenden werden der Begriff der internationalen Zuständigkeit und ihre Regelung umrissen. In der Sache Van Uden bestritt ein deutscher Antragsgegner die Zulässigkeit einer niederländischen Inkassoverfügung im europäischen Rechtsverkehr. Deshalb schließt sich eine kurze Darstellung der möglichen einstweiligen Maßnahmen und der auf sie bezogenen internationalen Zuständigkeiten nach deutschem, niederländischem und europäischem Recht an.

A. Begriff der internationalen Zuständigkeit

Mit der internationalen Zuständigkeit[43] bestimmt jeder Staat autonom nach den Vorgaben des Völkerrechts, welche Sachverhalte mit Auslandsberührung gerichtlich entschieden werden können. Er weist durch die gesetzliche Begründung seiner internationalen Zuständigkeiten den Gerichten seines Staates Rechtsprechungsaufgaben zu. Die internationale Zuständigkeit ist von der Gerichtsbarkeit zu unterscheidende, selbständige Prozeßvoraussetzung.[44] Seit dem Beschluß des Großen Senats des BGH vom 14.6.1965 ist sie als eigenständige Erscheinungsform der Entscheidungskompetenz und deshalb ihr Fehlen als Berufungs- und Revisionsgrund anerkannt.[45]

B. Einstweilige Maßnahme und internationale Entscheidungszuständigkeiten im einstweiligen Rechtsschutz für vermögensrechtliche Ansprüche

I. Internationaler, einstweiliger Rechtsschutz nach autonomem, deutschen Recht

1. Einstweilige Maßnahmen

Das deutsche Zivilrecht bietet grundsätzlich zwei Wege, die Vollstreckung vermögensrechtlicher Ansprüche zu sichern: den Arrest und die einstweilige Ver-

---

43 Der Begriff gilt als mißverständlich, da er an eine Zuständigkeit kraft internationalen Rechts, also kraft Völkerrechts erinnert, obwohl das nicht der Fall ist, SCHÜTZE, Deutsches IZPR, S. 32 unter 1). Die Begriffsalternative „staatliche Zuständigkeit" ist aber ebenso unklar, da sich „staatlich" nicht deutlich genug von „rein innerstaatlich" abgrenzt, KROPHOLLER, IPR, S. 513

44 SCHACK, IZVR, Rdnr. 131 ff., 186 ff. mwN.

45 BGHZ 44, 46 ff.; MÜKO-ZPO-PATZINA, § 12 Rdnrn. 66-68

fügung.[46] Streitgegenstand beider Verfahren ist nicht die materielle Begründetheit des zu sichernden Anspruches, sondern die Zulässigkeit seiner vorläufigen, zwangsweisen Sicherung. Das Verfahren spaltet sich in zwei Abschnitte: Zum einen die Anordnung eines Arrestes oder einer einstweiligen Verfügung durch Beschluß oder Urteil und zum anderen ihre Vollstreckung. Arrest und einstweilige Verfügung für den selben Sicherungsanspruch sind grundsätzlich ausgeschlossen, denn sie zielen auf unterschiedliche Ansprüche ab. Ausnahme hiervon sind einstweilige Verfügungen auf Zahlung einer Geldsumme, insbesondere die Leistungsverfügung auf Lebensunterhalt.[47]

Der Arrest findet zur Sicherung der Zwangsvollstreckung wegen einer Geldforderung oder wegen eines Anspruchs statt, der in eine Geldforderung übergehen kann, § 916 ZPO. Neben dem materiellen Anspruch muß ein Arrestgrund glaubhaft gemacht werden, § 920 Abs. 2 ZPO. Die Glaubhaftmachung läßt alle präsenten Beweismittel, auch die Versicherung an Eides Statt, zu, § 294 ZPO. Aus dem glaubhaft gemachten Vortrag zum Arrestgrund muß sich ergeben, daß die Vollstreckung eines für den Antragsteller günstigen Urteils aus einem nachträglich oder gleichzeitig geführten Hauptsacheverfahren über den Arrestanspruch ohne Verhängung eines dinglichen oder persönlichen Arrestes „vereitelt oder wesentlich erschwert" oder „gefährdet" wäre, §§ 917 Abs. 1, 918 ZPO. Diese Gefahrenlage bejaht das Gesetz (abstrakt), wenn das Urteil im Ausland zu vollstrecken wäre, außer für den Fall, daß das Urteil nach den Artt. 32 ff. EuGVVO/Artt. 25 ff. EuGVÜ anerkannt und vollstreckt werden kann, § 917 Abs. 2 ZPO.

Die Vollstreckung erfolgt bis auf wenige Sonderregelungen in den §§ 928-934 ZPO nach den allgemeinen Vorschriften über die Zwangsvollstreckung, § 928 ZPO. Der Antragsteller erlangt entweder ein Pfändungspfandrecht, eine Sicherungshypothek oder erreicht die Verhaftung oder eine sonstige Freiheitsbeschränkung für seinen Schuldner, §§ 930, 932 f. ZPO.

Das Prüfungsverfahren ist auf Schnelligkeit angelegt. So muß nicht vor oder gleichzeitig mit dem Arrestantrag die Klage in der Hauptsache eingereicht werden, § 926 ZPO. Es kann ein Arrestbefehl ohne mündliche Verhandlung, in dringenden Fällen allein durch den Vorsitzenden eines Spruchkörpers ergehen, §

---

46 Auf das selbständige Beweissicherungsverfahren gemäß den §§ 485 ff. ZPO und den Charakter vorläufigen Rechtsschutzes einer Anordnung vorläufiger Vollstreckbarkeit eines Endurteils gemäß den §§ 708 ff. ZPO wird nicht eingegangen. Welche Prozeßinstitute außerdem als einstweilige Maßnahmen im weiteren Sinne angesehen werden können, BAUR, Studien, S. 3 f., 6; SCHELLHAMMER, Zivilprozeß, 35. Teil, 1. Kap., Rdnr. 1900

47 THOMAS/PUTZO, Vorbem. § 916 Rdnr. 1, 2, 8; STEIN/JONAS-GRUNSKY, ZPO, vor § 916 Rdnr. 50, vor § 935 Rdnr. 38 ff.

921 Abs. 1, 944 ZPO. Falls Beweismittel zur Glaubhaftmachung von Arrestanspruch und –grund fehlen, kann gegen Sicherheitsleistung trotzdem ein Arrestbefehl erlassen werden, § 921 Abs. 2 Satz 1 ZPO. Der Arrestbefehl muß für seine Vollstreckung im Inland nicht zeitaufwendig begründet werden und ist sofort vollstreckbar, § 922 Abs. 1 Satz 2, §§ 924 Abs. 3 Satz 1, 929 ZPO.[48] Der Antragsteller kann seinen Schuldner auch überraschen, indem er den Arrestbefehl vollziehen läßt, ohne ihn vorher dem Antragsgegner zuzustellen. Dieser Überraschungsvollzug bleibt wirksam, wenn die Zustellung innerhalb einer Woche nach der Vollziehung nachgeholt wird, § 929 Abs. 3 ZPO.

Dem (überraschten) Schuldner stellt das Gesetz zu seinem Schutz mehrere Rechtsbehelfe zur Verfügung. Gegen einen Arrestbeschluß kann er Widerspruch gemäß § 924 ZPO erheben, der zwar die Vollziehung nicht hemmt aber eine mündliche Verhandlung bewirkt. Gegen ein Arresturteil steht ihm die Berufung aber nicht die Revision offen, §§ 511, 545 ZPO. Parallel kann er den Antragsteller zur baldigen Erhebung der Klage in der Hauptsache zwingen oder die Aufhebung des Arrestbefehls wegen veränderter Umstände beantragen, §§ 926, 927 ZPO. Zwischen den sich teilweise überschneidenden Rechtsbehelfen hat der Schuldner die freie Wahl.[49] Die Vollziehung eines Arrestes kann er durch Hinterlegung einer im Arrestbefehl festgestellten Sicherheitsleistung hemmen, § 923 ZPO. Gegen einen vollzogenen Arrestbefehl steht ihm nur die Vollstreckungserinnerung zu, § 766 ZPO, denn eine Vollstreckungsabwehrklage und eine Abänderungsklage sind durch § 927 ZPO ausgeschlossen.[50] Erweist sich der Arrest als von Anfang an ungerechtfertigt, steht dem Schuldner ein verschuldensunabhängiger Schadensersatzanspruch zu, § 945 ZPO.

Mit einem Arrestbefehl kann auch das ausländische Vermögen des Antragsgegners erfaßt werden. Der Antragsgegner braucht im Inland keinerlei Vermögen zu besitzen.[51]

Im Gegensatz zum Arrest sichert die einstweilige Verfügung nicht die Zwangsvollstreckung wegen eines Anspruches sondern die Verwirklichung des „Rechtes“ einer Partei oder befriedet ein „streitiges Rechtsverhältnis“, §§ 935, 940 ZPO.[52] Gesichert werden Individualansprüche, die nicht auf Zahlung einer Geld-

---

48 STEIN/JONAS-GRUNSKY, ZPO, § 922 Rdnr. 5 f.; s. § 32 Abs. 4 AVAG

49 THOMAS/PUTZO, § 924 Rdnr. 4.

50 THOMAS/PUTZO, § 924 Rdnr. 7. Zu den weiteren Feinheiten der Rechtsbehelfe gegen einen Arrestbefehl siehe STEIN/JONAS-GRUNSKY, ZPO, § 924 Rdnr.2-16.

51 GEIMER, IZPR, 1208; GRONSTEDT, S. 37 f.

52 Dieser Unterschied in den Schutzzielen der beiden einstweiligen Maßnahmen wirft die Frage auf, ob Eilmaßnahmen als materiell-akzessorische Prüfungs- oder (zumindest auch)

summe gehen, sondern auf Herausgabe, Vornahme einer Handlung, Duldung, Unterlassung oder auf Abgabe einer Willenserklärung. Man unterscheidet zwischen Sicherungs-, Regelungs- und der gesetzlich nicht ausdrücklich geregelten Leistungs- bzw. Befriedigungsverfügung.[53] Erforderlich ist ein Verfügungsgrund, der Art, daß die Verwirklichung des umstrittenen Rechts vereitelt oder wesentlich erschwert zu werden droht oder das streitige Rechtsverhältnis zur Abwendung wesentlicher Nachteile, zur Verhinderung drohender Gewalt oder aus anderen Gründen befriedet werden muß.

Das Verfügungsverfahren ist weniger auf Schnelligkeit angelegt, als das Arrestverfahren, denn Entscheidungen ohne mündliche Verhandlung sind nur in dringenden Fällen zulässig, §§ 937 Abs. 2, 936 und 942 Abs. 1 ZPO.

Die Aufhebung einer einstweiligen Verfügung ist schwerer zu erreichen, als die eines Arrestbefehls. Sie ist nur gegen Sicherheitsleistung und unter besonderen Umständen möglich, weil die gesicherten Ansprüche auf Individualleistungen gehen, die in sicherungshalber hinterlegtem Geld kein angemessenes Äquivalent finden, § 939 ZPO.[54]

Besondere Aufmerksamkeit verdient die Leistungs- oder Befriedigungsverfügung, denn mit ihr kann grundsätzlich jeder Anspruch nicht nur gesichert, sondern vorläufig befriedigt werden. Sie stellt eine besondere Form eines „beschleunigten Erkenntnisverfahrens“, den „Ansatz einer besonderen Prozeßart“ dar.[55] Voraussetzung ist in jedem Fall eine besondere Notlage des Antragstellers, z.B. daß er Geld für seinen Lebensunterhalt oder dringend erforderliche medizinische Behandlungen benötigt, welches er nicht selbst aufbringen kann. Die Beseitigung der Notlage zieht auch der Höhe der Verurteilung die Obergrenze.[56]

Im übrigen gelten für die Glaubhaftmachung, die Vollstreckung und die Rechtsbehelfe des Schuldners die gleichen Vorschriften, wie beim Arrest, § 936 ZPO. Auch eine einstweilige Verfügung kann ausländische Sachverhalte regeln. Daß die Vollziehung im Ausland erfolgen muß, hindert den Erlaß der einstweiligen Verfügung im Inland nicht.[57] Eine sachliche internationale Unzuständigkeit wird

---

als materiell-offene Abwägungsentscheidungen strukturiert sind, hierzu LEIPOLD, Grundlagen, S. 62-82, 223 unter 6)

53 Diese Einteilung ist streitig. Zu den Einzelheiten siehe WALKER, Rdnr. 77 ff.

54 STEIN/JONAS-GRUNSKY, ZPO, § 939 Rdnr. 1

55 STEIN/JONAS-GRUNSKY, vor § 935 Rdnr. 35. Siehe auch WALKER, Rdnr. 32.

56 STEIN/JONAS-GRUNSKY, ZPO, vor § 935 Rdnr. 38-42; WALKER, Rdnr. 246 ff.

57 BGHZ 22, 1, 13; OLG Düsseldorf, Urt. v. 25.3.1966, GRUR Int. 1968, 100

jedoch für Anträge in Immobiliarfragen angenommen, wenn die betroffene Immobilie im Ausland belegen ist.[58]

2. Internationale Entscheidungszuständigkeit

Die internationale Zuständigkeit ist gesetzlich nur an wenigen Stellen in der ZPO ausdrücklich geregelt (§§ 23, 23 a, 27 Abs. 2, 606 a, 640 a Abs. 2 ZPO)[59]. Im übrigen bestimmen die Regeln der örtlichen Zuständigkeit auch die internationale; sie sind doppelfunktional[60]; das gilt auch im Bereich des einstweiligen Rechtsschutzes. Die internationale Zuständigkeit für Arreste und einstweilige Verfügungen ergibt sich also aus den §§ 919 1. Alt., 937, 943 iVm §§ 12 ff. ZPO und §§ 919 2. Alt., 942 ZPO. Grundsätzlich ist demnach das Gericht für einstweilige Maßnahmen international zuständig, welches auch für die Hauptsache die internationale Zuständigkeit hat. Man kann insoweit von Zuständigkeitsakzessorietät sprechen.[61] Unabhängig davon besteht sowohl für Arreste als auch für einstweilige Verfügungen eine internationale Zuständigkeit des Amtsgerichts, in dessen Bezirk sich die zu arretierende Sache bzw. Person oder der Streitgegenstand befindet, §§ 919 2. Alt., 942 Abs. 1 ZPO.[62] Für Arreste ist diese internationale Belegenheitszuständigkeit immer gegeben, für einstweilige Verfügungen nur ausnahmsweise bei einer Dringlichkeit, die ein Eilverfahren nicht vor dem Hauptsachegericht sondern am Belegenheitsort erfordert, weil anderenfalls eine weitere Gefährdung des Rechtes bzw. Rechtsverhältnisses hinzukäme. Während § 23 ZPO wegen § 919 2. Alt. ZPO für Arreste relativ wenig Bedeutung erlangt, ist er mangels regelmäßiger Amtsgerichtszuständigkeit für einstweilige Verfügungen am Belegenheitsort des Streitgegenstandes von großer Bedeutung. Stellt der Streitgegenstand zugleich das im Inland belegene Vermögen des Schuldners dar, ergibt § 23 iVm § 937 Abs. 1 ZPO einen wichtigen Gerichtsstand.[63] Schließlich besteht nach § 942 Abs. 2 ZPO eine internationale Zuständigkeit für die Eintragung einer Vormerkung oder eines Widerspruches ge-

---

58 vgl. § 24 Abs. 2 ZPO; ALBRECHT, S. 68 mwN

59 Weitere Regelungen im autonomen deutschen Recht existieren im FGG, §§ 35 b, 43 a I, 43 b I FGG, hierzu KROPHOLLER, IPR, S. 519. Im folgenden werden familienrechtliche Zuständigkeiten nicht berücksichtigt (hierzu ALBRECHT, S. 36 ff.), da diese Ansprüche gemäß Art. 1 Abs. 2 Nr. 1 EuGVVO/EuGVÜ im Rahmen des Übereinkommens keine Rolle spielen und § 23 ZPO nur für vermögensrechtliche Streitigkeiten einen Gerichtsstand eröffnet. Vermögensrechtlich ist ein Rechtsstreit, wenn der prozessuale Anspruch auf Geld oder geldwerte Gegenstände (Sachen oder Rechte) geht oder auf einem vermögensrechtlichen Rechtsverhältnis beruht, das auf Gewinn oder Erhalt von Geld oder geldwerten Gegenständen gerichtet sein muß, THOMAS/PUTZO, Einl. IV Rdnr. 1

60 BGHZ 44, 46, 47; 63, 219, 220; 94, 156, 157; 120, 334, 337 mwN.

61 vgl. ALBRECHT, S. 81; LEIPOLD, Grundlagen, S. 62 ff.

62 Für Forderungen gilt gemäß § 23 Satz 2 entsprechend der Schuldnerwohnsitz als Belegenheitsort, STEIN/JONAS-GRUNSKY, ZPO, § 942 Rdnr. 3

63 GEIMER, Zweifelsfragen, RIW 1975, 81, 86 unter 3.)

gen die Richtigkeit einer Registereintragung beim Register führenden Amtsgericht[64].

II. Internationaler, einstweiliger Rechtsschutz nach autonomem, niederländischen Recht

1. Einstweilige Maßnahmen

Das niederländische Verfahrensrecht unterscheidet zwischen einstweiligen Verfügungen, Arresten und dem kort geding (kurzes Verfahren).[65]

Einstweilige Verfügungen vor dem Landgericht sind hinsichtlich der Zuständigkeit vom Hauptverfahren abhängig, Art. 51 WBRv. Wenn während eines Hauptverfahrens vorläufiger Regelungsbedarf entsteht, stellt eine solche einstweilige Verfügung eine echte Alternative zum kort geding dar, denn wegen der Akzessorietät zum Hauptverfahren entfällt die Notwendigkeit einer erneuten Ladung des Antragsgegners. Dagegen können einstweilige Verfügungen des Amtsrichters sowohl parallel zu einem Hauptverfahren als auch unabhängig davon beantragt werden.[66]

Im landgerichtlichen, „abhängigen" Verfügungsverfahren muß keine Eilbedürftigkeit vorliegen, Art. 51 WBRv. Der Amtsrichter aber kann nur in eilbedürftigen Fällen (spoedeisende zaken) vorläufige Anordnungen treffen; die Streitsache darf nicht bereits in einem kort geding anhängig sein, Art. 116 Abs. 1 WBRv.

In der mündlichen Verhandlung muß der Antragsteller Verfügungsgrund und –anspruch darlegen. Gelingt ihm dies überzeugend, erhält er eine einstweilige Verfügung, gegen die der Antragsgegner binnen 14 Tagen Widerspruch beim selben Amtsrichter einlegen kann, Art. 116 Abs. 5 WBRv.[67] Andere Rechtsmittel, wie Berufung und Kassation, sind nicht zulässig, Art. 116 Abs. 4 WBRv., weshalb sich der Kläger nur dann gegen das kort geding und für eine unabhängige einstweilige Verfügung entscheiden wird, wenn er sich seines Anspruches sicher

---

64 „Grundbuch, Schiffsregister und Schiffsbauregister"; vgl. §§ 885 Abs. 1, 899 Abs. 2 BGB

65 Seit dem 1.1.1992 gilt eine erweiterte Gesetzesfassung, siehe SNIJDERS, Civil procedure, S. 270 unter 8.8.1

66 STEIN, Introduction, S. 213 unter 23.; SNIJDERS, Kap. 10, Rdnr. 726, 731

67 Hier greift das Gesetz den Unterschied zwischen „abhängigen" (Art. 116 Abs. 5 nur lit. b) und „unabhängigen" einstweiligen Verfügungen auf (Art. 116 Abs. 5 lit. a und b); SNIJDERS, Kap. 10, Rdnr. 739

ist.[68] Spätestens wenn das Endurteil in der Hauptsache Rechtskraft erlangt, verliert die einstweilige Verfügung des Amtsrichters ihre Wirkung, Art. 116 Abs. 6 WBRv.

Daneben existiert eine Fülle unterschiedlicher Formen der Beschlagnahme zur Sicherung von Rechten.[69] Die allgemeinen Regeln enthalten die Artt. 700-710 WBRv.

Beispielhaft ist der conservatoir beslag. Er sichert durch vorläufige Beschlagnahme von Schuldnervermögen einen vermögensrechtlichen Anspruch des Gläubigers. Diese Pfändung ist nicht gänzlich unabhängig von einem Hauptverfahren aber schon vor dessen Beginn zulässig. Erforderlich ist die Erlaubnis des Präsidenten des Landgerichtes, die dieser nach einer nur summarischen Prüfung der Rechtslage erteilt oder verweigert, Art. 700 Abs. 2 Satz 2 WBRv. Ob der Präsident des Landgerichts die Pfändung erlaubt oder nicht, entscheidet er in der Regel ohne Anhörung des Antragsgegners zur Sache.[70] Geprüft wird insbesondere, ob der geltend gemachte Anspruch wohl begründet ist. Der Präsident kann jeden Arrest von einer Sicherheitsleistung des Antragstellers abhängig machen, Art. 701 WBRv. Ebenso kann er einen Arrest zur Sicherung einer Geldforderung aufheben, wenn der Schuldner volle Sicherheit stellt, Art. 705 Abs. 2 a.E. WBRv. Grundsätzlich muß der Gläubiger binnen einer vom Präsidenten des Landgerichts bestimmten, mindestens achttägigen Frist das Hauptverfahren einleiten, Art. 700 Abs. 3 WBRv. Versäumt der Antragsteller diese Frist oder unterliegt er in der Hauptsache verfällt die Sicherungsbeschlagnahme. Erstreitet er aber in der Hauptsache einen (auch nur vorläufig) vollstreckbaren Titel, wandelt sich der conservatoir beslag zum executorial beslag, Artt. 700 Abs. 3, 704 WBRv., und das beschlagnahmte Vermögen kann zur Befriedigung des Anspruches verwertet werden.[71]

Die Pfändung beweglicher Sachen im Besitz des Schuldners setzt den Nachweis einer „Veruntreuungsgefahr“ (vrees voor verduistering) voraus, Art. 711 Abs. 1

---

68 SNIJDERS, Kap. 10, Rdnr. 742

69 Pfändung beweglicher und unbeweglicher Sachen (Artt. 711, 725 WBRv.), mit Spezialregelungen bei Herausgabe- und Lieferansprüchen (Artt. 730-737 WBRv.), Pfändung von Namensaktien und anderen Inhaberpapieren (Art. 714 WBRv.), Sicherungspfändung unter Ehegatten bei Auseinandersetzung einer Gütergemeinschaft (Art. 768 WBRv.), Forderungspfändung und sog. „Eigenbeschlag“ (Artt. 718, 724 WBRv.), Pfändung von Schiffen und Luftfahrzeugen (Artt. 728, 729 iVm 770 h ff. WBRv.); siehe hierzu SNIJDERS, Kap. 13, Rdnr. 1009 ff.; STEIN, Compendium, S. 330 ff.

70 ZONDERLAND, ZZP 1977, 225, 229

71 Das gilt ausnahmsweise nicht, wenn unbewegliche Sachen oder Vermögensrechte arretiert wurden, FALKENA/OUDELAAR/STERK, Abschnitt 2.17, S. 169, 170-174; STEIN, Introduction, S. 217, Tz. 27

WBRv, d.h. dem Schuldner muß nachgewiesen werden, daß er schon die Beschlagnahme selbst verhindern will.[72]

Ausdrücklich verzichtet der Fremdenarrest (vremdelingenbeslag) auf die Darlegung einer „Veruntreuungsgefahr", wenn der Schuldner keinen Wohnsitz in den Niederlanden hat, Art. 765 WBRv.[73]

Da kort geding und Arreste als selbständige Verfahren angesehen werden, kann sich der Betroffene gegen einen Arrest auch mit einem kort geding zur Wehr setzen, Art. 705 Abs. 1 WBRv.[74]

Das kort geding, Artt. 289-297 WBRv.[75], ist die interessanteste Variante des einstweiligen Rechtsschutzes in den Niederlanden. Es handelt sich um ein eigenständiges, von der Hauptsache unabhängiges Schnellverfahren mit dreistufigem Instanzenweg. Um die praktische Bedeutung dieses Verfahrens zu unterstreichen wird regelmäßig darauf hingewiesen, daß in ca. 95% aller im kort geding entschiedenen Fälle, kein Hauptverfahren nachfolgt.[76] Insgesamt werden in den großen Landgerichtsbezirken (Amsterdam, Den Haag, Rotterdam) ca. ein Viertel aller Streitigkeiten im kort geding entschieden.[77]

Grundsätzlich kann jede zivile Streitigkeit im kort geding vorgetragen werden, mit Ausnahme von Feststellungsklagen und bestimmten Gestaltungsklagen.[78] Zwei Fallgruppen werden besonders häufig im Kurzverfahren anhängig ge-

---

72 Nicht alle Beschlagsarten verlangen diese Veruntreuungsgefahr, s. FALKENA /OUDELAAR/STERK, Abschnitt 2.6, S. 68-72

73 Hat der Schuldner zwar Vermögen aber keinen bekannten Wohnsitz in den Niederlanden und besteht für den Gläubiger keine andere Möglichkeit in den Niederlanden einen vollstreckbaren Titel zu erlangen, begründet der Fremdenarrest eine Hauptsachezuständigkeit bei dem Landgericht, dessen Präsident den Arrest erlaubte, oder gegen Sicherheitsleistung des Schuldners nicht aussprach oder aufhob, Art. 767 WBRv.

74 ZONDERLAND, ZZP 1977, 225, 229

75 Eine deutsche Übersetzung dieser Normen findet sich bei ZONDERLAND, ZZP 1977, 225, 227 N. 7, wobei Art. 293 WBRv. zwischenzeitlich aufgehoben und Art. 289 Abs. 1 redaktionell geändert wurde. Auch der Gesetzestext bei BLANKENBURG, S. 140 f., ist nicht mehr auf dem neuesten Stand.

76 Siehe zum Beispiel STADLER, JZ 1999, 1089, 1095, r.Sp. unter a); STEIN, Compendium, S. 203. In einer neueren Untersuchung kam es in zehn von 154 untersuchten Fällen (=6,5 %) nach dem kort geding noch zu einem Hauptsacheverfahren, PUNT, THEMIS 1998, 158 l. Sp. Das Hauptverfahren ist aber nicht völlig aufgegeben, denn in ca. 40% aller kort geding-Verfahren werden parallel noch andere Verfahren in der selben Sache geführt, BLANKENBURG, S. 128; STEIN, Compendium, S. 202.

77 STEIN, Introduction, S. 211

78 Siehe die Aufzählung bei SNIJDERS, Kap. 10.4, Rdnr. 744; STEIN, Compendium, S. 202; STADLER, JZ 1999, 1089, 1095, N. 83

macht: Unterlassungsanordnungen in Wettbewerbssachen und Leistungsverfügungen bei Geldforderungen (incasso kort geding).[79] Sowohl der Van Uden- als auch der Mietz-Entscheidung des EuGH lagen Inkassofälle zugrunde.

In Streitsachen, die unaufschiebbare Eile (onverwijlde spoed) verlangen, kann der Gläubiger beim Präsidenten des Landgerichtes seine Forderung in einer Sitzung vorbringen, die zu diesem Zweck vom Präsidenten an festen Werktagen gehalten wird, Art. 289 Abs. 1 WBRv. Falls die Umstände noch größere Eile erfordern (nog meer spoed vereischende omstandigheden) kann die Ladung zur Verhandlung auf mündlichen Antrag des Gläubigers durch den Präsidenten festgesetzt werden, Art 289 Abs. 2 WBRv. In aller Regel wird der Antragsgegner zur Sache gehört, soweit nicht die Voraussetzungen eines Versäumnisurteils vorliegen.[80] Gegen eine Entscheidung im kort geding sind als Rechtsmittel Berufung und Kassation gegeben, Art 295 WBRv.[81]

Gemäß Art. 292 WBRv. üben die vorläufigen Verfügungen des kort geding-Richters keinen nachteiligen Einfluß auf die Hauptsache aus. Früher wurde diese Norm als Kompetenzgrenze des Präsidenten des Landgerichts verstanden; er durfte nichts vorläufig anordnen, was geeignet war, eine spätere Durchsetzung des Klägeranspruches in einem Hauptverfahren rechtlich oder faktisch zu gefährden. Mittlerweile sieht man als Adressat dieser Norm nicht mehr den Richter im kort geding, sondern das Gericht des Hauptverfahrens; dieses ist in keiner Weise an die vorläufigen Anordnungen des Landgerichtspräsidenten gebunden. Die mögliche faktische Vorwegnahme der Hauptsache durch ein kort geding-Urteil wird als zulässig angesehen, wenn der Fall dringend ist und eine ausgewogene Interessenabwägung vorgenommen wurde.[82] Verliert der Antragsteller ein nachfolgendes Hauptverfahren, wird er dem Antragsgegner schadenersatz- bzw. rückzahlungspflichtig, wenn er das kort geding-Urteil mittlerweile schon vollstrecken ließ.[83] Sowohl was das Dringlichkeitserfordernis als auch die Interessenabwägung angeht, pflegt man in den Niederlanden großzügige, klägerfreundliche Maßstäbe.

---

79 BLANKENBURG, S. 131; SNIJDERS, Kap. 10, Rdnr. 745

80 ZONDERLAND, ZZP 1977, 225, 229

81 Hierzu SNIJDERS, Kap. 10.4 Rdnr. 768 ff.; STEIN, Compendium, S. 207. Nur selten ordnet der Landgerichtspräsident die Klageerhebung in der Hauptsache an, STEIN, Compendium, S. 203.

82 HR NJ 1946, Nr. 166, S. 228 l.Sp.; HR NJ 1947, Nr. 157, S. 305 l. Sp. Tenor 3. Absatz, STEIN, Introduction, S. 211; DERS., Compendium, S. 201

83 STEIN, Introduction, S. 211; DERS., Compendium, S. 206; HR NJ 1985, Nr. 547, S. 1726 ff.

Speziell für das incasso kort geding hat die Rechtsprechung Leitlinien erarbeitet. Bei einer Geldforderung wird die Dringlichkeit in aller Regel bejaht, wenn die Forderung selbst nicht substantiiert bestritten wird.[84]

Die Interessenabwägung hat insbesondere das Rückzahlungsrisiko zu berücksichtigen, falls der Gläubiger in der Hauptsache unterliegt. Für eine einstweilige Zahlungsverfügung ist dagegen eine drohende finanzielle Notsituation des Antragstellers vollkommen ohne Belang.[85]

Hinsichtlich der Dringlichkeit fällt ein kleiner sprachlicher Unterschied ins Auge. Während der Amtsrichter schon bei „eilbedürftigen Fällen" (spoedeisende zaken) einstweilige Maßnahmen treffen kann, darf der Landgerichtspräsident im kort geding nur in Fällen tätig werden, die „unaufschiebbare Eile verlangen" (onverwijlde spoed). In der Praxis geht es aber gerade im kort geding-Verfahren, das die strengeren Anforderungen an die Eilbedürftigkeit eines Falles zu stellen scheint, weniger um dringliche Fälle. Den Parteien ist es wichtiger auf kurzen Termin eine in der Regel endgültige Entscheidung zu bekommen.[86] Obwohl nach dem Wortlaut des Gesetzes das kort geding keine faktisch endgültigen Entscheidungen bewirken soll, verkehrt die Akzeptanz dieser Urteile durch die Parteien den gesetzliche Entwurf ins Gegenteil.[87]

2. Internationale Entscheidungszuständigkeit

Die Eilzuständigkeit folgt grundsätzlich den allgemeinen Zuständigkeitsregeln, und die örtliche Zuständigkeit bestimmt die internationale.[88] Demgemäß ist das Gericht am Wohnsitz oder des auch nur kurzfristigen, festen Aufenthaltsortes

---

84 SNIJDERS, Kap. 10.4, Rdnr. 745; STADLER, JZ 1999, 1089, 1095 r.Sp.

85 HR NJ 1986, Nr. 84, S. 312, Tenor 2. Absatz; SNIJDERS, Kap. 10.4 Rdnr. 750 a.E.

86 Von allen kort geding-Entscheidungen gehen nur ca. 8% in die Berufung, BLANKENBURG, S. 128 N. 12.

87 Für die hohe Akzeptanz und Beliebtheit des kort geding-Verfahrens gibt es mehrere Gründe: Die Mündlichkeit des Verfahrens und die alleinige, absolute Zuständigkeit nicht nur eines Landrichters, sondern des Präsidenten des Landgerichts erhöhen die Akzeptanz bei den Parteien. (Der Landgerichtspräsident kann nur von Vizepräsidenten nicht von einfachen Landrichtern vertreten werden.) Das Verfahren ist sehr schnell und bringt in ca. 4-6 Wochen einen vollstreckbaren Titel, während ein entsprechendes Hauptverfahren ca. ein Jahr dauern würde. Letztlich ist das Kostenrisiko geringer, da im Gegensatz zum Hauptverfahren ein fester Kostensatz unabhängig vom Streitwert besteht. Hierzu BLANKENBURG, S. 125 ff., 128, 134, 136. Aus diesen Gründen wird von der Möglichkeit einen Rechtsstreit in ein Hauptverfahren zu verweisen, falls „kein großer oder unersetzlicher Schaden droht" (Art. 291 WBRv.), kaum Gebrauch gemacht. Auch der 1992 eingeführte Art. 438 Abs. 3 WBRv., der eine Spaltung und Teilverweisung des Prozesses ermöglicht, hat daran wenig geändert, SNIJDERS, Kap. 10.4, Rdnr. 752.

88 STEIN, Introduction, S. 194 unter Tz. 4; EILERS, S. 120; HR NJ 1965, Nr. 117, S. 455 ff.; STADLER, JZ 1999, 1089, 1092, l.Sp. unter a)

des Schuldners international zuständig, Art. 126 Nrn. 1 und 2 WBRv. Darüberhinaus kann gemäß Art. 126 Nr. 3 WBRv. der Kläger an seinem Wohnsitz klagen, wenn der Beklagte keinen Wohnsitz in den Niederlanden hat. Nach der Van Uden-Entscheidung des EuGH wird diese internationale Zuständigkeit für den einstweiligen Rechtsschutz nicht wie für Hauptverfahren von vorneherein durch Art. 3 Abs. 2 EuGVVO/EuGVÜ ausgeschlossen. Unabhängig von diesen Hauptsachezuständigkeiten oder von Gerichtsstandsvereinbarungen gilt gemäß ständiger Rechtsprechung eine Eilzuständigkeit für korte gedingen des Gerichtspräsidenten, in dessen Bezirk die zu treffende, einstweilige Maßnahe ausgeführt werden soll.[89]

Für die Anordnung von Arresten ist neben den Hauptsachegerichtsständen auch der Richter international zuständig, in dessen Gerichtssprengel sich einer oder mehrere der betroffenen Gegenstände befinden, Art. 700 Abs. 1 WBRv.

Die Zuständigkeit für einstweiligen Rechtsschutz in Amtsgerichtsverfahren liegt bis zur Vorladung des Beklagten in der Hauptsache beim gesetzlich (Artt. 97-100 WBRv.) bestimmten Amtsrichter, u.a. gilt hier gemäß Artt. 116 Abs. 2, 97 Abs. 2 auch die (exorbitante) Zuständigkeit des Art. 126 Nr. 3 WBRv. Nachdem eine Vorladung für die Hauptsache erfolgte, ist ausschließlich das Hauptsachegericht zuständig, Art. 116 Abs. 2 Satz 2 WBRv. Diese Zuständigkeiten sind grundsätzlich nicht abdingbar, Art. 100 WBRv. Der Amtsrichter kann aber nur eine vorläufige Anordnung treffen, wenn der gesamte Streit in seine sachliche Zuständigkeit fällt.[90]

---

89 HR NJ 1918, S. 6 ff.; SNIJDERS, Kap. 10.4, Rdnr. 751; EILERS, S. 121 mwN in N. 22; STEIN, Compendium, S. 204 oben: In örtlicher Hinsicht ist die Zuständigkeit des kort geding-Richters also „relativ", während sie in sachlicher Hinsicht „absolut" ist, d.h. er ist auch dann sachlich zuständig, wenn kraft Gesetz oder kraft rügeloser Einlassung der Amtsrichter nach Art. 116 WBRv. zuständig wäre. Gleiches gilt, wenn die Parteien eine Schiedsabrede getroffen haben.

90 SNIJDERS, Kap. 10.3, Rdnr. 729. Das ist insbesondere im individuellen Arbeitsrecht der Fall. Hier muß der Gläubiger entweder beim Amtsgericht am gewöhnlichen Arbeitsort oder am Wohnsitz des Arbeitgebers einstweilige Maßnahmen beantragen, STEIN, Introduction, S. 196.

III. Internationaler, einstweiliger Rechtsschutz nach europäischem Recht im allgemeinen

1. Grundvoraussetzungen internationaler Zuständigkeiten nach EuGVVO und EuGVÜ

a) Zum EuGVÜ allgemein

Unter allen von der Bundesrepublik Deutschland gezeichneten, multi- und bilateralen Staatsverträgen[91] mit Regeln für die internationale Zuständigkeit ist das EuGVÜ[92] der bedeutendste. Während die meisten Abkommen lediglich die Anerkennungszuständigkeit regeln, enthält das EuGVÜ erstmals auch Normen für die Entscheidungszuständigkeit. Zusätzlich hat man das Anerkennungsverfahren erheblich erleichtert und beschleunigt und die einheitliche Anwendung des Übereinkommens durch eine Auslegungskompetenz des EuGH gesichert.[93] Damit wurde die Freizügigkeit von Urteilen in Zivil- und Handelssachen im europäischen Binnenmarkt etabliert und die Grundlage eines einheitlichen europäischen Zivilprozeßrechts gelegt.[94] Der Erlaß der EuGVVO brachte einen weiteren Fortschritt; das Anerkennungs- und Vollstreckungsverfahren erfuhr mit Art. 41 EuGVVO eine erhebliche Beschleunigung, da nach Einhaltung bestimmter Formalien eine Anerkennungsprüfung von Amts wegen nicht mehr erfolgt.[95]

Das EuGVÜ war Vorbild für das ihm größtenteils wörtlich nachgebildete Übereinkommen zwischen den Mitgliedstaaten der EG und der EFTA: das Lugano-Übereinkommen vom 16.9.1988.[96] Zwar binden die Urteile des EuGH die Gerichte der Mitgliedstaaten des LugÜbk nicht, aber in einer Erklärung bei Unterzeichnung des LugÜbk hielten dessen Mitgliedstaaten es für angezeigt, daß ihre

---

91 Eine Liste der wichtigsten multi- und bilateralen Staatsverträge findet sich bei SCHACK, IZVR, Rdnr. 54 ff.

92 EWG-Übk. über die gerichtliche Zuständigkeit und die Vollstreckung gerichtlicher Entscheidungen in Zivil- und Handelssachen vom 27.9.1968, BGBl. II 1972, 774, heute gültig in der Fassung des Beitrittsübereinkommens mit Österreich, Finnland und Schweden vom 19.11.1996 (BGBl. II 1999, 419).

93 Luxemburger Protokoll betreffend die Auslegung des Übereinkommens vom 27.7.1968 über die gerichtliche Zuständigkeit und die Vollstreckung gerichtlicher Entscheidungen in Zivil- und Handelssachen durch den Gerichtshof, BGBl. II 1972, 846; gültig in der Fassung des 3. Beitrittsübereinkommens vom 26.5.1989, BGBl. II 1994, 531

94 NAGEL/GOTTWALD, IZPR, § 3 Rdnr. 154; KROPHOLLER, Europäisches Zivilprozeßrecht, Einl. Rdnr. 16 f.

95 siehe auch den 17. Erwägungsgrund der EuGVVO

96 Lugano-Übereinkommen über die gerichtliche Zuständigkeit und die Vollstreckung gerichtlicher Entscheidungen in Zivil- und Handelssachen. Für die Bundesrepublik Deutschland seit dem 1.3.1995 in Kraft (BGBl. II 1995, 221). Hierzu KROPHOLLER, Europäisches Zivilprozeßrecht, Einl. Rdnr. 64 ff., 53

Gerichte der Rechtsprechung des EuGH und der Gerichte der Mitgliedstaaten des EuGVÜ „gebührend Rechnung tragen", was in der Praxis geschieht.[97] So stützte das Schweizer Bundesgericht sein Urteil vom 17.9.1999 auf die Auslegung des Art. 31 EuGVVO/Art. 24 EuGVÜ durch den EuGH.[98] Urteile des EuGH haben also auch für die Anwendung des LugÜbk praktische Relevanz.

b) Zur EuGVVO allgemein

Am 22.12.2000 wurde die EG-Verordnung über die gerichtliche Zuständigkeit und die Anerkennung und Vollstreckung von Entscheidungen in Zivil- und Handelssachen im Amtsblatt der EG veröffentlicht.[99] Sie stellt eine reformierte Fassung des EuGVÜ dar, die unmittelbar in jedem Mitgliedstaat gilt, Art 249 Abs. 2 EG. Die Verordnung trat am 1. März 2002 in kraft, Art. 76 EuGVVO, ersetzt das EuGVÜ aber nicht vollständig, da Dänemark sich nicht an ihrer Annahme beteiligt hat. Im Verhältnis zu Dänemark gilt das EuGVÜ weiter. Hinsichtlich des Art. 24 EuGVÜ fanden nur redaktionelle Änderungen statt. Der neue Art. 47 EuGVVO stellt eine Sonderregelung für einstweilige Maßnahmen in der Phase zwischen dem Erlaß einer Hauptsacheentscheidung und ihrer Vollstreckung im Ausland dar.

c) Arten internationaler Entscheidungszuständigkeiten nach EuGVVO und EuGVÜ

In ihrem Anwendungsbereich verdrängen EuGVVO und EuGVÜ die nationalen Regelungen über die internationale Zuständigkeit. Den sachlichen Anwendungsbereich eröffnet Art. 1 Abs. 1 EuGVVO/EuGVÜ für alle Zivil- und Handelssachen unabhängig von der Art der Gerichtsbarkeit. Ausdrücklich ausgenommen hiervon sind Steuer- und Zollsachen sowie verwaltungsrechtliche und bestimmte in Art. 1 Abs. 2 EuGVVO/EuGVÜ aufgeführte Streitigkeiten (z.B. Personenstands- und Erbrecht, eheliches Güterrecht, Insolvenzrecht, Schiedsgerichtsbarkeit).

Der persönliche Anwendungsbereich knüpft an den Sitz oder Wohnsitz an, Artt. 59 ff. EuGVVO/Artt. 52, 53 EuGVÜ iVm Artt. 2 bis 4 EuGVVO/EuGVÜ, jedoch nicht immer einheitlich. EuGVVO und EuGVÜ sind unabhängig vom Sitz oder Wohnsitz einer Prozeßpartei immer anzuwenden, wenn die ausschließlichen Zuständigkeiten des Art. 22 EuGVVO/Art. 16 EuGVÜ gegeben sind. Die Wirksamkeit einer Gerichtsstandsvereinbarung beurteilt sich ausschließlich nach EuGVVO und EuGVÜ, wenn nur eine der Parteien ihren Sitz oder Wohnsitz in

---

[97] KROPHOLLER, Europäisches Zivilprozeßrecht, Rdnr. 64; siehe auch das Protokoll Nr. 2 zum LugÜbk, BGBl. II 1994, 2697, und den dadurch eingerichteten Informationsaustausch, hierzu s. Jayme/Kohler, IPRax 1999, 401, 410 unter 3.

[98] BGE 125 III, S. 451

[99] Abl.EG Nr. L, vom 16.12.2001, S. 1-23; hierzu MICKLITZ/ROTT, EuZW 2001, 325 ff.

einem Vertragsstaat hat. Im übrigen ist es anwendbar, wenn der Beklagte seinen Sitz oder Wohnsitz in einem Vertragsstaat hat, Art. 4 Abs. 1 EuGVVO/EuGVÜ. Gemäß Artt. 3 und 4 Abs. 2 EuGVVO/EuGVÜ kann eine Hauptsacheklage im Gerichtsstand des § 23 ZPO nur erhoben werden, wenn der Beklagte keinen Sitz oder Wohnsitz in einem Vertragsstaat des EuGVÜ hat. § 23 ZPO kann einen internationalen Gerichtsstand auch dann nicht begründen, wenn der Beklagte seinen Sitz oder Wohnsitz zwar nicht in der EU aber in einem Vertragsstaat des LugÜbk hat (z. Zt. Norwegen, Island, Schweiz und Polen), denn der Ausschluß des § 23 ZPO durch Art. 3 Abs. 2 LugÜbk ist gemäß Art. 54 b Abs. 2 lit. a) LugÜbk für deutsche Gerichte verbindlich.

Im System von EuGVVO und EuGVÜ kann es zu einem negativen Kompetenzkonflikt kommen, z.B. wenn das in einem Vertragsstaat erlassene Urteil in einem anderen Vertragsstaat wegen Verletzung dessen ordre public nicht anerkannt wird und Rechtsschutz gerade im die Anerkennung verweigernden Staat erforderlich ist, weil nur dort vollstreckbares Vermögen des Beklagten liegt. Wenn die Anerkennungsausnahmen der Artt. 34 f. EuGVVO/Artt. 27 f. EuGVÜ die ansonsten lückenlose Entscheidungszuständigkeits- und insofern Rechtsschutzordnung der EuGVVO durchbrechen, kann die Eröffnung einer Notzuständigkeit erforderlich sein.[100]

Auch für vereinbarte internationale Zuständigkeiten enthält die EuGVVO Regelungen. Nach Art. 23 EuGVVO/Art. 17 EuGVÜ können die Parteien für ein ausreichend individualisiertes Rechtsverhältnis und entstandene oder künftige Streitigkeiten daraus einen oder mehrere alternative, internationale Gerichtsstände verabreden. Die Vorschrift greift aber nicht, wenn keine der Parteien ihren Sitz oder Wohnsitz in einem Vertragsstaat hat. Sie gilt auch dann nicht, wenn beide im selben Vertragsstaat wohnen, wenn sie die Gerichtsstände der Artt. 13, 17 und 21 EuGVVO/Artt. 12, 15 und 16 EuGVÜ derogieren wollen oder wenn sie die internationale Zuständigkeit der Gerichte eines Nichtvertragsstaates vereinbaren[101], Art. 23 Abs. 5 EuGVVO/Art. 17 Abs. 3 EuGVÜ. Die §§ 38, 40 ZPO, §§ 2, 3 und 9 bis 11 AGB-Gesetz sowie alle weiteren Prorogationsbeschränkungen des deutschen Rechts werden von Art. 23 EuGVVO/Art. 17 EuGVÜ grundsätzlich verdrängt.[102]

---

100 KROPHOLLER, Hdb. IZVR I Kap. III Rdnr. 192 ff.; DERS., Europäisches Zivilprozeßrecht, vor Art. 2 Rdnr. 22; GEIMER/SCHÜTZE, Europäisches Zivilverfahrensrecht, Einl. Rdnr. 39, Art. 3 Rdnr. 7; GEIMER, Zweifelsfragen, RIW 1975, 81, 82 f. unter II.

101 NAGEL/GOTTWALD, IZPR, § 3 Rdnr. 226 ff.

102 Die verdrängten Schutznormen finden in Art. 23 EuGVVO/Art. 17 EuGVÜ keine äquivalente Entsprechung, was als sozialpolitisch „fragwürdige Liberalität“ kritisiert wird, KOHLER, IPRax 1983, 265, 266 ff. unter A.II, 270 unter B.II.; gegenüber Gerichtsstandsvereinbarungen in AGB sind vertragsautonome Kontrollmaßstäbe zu entwickeln, H.

Die EuGVVO kennt ferner die internationale Zuständigkeit durch rügelose Einlassung, Art. 24 EuGVVO/Art. 18 EuGVÜ. Die Vorschrift macht die §§ 39, 40 ZPO, insbesondere § 39 Satz 2 iVm § 504 ZPO unwirksam, d.h. es kommt zu einer internationalen Zuständigkeit in amtsgerichtlichen Verfahren auch ohne Belehrung durch den Richter über die Folgen einer rügelosen Einlassung. Anders als im deutschen Recht begründet nicht erst ein Verhandeln zur Hauptsache die internationale Zuständigkeit, sondern schon das Vorbringen von Einreden und Einwendungen, die allein das Verfahren, nicht den geltend gemachten Anspruch betreffen.[103] Eine lediglich hilfsweise vorgetragene Verteidigung zur Hauptsache nach einer Rüge, daß dem Gericht die internationale Zuständigkeit fehle, schadet dem Beklagten dagegen nicht. Durch rügelose Einlassung kann man zwar eine Gerichtsstandsvereinbarung, nicht aber eine ausschließliche Zuständigkeit des Art. 22 EuGVVO/Art. 16 EuGVÜ abändern.[104]

2. Einstweilige Maßnahmen

Der Begriff der „einstweiligen Maßnahmen, einschließlich solcher, die auf eine Sicherung gerichtet sind“, wird in Art. 31 EuGVVO/Art. 24 EuGVÜ und in Art. 47 Abs. 1 EuGVVO ausdrücklich erwähnt. Art. 47 Abs. 3 EuGVVO/Art. 39 Abs. 1 EuGVÜ sprechen lediglich von „Sicherungsmaßnahmen“ und sind Spezialvorschriften für das Vollstreckungsverfahren: Solange es dem Schuldner noch möglich ist, mit einem Rechtsbehelf die Zwangsvollstreckung aufzuhalten, sollen keine endgültigen, sondern nur Sicherungsmaßnahmen gegen ihn zulässig sein. Die Art der Sicherungsmaßnahmen bestimmt das Recht des Vollstreckungsstaates.[105] Der neue Art. 47 Abs. 1 EuGVVO wiederholt den Wortlaut des Art. 31 EuGVVO/Art. 24 EuGVÜ speziell für nachgeschalteten, sekundären einstweiligen Rechtsschutz[106], also für den Fall, daß bereits eine Hauptsacheentscheidung vorliegt.

Die in Art. 31 EuGVVO/Art. 24 EuGVÜ geregelten „einstweiligen Maßnahmen, einschließlich solcher, die auf eine Sicherung gerichtet sind“, erfahren weder in der EuGVVO, im EuGVÜ noch im JENARD-, SCHLOSSER- oder KERAMEUS-

---

SCHMIDT in ULMER/ BRANDNER/HENSEN, AGB-Gesetz, Anh. § 2 Rdnr. 26; KROPHOLLER, Europäisches Zivilprozeßrecht, Art. 17 Rdnr. 16 ff. Zu beachten ist in diesem Zusammenhang Art. 67 EuGVVO/Art. 57 Abs. 3 EuGVÜ, vgl. hierzu JAYME/KOHLER, IPRax 1996, 377, 382.

103 KROPHOLLER, Europäisches Zivilprozeßrecht, Art. 18 Rdnr. 5, 7, 17 f.; GEIMER/SCHÜTZE, Europäisches Zivilverfahrensrecht, Art. 18 Rdnr. 5

104 SCHACK, IZVR, Rdnr. 487; KROPHOLLER, Europäisches Zivilprozeßrecht, Art. 18 Rdnr. 12; NAGEL/GOTTWALD, IZPR, § 3 Rdnr. 256 mwN

105 KROPHOLLER, Europäisches Zivilprozeßrecht, Art. 39 Rdnr. 1 und 5, siehe für die Bundesrepublik Deutschland § 8 Abs. 1 AVAG a.F. und § 18 ff. AVAG n.F.

106 BAUR, S. 12-16

Bericht eine nähere Definition.[107] Der Wortlaut der Vorschrift stellt nur klar, daß sichernde Maßnahmen mit einbezogen werden. Der Begriff „einstweilige Maßnahmen“ aus Art. 31 EuGVVO/Art. 24 EuGVÜ ist autonom auszulegen, um die Durchbrechung des abgestimmten Zuständigkeitssystems der Artt. 2 und 5 ff. EuGVVO/EuGVÜ zu minimieren und die „Gleichheit der Rechte und Pflichten der Parteien [...] zu gewährleisten“.[108] Der EuGH spricht von Maßnahmen, „die auf in den Anwendungsbereich des Übereinkommens fallenden Rechtsgebieten ergehen und eine Sach- oder Rechtslage erhalten sollen, um Rechte zu sichern, deren Anerkennung im übrigen bei dem in der Hauptsache zuständigen Gericht beantragt wird“.[109] Besonderes Gewicht legt er darauf, „daß die Maßnahme ihren einstweiligen oder auf eine Sicherung gerichteten Charakter behält“.[110] Später ergänzte der EuGH diese Definition, um die Einstweiligkeit der Maßnahmen zu betonen[111]: Die Anordnung, vorläufig eine vertragliche Gegenleistung zu erbringen, sei nur dann eine einstweilige, die Hauptsache nicht vorwegnehmende Maßnahme iSd Art. 31 EuGVVO/Art. 24 EuGVÜ, wenn „die Rückzahlung des zugesprochenen Betrages an den Antragsgegner in dem Fall, daß der Antragsteller nicht in der Hauptsache obsiegt, gewährleistet ist und wenn die beantragte Maßnahme nur bestimmte Vermögensgegenstände des Antragsgegners betrifft, die sich im örtlichen Zuständigkeitsbereich des angerufenen Gerichts befinden oder befinden müßten“.[112] Bis heute hat der EuGH noch keine der einstweiligen Maßnahmen in den autonomen Rechten der Mitglied- bzw. Ver-

---

107 JENARD-Bericht zum EuGVÜ, in BÜLOW-BÖCKSTIEGEL, Internationaler Rechtsverkehr, Nr. 601, S. 1 ff, 63; SCHLOSSER-Bericht zum EuGVÜ, in BÜLOW-BÖCKSTIEGEL, Internationaler Rechtsverkehr, Nr. 601, S. 99 ff., 177 in Tz. 183 und KERAMEUS-Bericht zum EuGVÜ, in BÜLOW-BÖCKSTIEGEL, Internationaler Rechtsverkehr, Nr. 601, S. 213 ff., 249 in Tz. 70.

108 EuGH, Rs. 33/78, (Somafer SA/Saar Ferngas AG), Slg. 1978, 2183 in Tz. 8; MÜKO-GOTTWALD, ZPO-Komm., IZPR Art. 24 Rdnr. 2; GEIMER/SCHÜTZE, Europäisches Zivilverfahrensrecht, Art. 24 Rdnr. 14 mwN.; HEISS, S. 33; ALBRECHT, S. 102; SCHOLZ, S. 204 f.

109 EuGH, Rs. C-261/90, (Reichert/Dresdner Bank), Slg. 1992, I-2149 in Tz. 34. Dabei kommt es entscheidend auf die Möglichkeit eines nachgeschalteten Hauptverfahrens an, nicht darauf, daß dieses Verfahren tatsächlich durchgeführt wird; EuGH, Rs. C-53/96, (Hermès/FHT Marketing Choice BV), Slg. 1998, I-3637, Tz. 38 f., 44.

110 EuGH, Rs. C-125/79, (Denilauler/Couchet Frères), Slg. 1980, 1553 in Tz. 15; Rs. C-261/90, (Reichert/Dresdner Bank), Slg. 1992, I-2149 in Tz. 35

111 Diesen Punkt besonders hervorhebend EILERS, S. 284 unter c); HEISS, S. 44 ff.

112 EuGH, Rs. C-391/95, (Van Uden/Deco Line), IPRax 1999, 240 Tenor Nr. 5, Tz. 47 und 48, mit Anm. HEß/VOLKOMMER, S. 220 ff. In diesem Urteil spricht der EuGH von vertraglicher „Haupt“leistung. Im Folgeurteil, EuGH, Rs. C-99/96, (Mietz/Intership Yachting Sneek BV), Slg. 1999, I-2277 ff., Tenor Nr. 2, Tz. 39, 42 und 53 ist von jeder Art vertraglicher „Gegen“leistung die Rede.

tragsstaaten aus dem Kreis der „einstweiligen Maßnahmen“ iSd Art. 31 EuGVVO/Art. 24 EuGVÜ ausgeschieden.[113]

3. Internationale Entscheidungszuständigkeit im allgemeinen

Erste allgemeine Voraussetzung für eine internationale Zuständigkeit für einstweilige Maßnahmen ist, daß der einstweilige Rechtsschutz überhaupt in den sachlichen Anwendungsbereich von EuGVVO und EuGVÜ fällt. Seit den De Cavel-Entscheidungen des EuGH[114] ist anerkannt, daß EuGVVO und EuGVÜ auf einstweilige Maßnahmen anzuwenden sind, denn sie „biete[n] [...] keinerlei rechtliche Grundlage dafür, daß im Hinblick auf [ihren] Anwendungsbereich zwischen einstweiligen und endgültigen Maßnahmen unterschieden werden könnte“.[115] Es wäre inkonsequent, den Vertragsstaaten internationale Zuständigkeiten für die Entscheidung in der Hauptsache zu geben, aber es ihnen zu verweigern, die spätere Durchsetzung eines Hauptsachetitels mit einer vorläufigen Entscheidung zu sichern. Der sachliche Anwendungsbereich von EuGVVO und EuGVÜ ist eröffnet, wenn die einer einstweiligen Maßnahme zugrundeliegenden Anspruchsnormen dem durch Art. 1 Abs. 1 EuGVVO/EuGVÜ abgesteckten Bereich zuzuordnen sind. Dabei wird jede beantragte einstweilige Maßnahme isoliert von ihrem prozessualen Gesamtzusammenhang betrachtet, d.h. es ist irrelevant, ob sich aus der Perspektive des autonomen Verfahrensrechts eines Vertragsstaates die einstweilige Maßnahme als selbständiger Antrag oder lediglich als akzessorischer Nebenantrag zu einem weitergehenden Hauptantrag darstellt.[116]

Wenn zusätzlich der persönliche Anwendungsbereich von EuGVVO und EuGVÜ eröffnet ist, bietet es ein dreispuriges System für einstweiligen Rechtsschutz: Die Annexzuständigkeit des bereits angerufenen Hauptsachegerichtes, unabhängig hiervon die Zuständigkeiten aus den Artt. 2 und 5 ff. EuGVVO/EuGVÜ und den Weg über Art. 31 EuGVVO/Art. 24 EuGVÜ – ungeachtet der Diskussion, ob man Art. 31 EuGVVO/Art. 24 EuGVÜ lediglich als unkriti-

---

[113] KROPHOLLER, Europäisches Zivilprozeßrecht, Art. 24 Rdnr. 3 und 5. Die in EuGH, Rs. C-261/90, (Reichert/Dresdner Bank), Slg. 1992, I-2149 in Tz. 35 ausgeschiedene Gläubigeranfechtungsklage (seit 1.1.1999 Insolvenzanfechtung) ist (schon nach autonomem deutschen Recht) keine einstweilige Maßnahme, da sie zum Ziel hat, eine Verfügung des Schuldners dauerhaft für unwirksam zu erklären.

[114] EuGH, Rs. C-143/78, (De Cavel/De Cavel) „I“, Slg. 1979, 1055; Rs- C-120/79, (De Cavel/De Cavel) „II“, Slg. 1980, 731

[115] EuGH, Rs. C-143/78, (De Cavel/De Cavel) „I“, Slg. 1979, 1055, 1067; Rs. 25/81, (C.H.W./G.J.H.), Slg. 1982, 1189 in Tz. 12; hierzu ausführlich ALBRECHT, S. 84 ff., insbesondere S. 87 zu N. 379.

[116] ausführlich hierzu ALBRECHT, S. 86-96 mwN.

schen Verweis auf die internationalen Zuständigkeiten der nationalen Rechte oder als eigenständige Zuständigkeitsnorm versteht.[117]

Eine Besonderheit besteht noch für die internationale Zuständigkeit durch rügelose Einlassung, Art. 24 EuGVVO/Art. 18 EuGVÜ. Laut EuGH begründet eine rügelose Einlassung vor dem Gericht des vorläufigen Rechtsschutzes auf „ein summarisches Verfahren, das auf den Erlaß einstweiliger oder sichernder Maßnahmen in Eilfällen gerichtet ist und der Prüfung des Rechtsstreits in der Hauptsache nicht vorgreift," keine „unbeschränkte Zuständigkeit [..], alle [..] geeignet erscheinenden einstweiligen oder sichernden Maßnahme anzuordnen, als wäre [das Gericht des vorläufigen Rechtsschutzes] nach dem Übereinkommen für die Entscheidung in der Hauptsache zuständig".[118]

IV. Internationaler, einstweiliger Rechtsschutz nach anderen Staatsverträgen

1. Multilaterale Staatsverträge

Gemäß Art. 71 EuGVVO/Art. 57 Abs. 1 EuGVÜ bleibt die Wirksamkeit solcher Übereinkommen unberührt, die für „besondere Rechtsgebiete die gerichtliche Zuständigkeit, die Anerkennung oder die Vollstreckung von Entscheidungen" regeln. Den besonderen Übereinkommen wird als lex specialis Vorrang vor EuGVVO und EuGVÜ eingeräumt.[119] Nicht alle diese Staatsverträge sind relevant für den einstweiligen Rechtsschutz vermögensrechtlicher Ansprüche, da dieser teilweise ausgeschlossen wird; z.B. verweigert das Genfer Übereinkommen über den Beförderungsvertrag im internationalen Straßengüterverkehr[120] in Art. 31 Abs. 4 Entscheidungen aus summarischen Verfahren ausdrücklich die Vollstreckung, wenn die Entscheidung nicht sachlich überprüft worden ist. Ist der Anwendungsbereich eines Übereinkommens nicht ausdrücklich auf Hauptverfahren beschränkt, werden die internationalen Entscheidungszuständigkeiten für Hauptverfahren in Eilverfahren entsprechend gehandhabt, da sie den Hauptverfahren dienen.[121] Regelungen für einstweiligen Rechtsschutz für vermögens-

---

117 HEß/VOLLKOMMER, IPRax 1999, 220, 221 unter III.

118 EuGH, Rs. C-99/96, (Mietz/Intership Yachting Sneek BV), Slg. 1999, I-2277 ff. Tz. 52; hierzu JAYME/KOHLER, IPRax 1999, 401, 408 N. 80

119 KROPHOLLER, Europäisches Zivilprozeßrecht, Art. 57 Rdnr. 3. In Rdnr. 2 sind in Anlehnung an den SCHLOSSER-Bericht zum EuGVÜ eine Reihe wichtiger Staatsverträge aufgelistet.

120 Genfer Übereinkommen über den Beförderungsvertrag im internationalen Straßengüterverkehr (CMR), vom 19.5.1956, BGBl. II 1961, 1120 ff.

121 ALBRECHT, S. 81 spricht von der Akzessorietät der einstweiligen Maßnahmen zum Hauptverfahren. Zum Ganzen KROPHOLLER, Europäisches Zivilprozeßrecht, Art. 57 Rdnr. 3 ff.

rechtliche Ansprüche[122] enthalten folgende Übereinkommen für besondere Rechtsgebiete:

a) Seeschiffsarrest

Das Brüsseler Internationale Übereinkommen zur Vereinheitlichung von Regeln über den Arrest von Seeschiffen von 1952.[123] Art. 4 des Übk. bestimmt, daß die Gerichte eines Vertragsstaates zur Arrestierung von Schiffen nur dann international zuständig sind, wenn sich das jeweilige Schiff im Hoheitsgebiet des Vertragsstaates befindet. Gemäß Art. 7 Abs. 3 des Übk. wird diese internationale Arrestzuständigkeit kraft Belegenheit des Vollstreckungsgegenstandes nicht durch Prorogation ausländischer Gerichte oder eines Schiedsgerichtes beschnitten.

b) Luftfahrzeugssicherungsbeschlagnahme

Das Abkommen zur Vereinheitlichung von Regeln über die Sicherungsbeschlagnahme von Luftfahrzeugen.[124] Art. 2 Abs. 1 des Abk. versteht unter Sicherungsbeschlagnahme „jede wie auch immer benannte Maßnahme, durch die ein Luftfahrzeug wegen privater Interessen auf Anordnung einer Gerichts- oder öffentlichen Verwaltungsbehörde zugunsten eines Gläubigers, des Eigentümers oder des Inhabers eines auf dem Luftfahrzeug lastenden dinglichen Rechts festgehalten wird, ohne daß derjenige, der die Beschlagnahme betreibt, sich auf eine zuvor im ordentlichen Verfahren erlangte vollstreckbare gerichtliche Entscheidung oder auf einen gleichwertigen vollstreckbaren Titel berufen könnte".

c) Eisenbahnarrest

Das Übereinkommen über den internationalen Eisenbahnverkehr (COTIF)[125]. Art. 18 § 2 dieses Übk. bestimmt, daß Forderungen gegen ein ausländisches Beförderungsunternehmen aus einem der COTIF unterliegenden Beförderungsvertrag nur durch ein Gericht eines Vertragsstaates mit Arrest belegt oder gepfändet werden können, dem das Beförderungsunternehmen angehört, das Gläubiger der zu pfändenden Forderung ist. Art. 18 § 3 Abs. 1 COTIF lautet: „Das rollende Material der Eisenbahn sowie die der Beförderung dienenden bahneigenen Ge-

---

[122] Übereinkommen zum Minderjährigenschutz, die besondere Regeln zur internationalen Zuständigkeit für einstweilige Maßnahmen enthalten, werden hier nicht aufgelistet, da sie nicht spezifisch vermögensrechtliche Ansprüche schützen; hierzu ZARBOCK, Internationales Jugend- und Familienrecht; ALBRECHT, S. 82 f. mwN.

[123] BGBl. II 1972, 654 ff. Am 12.3.1999 wurde eine revidierte Fassung dieses Übereinkommens aufgelegt; sie ist noch nicht in Kraft, da erst drei der erforderlichen zehn Staaten es gezeichnet haben, hierzu GASKELL/SHAW, S. 470 ff.

[124] RGBl. II 1935, 301 ff.; NAGEL/GOTTWALD, IZPR, § 15 Rdnr. 11 a.E.; HEINZ, TranspR 1988, 1.ff.

[125] BGBl. II 1985, 129 ff.

genstände aller Art, [...] können in einem anderen Mitgliedstaat als demjenigen, dem die Eigentumsbahn angehört, nur auf Grund einer Entscheidung der Gerichte dieses Staates mit Arrest belegt oder gepfändet werden." Privatwagen können gemäß Art. 18 § 3 Abs. 2 COTIF in einem anderem Staat, als dem Sitzstaat des Wageneigentümers nur auf Grund einer Entscheidung der Gerichte dieses Staates mit Arrest belegt oder gepfändet werden. Im übrigen sind einstweilige Maßnahmen nicht ausdrücklich aus dem Anwendungsbereich der COTIF verbannt, vgl. Art. 18 § 1 COTIF.

2. Bilaterale Staatsverträge

Die in Art. 69 EuGVVO/Art. 55 EuGVÜ aufgelisteten Abkommen, welche die Vertragsstaaten des EuGVÜ abgeschlossen hatten, behalten insoweit ihre Wirksamkeit, als sich ihre Anwendungsbereiche nicht mit der EuGVVO und dem EuGVÜ überschneiden, Art. 70 Abs. 1 EuGVVO/Art. 56 Abs. 1 EuGVÜ. Ohne Bedeutung sind in diesem Zusammenhang Abkommen, die einstweiligen Rechtsschutz von vorneherein ausschließen, wie z.B. das deutsch-britische Anerkennungs- und Vollstreckungsabkommen vom 14.6.1960.[126] Anders das deutsch-griechische Anerkennungs- und Vollstreckungsabkommen: Es kann nicht auf alle einstweilige Maßnahmen angewendet werden, nur auf solche einstweilige Verfügungen oder einstweilige Anordnungen, die auf „Leistung des Unterhalts oder auf eine andere Geldleistung lauten", Art 17 Abs. 2 des Abk. Zu beachten ist ferner Art. 18 Abs. 2 des Abk. Diese Bestimmung findet sich in ähnlicher Formulierung in anderen Abkommen wieder und erinnert an Art. 31 EuGVVO/Art. 24 EuGVÜ.

Art. 18 Abs. 2 des Abk. lautet:

> „Jedoch können die zuständigen Gerichte einer jeden der beiden Vertragsparteien in Eilfällen die in ihrem innerstaatlichen Recht vorgesehenen einstweiligen Maßnahmen anordnen, einschließlich solcher, die auf eine Sicherung gerichtet sind, und zwar ohne Rücksicht darauf, welches Gericht mit der Hauptsache befaßt ist."[127]

---

[126] Art. I Abs. 3 S. 1, 2. HS des Abkommens zwischen der Bundesrepublik Deutschland und dem Vereinigten Königreich Großbritannien und Nordirland über die gegenseitige Anerkennung und Vollstreckung von gerichtlichen Entscheidungen in Zivil- und Handelssachen v. 14.6.1960, BGBl. II 1961, 302. Ebenso Art. 12 des Abkommens zwischen dem Deutschen Reich und dem Königreich Italien über die gegenseitige Anerkennung und Vollstreckung gerichtlicher Entscheidungen in Zivil- und Handelssachen v. 9.3.1936, RGBl. II 1937, 145. Weitere Nachweise bei EILERS, S. 247

[127] Deutsch-griechisches Anerkennungs- und Vollstreckungsübereinkommen vom 4.11.1961, BGBl. II 1963, 109; vgl. Art. 21 Abs. 2 des Vertrages zwischen der Bundesre-

Aus dem Zusammenhang mit Art. 18 Abs. 1 des Abk., der eine Rechtshängigkeitsregel ähnlich derjenigen in Art. 27 ff. EuGVVO/Art. 21 ff. EuGVÜ enthält, und Art. 17 Abs. 2 des Abk. sowie dem Zweck der Regelung, den internationalen Rechtsverkehr zu erleichtern, ergibt sich, daß auf Art. 18 Abs. 2 des Abk. gestützte einstweilige Maßnahmen im anderen Vertragsstaat anerkennungs- und vollstreckungsfähig sind, wenn sie „auf Leistung des Unterhalts oder auf eine andere Geldleistung lauten". Art. 18 Abs. 2 des Abk. statuiert also nicht nur eine Anerkennungs- sondern eine Entscheidungszuständigkeit.[128]

---

publik Deutschland und Spanien über die Anerkennung und Vollstreckung von gerichtlichen Entscheidungen und Vergleichen sowie vollstreckbaren öffentlichen Urkunden in Zivil- und Handelssachen v. 14.11.1983, BGBl. II 1987, 35. Vgl. auch Art. 15 Abs. 2 des Abkommens zwischen der Bundesrepublik Deutschland und dem Königreich Belgien über die gegenseitige Anerkennung und Vollstreckung von gerichtlichen Entscheidungen, Schiedssprüchen und öffentlichen Urkunden in Zivil- und Handelssachen v. 30.6.1958; weitere Hinweise auf ähnliche Normen bei SPELLENBERG/LEIBLE in: GILLES, Transnationales Prozeßrecht, S. 293, 298 in N. 22 und bei EILERS, S. 177 in N. 11 ff.

[128] ausführlich hierzu EILERS, S. 176-181

§ 6 Zuständigkeitssysteme und -anknüpfungspunkte

Zur konkreten Bestimmung des Begriffes „reale Verknüpfung" und des Zuständigkeitsrahmens des Art. 31 EuGVVO/Art. 24 EuGVÜ ist es nützlich, sich die möglichen und gebräuchlichen Zuständigkeitsmodelle und -anknüpfungspunkte vor Augen zu führen. Es erleichtert das systematische Verständnis und die Auslegung der nationalen Rechte, der EuGVVO und des EuGVÜ, wenn die Konkurrenzmodelle und die sie unterscheidenden Merkmale bekannt sind.

A. Zuständigkeitssysteme

Das Recht der internationalen Zuständigkeit wirft wie das materielle Recht Wertungsfragen auf. Die vielfältigen Antworten auf diese Fragen lassen sich in folgende Modellgruppen einteilen.

I. Herrschaft oder Dienstleistung

Man kann die Schaffung oder Beschränkung internationaler Zuständigkeiten, also die Gewährung von Rechtsschutz durch einen Gesetzgeber, als Ausdruck seiner Herrschaftsmacht begreifen. Die staatlichen bzw. politischen Interessen dominieren die Regelbildung; Parteiinteressen sind dabei von untergeordneter Bedeutung. Das internationale Zivilverfahrensrecht ist Ausdruck der Macht über ein Territorium und die Personen eines Staates und Instrument der Machterhaltung. Diesem etatistischen[129] Verständnis des Zivilverfahrens steht das Dienstleistungsmodell gegenüber. Hier versteht der Gesetzgeber die Eröffnung von internationalen Zuständigkeiten als Übertragung von Rechtspflegeaufgaben an seine Gerichte im Dienste der privaten Parteien. Schutz und Durchsetzbarkeit der zivilen Rechte des einzelnen zu optimieren, sind Leitfaden der Regelbildung.[130]

Das deutsche Recht der internationalen Zuständigkeit folgt grundsätzlich dem Dienstleistungsmodell. Ziel ist es, eine Rechtsverweigerung zu vermeiden, erforderlichenfalls durch die Eröffnung von Notzuständigkeiten.[131] Dieses grund-

---

129 Zur historischen Entwicklung K. VOGEL, S. 29 ff., 43 ff., 60 ff. Auf diesem Zuständigkeitssystem fußt der Satz des Richters HOLMES aus dem Jahr 1917: „The foundation of jurisdiction ist physical power." McDonald v. Mabee, 243 U.S. 90, 37 S. Ct. 343 (1917). Allgemein zum internationalen Zuständigkeitsrecht des anglo-amerikanischen Rechtskreises, KROPHOLLER, Hdb. IZVR, Bd. I, Kap. III, Rdnr 101 ff. Zum Codice di procedura civile von 1940/42 KRONKE, FS Broggini, S. 232

130 PFEIFFER, S. 201 f.; er führt noch weitere Ansätze auf.

131 SCHÜTZE, Deutsches IZPR, S. 41; KROPHOLLER, IPR, S. 520 unter d). GEIMER, JZ 1984, 979, unter I.4.

sätzliche Dienstleistungsverständnis wird aber nicht konsequent durchgehalten. § 23 ZPO bricht eine Schneise zum Herrschaftsmodell. Zwar ermöglicht § 23 ZPO eine einfache Verwirklichung privater Rechte im Inland, wenn die Rechtsverfolgung im Ausland erhebliche Schwierigkeiten mit sich bringt.[132] Das kann aber nur zu Lasten von Personen erreicht werden, die im Inland keinen Wohnsitz haben – meist Ausländern. Daß es hier überhaupt zu einer Abwägung der Beklagten- und Klägerinteressen kommt, offenbart die Prämisse, daß die Interessen eines (in der Regel ausländischen) Beklagten für den heimischen Gesetzgeber kein zu achtender status negativus sondern grundsätzlich abwägbar sind.[133] Die bundesdeutsche Justizgewalt wird nicht unmittelbar räumlich, aber „personal weltweit" ausgedehnt.

Die EuGVVO und das EuGVÜ dagegen vertreten das Dienstleistungsmodell konsequenter. Das ergibt sich schon aus Art. 293 EG[134], der die vereinfachte Anerkennung und Vollstreckung von Gerichtsentscheidungen und Schiedssprüchen „zugunsten [der] Staatsangehörigen" der Mitgliedstaaten sicherstellt. Das wird in der Präambel des EuGVÜ wiederholt, wo vom Bestreben die Rede ist, „innerhalb der Gemeinschaft den Rechtsschutz der dort ansässigen Personen zu verstärken". Dieses Modell wird auch nicht durch § 23 ZPO aufgeweicht, da Art. 3 Abs. 2 EuGVVO/EuGVÜ diesen Gerichtsstand gegenüber Personen, die ihren Wohnsitz in einem Mitgliedstaat haben, unanwendbar macht.[135]

II. Typisierte Zuständigkeiten oder zuständigkeitsrechtliche Einzelfallabwägung

Das internationale Zuständigkeitsrecht kann in einem abschließenden Katalog typisierter Zuständigkeiten gefasst werden. Grundlage der Typenbildung ist die empirische Häufigkeit bestimmter Sachverhalte, die rechtlich gleich bewertet werden. Die Verbindung der empirischen und rechtlichen Momente formt einen normativen Realtypus[136], der leicht handhabbare Subsumtionsgrundlage und

132 Statt vieler siehe hierzu die Antwort des Parlamentarischen Staatssekretärs GÖHNER auf eine Anfrage des Bundestagsabgeordneten MARSCHEWSKI in BT-Drucks. 12/767 S. 10-12, insbesondere S. 12 unter b)

133 PFEIFFER, S. 204; WEIZENEGGER, S. 44

134 I.d. Fassung des Amsterdamer Vertrages; früher Art. 220 EG-Vertrag i.d. Fassung des Maastricht Vertrages

135 Art. 3 Abs. 2 EuGVVO/EuGVÜ wird von PFEIFFER, S. 203, ausdrücklich als „Freiheitsgarantie" bezeichnet; JENARD-Bericht zum EuGVÜ, Abl.EG Nr. C 59 v. 5.3.1979, S. 7, r.Sp. und N. 2. Art. 59 Abs. 1 EuGVÜ hält sogar die Möglichkeit einer „Ausdehnung" des Art. 3 Abs. 2 auf Nichtvertragsstaaten vor.

136 LARENZ, Methodenlehre, S. 457 ff., insbesondere S. 465; BYDLINSKI, Methodenlehre, S. 543 ff.

damit Garant für Rechtssicherheit ist. Andererseits kann man internationale Zuständigkeiten gestalten, indem man jeden Fall einzeln betrachtet, die betroffenen Interessen abwägt und individuell entscheidet.[137] So vermeidet man folgende Probleme der typisierten Zuständigkeitsmodelle: In typisierten Modellen kann es zu „falschen“ Entscheidungen kommen, wenn im Einzelfall die hinter einer Zuständigkeit stehenden Wertungen gar nicht für den konkreten Sachverhalt passen (z.B. internationale Zuständigkeit am Tatort, obwohl nur über die Verletzungsfolgen des Delikts und den Verdienstausfall des Geschädigten gestritten wird, die an seinem Wohnort entstanden sind).[138] Solche „Fehlzuständigkeiten“ kennt das Einzelfallmodell nicht, da in jeder Entscheidung die Wertungen neu und offen vollzogen werden. Da bei vertypten Zuständigkeitsmodellen eine einzelne Regel nicht ohne erheblichen Begründungsaufwand und systematische Rücksichten neu interpretiert werden kann, sind typisierte Modelle strukturell leichter für einen Kläger ausnutzbar (forum shopping).[139]

Das deutsche Modell internationaler Zuständigkeiten arbeitet in der Regel mit formalen Typisierungen. Die formalen Regeln über die örtliche Zuständigkeit bestimmen in ihrer zweiten Funktion auch die internationale. Die überwiegende Ansicht sieht in dem so erreichten Mehr an Rechtssicherheit einen „Gewinn an prozessualer Gerechtigkeit“.[140] Die Typisierung wird allerdings durch die für § 23 ZPO eingeführte, unbestimmte Voraussetzung des „hinreichenden Inlandsbezuges“ aufgebrochen.

Die EuGVVO und das EuGVÜ folgen ebenfalls dem Modell typisierter Zuständigkeiten. Wenn mehrere Staaten mit unterschiedlichen Rechtstraditionen übereinkommen ihre internationalen Zuständigkeiten staatsvertraglich zu vereinheitlichen, kann das nicht lediglich über eine Generalklausel erfolgen, denn deren einheitliche Anwendung in den Vertragsstaaten wäre sehr fraglich. Deshalb ü-

---

137 Diese Vorgehensweise wird aus europäischer Perspektive hart kritisiert. SCHACK z.B. hält den US-amerikanischen Gerichten einen „exaggerated concern for justice in the individual case“ vor, SCHACK, Minimum Contacts, S. 72 ff.

138 Der Schadensort begründet keine internationale Zuständigkeit, SPICKHOFF, IPRax 2000, 1, 5, l. Sp. zu N. 53; BGH NJW 1977, 1590; BGHZ 98, 263, 275, 1. Abs; OLG Karlsruhe MDR 1960, 56; SCHÜTZE, Deutsches IZPR, S. 64; PFEIFFER, S. 205; ähnlich ein von DORSEL, S. 169 f., Fallbeispiel Nr. 1, geschilderter Sachverhalt zu § 32 ZPO

139 DORSEL, S. 170, weist zu recht darauf hin, daß das internationale Zuständigkeitsrecht keine Auflockerungen wie das IPR-Deliktsstatut, §§ 40-42 EGBGB, kennt. Forderungen, die Lehre vom forum non conveniens für das deutsche Zuständigkeitsrecht zu übernehmen, haben sich in der Praxis nicht durchgesetzt, M. SCHWARZ, S. 58-67 mNachw. in N. 26.

140 PFEIFFER, S. 205

bertrug man für das EuGVÜ dem EuGH die Aufgabe einer obersten, verbindlichen Auslegungsinstanz.[141]

III. Formell-räumlich beste Zuständigkeit oder materiell-sachlich beste Zuständigkeit

Man kann abstrakt wie klassische, allseitige Kollisionsnormen SAVIGNYscher Prägung internationale Zuständigkeiten eröffnen und so die Prämisse der Gleichheit inländischer und ausländischer Prozesse[142] umsetzen. Das bedingt, daß man die dem IPR und dem IZVR zugrundeliegenden Interessen und Wertungsmaßstäbe streng trennt.[143] Ein solches Zuständigkeitsmodell pflegt die „formelle Legitimität der Zuständigkeitszuweisung".[144] Dem steht ein an den Wertungen des Sachrechts und am materiellen Ergebnis orientiertes Modell gegenüber. Die materielle Legitimität der internationalen Zuständigkeiten geht dabei über lediglich ausnahmsweise, sachlich motivierte Notzuständigkeiten oder „Unzuständigkeiten", sprich der forum non conveniens-Doktrin[145], hinaus, indem z.B. ein Gleichlauf zwischen anwendbarem Sachrecht und internationaler Zuständigkeit die Regel wird.[146] Ob dabei die internationale Zuständigkeit an die Anwendung eigenen Sachrechts geknüpft wird oder ob mit der Regel, immer die lex fori anzuwenden, die IPR-Fragen in das internationale Zuständigkeitsrecht verschoben werden[147], läuft auf das selbe hinaus: die Verschmelzung von IPR und IZVR zu einem Rechtsgebiet mit einheitlichen Interessen und einem ein-

---

141 Luxemburger Protokoll betreffend die Auslegung des Übk. vom 27.9.1968 über die gerichtliche Zuständigkeit und die Vollstreckung gerichtlicher Entscheidungen in Zivil- und Handelssachen durch den Gerichtshof vom 3.6.1971, in Kraft idF des 3. Beitrittsübereinkommens vom 26.5.1989 (BGBl. II 1994, 531); KROPHOLLER, Europäisches Zivilprozeßrecht, Einl. Rdnrn. 18, 23 ff.

142 KEGEL, Vorschläge und Gutachten, S. 131. Die Normen des internationalen Zuständigkeitsrechts erfüllen zwar eine ähnliche Funktion wie allseitige Kollisionsnormen, sind aber keine. Schon eine verbindliche Verfahrensverweisung ins Ausland ist einem autonomen IZVR aus eigener Kraft nicht möglich; anders autonomen, allseitigen IPR-Normen, welche die Anwendung ausländischen Rechts bewirken können; LEIPOLD, Internationale Zuständigkeit, S. 294

143 JAYME, IPRax 1984, 303; SCHRÖDER, S. 95-97; PFEIFFER, S. 209

144 DESSAUER, S. 254 ff.

145 DESSAUER, S. 182; PFEIFFER, S. 212. Auch in die Prüfung, ob eine gegebene jurisdiction ausgeübt werden muß oder inconvenient ist, können materielle Gesichtspunkte mit einfließen, DORSEL, S. 37 f., 63

146 HELDRICH, S. 8 ff., 110 ff.; der Gleichlauf im deutschen internationalen Erbrecht, daß die internationale Zuständigkeit dem anwendbaren Recht folgt, ist nicht unbestritten, siehe Nachw. bei KROPHOLLER, IPR, S. 399, N. 52

147 So z.B. EHRENZWEIGS lex fori approach – zur Kritik an EHRENZWEIG, LALIVE, RdC 1977-II, 1 ff., 203. Zur Kritik allgemein, HELDRICH, S. 14 ff, 57 ff.; KROPHOLLER, Hdb. IZVR, Rdnrn. 110-132.

heitlichen Interessenbewertungsmaßstab. Das hätte den Vorteil, daß inländische Gerichte nur noch für die Anwendung ihres Sachrechts international zuständig wären, was die fehlerhafte Anwendung ausländischen Rechts verhindern würde. Der Schnelligkeit und Effizienz einstweiligen Rechtsschutzes vermögensrechtlicher Ansprüche scheint ein solches Modell günstig, da eventuell anwendbares ausländisches Recht zur Prüfung des Arrest- oder Verfügungsanspruches nicht (u.U. langwierig) durch das inländische Gericht ermittelt werden müßte.[148] Dafür müßte der Antragsteller in Kauf nehmen, daß er mit seinem Antrag nicht durchdringt, wenn die Gerichte eines Staates, die er für international zuständig hält, in diesem Punkt anderer Auffassung sind. Er trüge die Last, die (aus der Perspektive des angerufenen Gerichts) einzig richtige internationale Zuständigkeit für seinen Antrag festzustellen.

Das deutsche Recht sucht grundsätzlich nach der formell-räumlich besten Zuständigkeit.[149] Die Zuständigkeitsnormen definieren ihre Anknüpfungsmomente unabhängig von der lex causae. Die erforderliche Trennung zwischen Zuständigkeits- und Sachentscheidungsinteressen wurde methodisch durch die Doppelfunktion der Vorschriften über die örtliche Zuständigkeit lange verdeckt; die besonderen Interessen und Wertungen gerade im Recht der internationalen Zuständigkeit konnten sich aber vom Regelungszusammenhang mit der örtlichen Zuständigkeit emanzipieren.[150] Nur in wenigen Fällen berücksichtigt das deutsche Recht materielle Gesichtspunkte, z.B. wenn zur Begründung einer internationalen Zuständigkeit eine positive Anerkennungsprognose für das erstrebte inländische Urteil nötig ist, § 606a Abs. 1 Nr. 4 ZPO, oder falls wegen Verstoßes gegen den inländischen ordre public, § 328 Nr. 4 ZPO, ein ausländisches Verfahren in inländischer Notzuständigkeit wiederholt werden muß.[151]

EuGVVO und EuGVÜ suchen grundsätzlich die räumlich beste Zuständigkeit, ausnahmsweise und gezwungenermaßen die sachlich beste. Entscheidend ist, ob die autonomen Rechte der Mitgliedstaaten der EuGVVO bzw. der Vertragsstaaten des EuGVÜ annähernd einheitliche Regelungen treffen und ähnliche Systembegriffe enthalten oder nicht[152], d.h. ob nach rechtsvergleichender Einschätzung des EuGH eine autonome Auslegung eines Zuständigkeitsanknüpfungspunktes möglich ist oder unterbleiben muß. Im Falle einer wegen der Zwecke des Art. 293 EG grundsätzlich zu bevorzugenden autonomen Auslegung suchen EuGVVO und EuGVÜ nach dem formell-räumlich besten Recht. Falls der

---

148 zu dieser Problematik DETHLOFF, RabelsZ 62 (1998), 286 ff., 290 f.

149 KROPHOLLER, Hdb. IZVR-I, Kap. III Rdnrn. 130, 156

150 DESSAUER, S. 181; Anerkennung der internationalen Zuständigkeit als selbständiger Prozeßvoraussetzung seit 1965, BGHZ 44, 46 ff.

151 PFEIFFER, S. 212 mwN.

152 Zu den unterschiedlichen Ausgangssituationen SCHOLZ, S. 139-144

EuGH dagegen ausnahmsweise die Ausfüllung eines Zuständigkeitsanknüpfungspunktes an die autonomen Rechte der Vertragsstaaten verweist (z.B. den Begriff des „Ortes, an dem die [vertragliche] Verpflichtung erfüllt worden ist oder zu erfüllen wäre" aus Art. 5 Nr. 1 EuGVÜ[153]), so ist zu differenzieren. Auf der besonderen Wertungsebene des Europäischen IZVR wird das Prinzip der formell-räumlich besten internationalen Zuständigkeit durchbrochen. Dies ist aber nicht in dem Sinne materiell motiviert, daß ein bestimmtes sachliches Ergebnis des Rechtsstreits gefördert werden soll, denn die EU hat kaum eigenes Sachrecht[154]. Die Durchbrechung des Systems ist vielmehr notwendige Folge der sehr unterschiedlichen materiellen Rechtsgegebenheiten in den Mitgliedstaaten der EuGVVO bzw. den Vertragsstaaten des EuGVÜ, welche einer einheitlichen, vertragsautonomen Auslegung im Wege stehen. Die Bezugnahme auf das Sachrecht ist bei solcher Zuständigkeitsbegründung also nicht Selbstzweck sondern Sachzwang. Man respektiert die Unterschiedlichkeit der vertragsstaatlichen Rechtsvorstellungen und Rechtsbegriffe. Der EuGH orientiert sich nicht an einem und erst recht nicht an seinem favorisierten, materiell-sachlichen Ergebnis, sondern nimmt eine Vielzahl unterschiedlicher Ergebnisse hin. Im übrigen wirkt diese Durchbrechung materialisierend, da den Erfüllungsort iSd Art. 5 Nr. 1 EuGVÜ dasjenige Recht bestimmt, „das nach den Kollisionsnormen des mit dem Rechtsstreit befaßten Gerichts für die streitige Verpflichtung maßgebend ist"[155], wobei der EuGH zu recht betont, daß – wie häufig der Fall – eine Parteienvereinbarung über den Erfüllungsort einer vertraglichen Verpflichtungen ausreicht, um an diesem Ort die internationale Zuständigkeit gemäß Art. 5 Nr. 1 EuGVÜ zu begründen.[156]

---

[153] Auch in der reformierten EuGVVO bleibt für diese Anknüpfung teilweise bestehen, Art. 5 Nr. 1 lit. a) und c) EuGVVO; hierzu JAYME/KOHLER, IPRax 2000, 454, 460 l. Sp.; DIES. IPRax 1999, 40, 405 r. Sp.

[154] Das EVÜ ist zwar einheitliches, staatsvertragliches IPR, verweist aber auf uneinheitliche Sachrechte. „Es fehlt an allgemeinen Normen im Obligationen- und im Handelsrecht. Einzelmaterien sind durch Richtlinien erfaßt, welche dem nationalen Gesetzgeber [aber] Spielräume lassen", JAYME, IPRax 2000, 165, 167, unter IV.

[155] EuGH, Urt. v. 6.10.1976, Rs. C-12/76 (Tessili/Dunlop), Slg. 1976, 1473, Tz. 14, zuletzt bestätigt im Urt. v. 28.9.1999, Rs. C-440/97(Concorde/Kapitän), Slg. 1999, I-6307

[156] EuGH, Rs. C-440/97 (Concorde/Kapitän), Slg. 1999, I-6307, Tz. 28 mwN.

B. Zuständigkeitsanknüpfungspunkte

I. Anknüpfungspunkte im Recht der internationalen Zuständigkeit

Die Anknüpfungspunkte des internationalen Zuständigkeitsrechts lassen sich in Gruppen zusammenfassen. Man kann nach territorialen Gesichtspunkten anknüpfen (z.B. Wohnort des Beklagten oder des Klägers[157], gewöhnlicher Aufenthalt, Geschäftsniederlassung, Sitz des Insolvenzgerichtes oder einer juristischen Person, Belegenheitsort des Streitgegenstandes, des Grundstückes, der Erbschaft, des Wohnraumes oder der Verwaltung von Vermögen, Handlungsort bei Klagen aus Delikt oder Erfüllungsort bei vertraglichen Ansprüchen). Ein forum arresti, das erst durch die Beschlagnahme einer Sache oder die Verhaftung einer Person an einem bestimmten Ort begründet wird, berücksichtigt die ZPO nicht.[158] Anders für die indirekte Zuständigkeit das EuGVÜ: In seinem Art. 59 Abs. 2 untersagt es den Vertragsstaaten, sich gegenüber einem Drittstaat zur Nichtanerkennung von Urteilen zu verpflichten, „die in einem anderen Vertragsstaat durch ein Gericht gefällt wurde[n], dessen Zuständigkeit auf [...] die Beschlagnahme von dort vorhandenem Vermögen durch den Kläger gegründet ist [...]", unabhängig davon, ob das beschlagnahmte Objekt Streitgegenstand ist oder nur Sicherheit für die Durchsetzung eines anderen Anspruchs bietet.

Daneben knüpft man nach personalen Gesichtspunkten an, nämlich an die Staatsangehörigkeit des Klägers oder des Beklagten[159]. Darüberhinaus kommt dem Parteiwillen als Anknüpfungspunkt einer internationalen Zuständigkeit (z.B. §§ 38 ff. ZPO und Art. 17 EuGVÜ) große Bedeutung zu.[160]

Weiter existieren „derivative" Anknüpfungspunkte, die auf ein bereits anhängiges Verfahren Bezug nehmen (z.B. §§ 33, 34 ZPO, Widerklage, Hauptprozeß

---

[157] vgl. Artt. 2 Abs. 1 und 16 Abs. 1 EuGVVO/Art. 14 Abs. 1 EuGVÜ und §§ 12, 13 und 23 a ZPO. Hinter der Wohnortanknüpfung steht auch ein personales Element, denn nach deutscher Auffassung, ist zur Begründung des Wohnsitzes der rechtsgeschäftliche, § 8 BGB, Wille erforderlich, einen Ort zum ständigen Schwerpunkt der eigenen Lebensverhältnisse zu machen, PALANDT, BGB, § 7 Rdnrn. 1, 7

[158] Wird dem arrestbeantragenden Gläubiger nach § 926 ZPO die Klageerhebung in der Hauptsache auferlegt, kann er im Falle der Zuständigkeit mehrerer Gericht die Hauptsacheklage auch bei einem anderen Gericht als dem Arrestgericht erheben, OLG KARLSRUHE, Urt. v. 28.3.1973, NJW 1973, 1509 f. Das forum arresti ist in § 23 ZPO aufgegangen, STERN, S. 39; WEIZENEGGER, S. 44

[159] Dieser Anknüpfungspunkt wird mehr und mehr abgelehnt, z.B. stellen EuGVVO und EuGVÜ grundsätzlich auf den Wohnsitz nicht die Staatsangehörigkeit des Beklagten ab, Art. 2 EuGVVO/EuGVÜ.

[160] KRONKE, FS BROGGINI, S. 223, 241 unter 2.

oder allgemein kraft Sachzusammenhangs[161]) oder auf das anwendbare Sachrecht (Gleichlaufprinzip).[162]

II. Spezielle Zuständigkeitsanknüpfungspunkte im internationalen, einstweiligen Rechtsschutz

In der Regel werden die Zuständigkeiten für internationalen, einstweiligen Rechtsschutz durch die allgemeinen Zuständigkeitsanknüpfungspunkte begründet (vgl. §§ 919 1. Alt., 937 ZPO, Art. 126 WBRv., Art. 2, 5 ff. EuGVVO/EuGVÜ). Das deutsche Recht knüpft darüberhinaus noch an die Belegenheit des Streitgegenstandes oder den Aufenthaltsort der mit Freiheitsentzug zu belegenden Person an, § 919 2. Alt., 942 ZPO. Im übrigen verweigert es ausdrücklich weitere Gerichtsstände, § 802 ZPO.[163] Das niederländische Recht kennt eine ähnliche Eilzuständigkeit für das Gericht, in dessen Bezirk die Maßnahme wirksam werden soll.[164] Diese enumerative Ausschließlichkeit von Zuständigkeiten kennen EuGVVO und EuGVÜ für den einstweiligen Rechtsschutz nicht, Art. 31 EuGVVO/Art. 24 EuGVÜ, da auch mit der vom EuGH geforderten Voraussetzung einer „realen Verknüpfung" zwischen dem betroffenen Gegenstand und der internationalen Zuständigkeit eines Vertragsstaates der offene Charakter des Art. 31 EuGVVO/Art. 24 EuGVÜ erhalten bleiben könnte.[165]

161 BANNIZA VON BAZAN, S. 39 ff., 179 ff.

162 Zum Ganzen siehe KROPHOLLER, Hdb. IZVR-I, Kap. III, Rdnrn. 61-78 und 110 ff.; STICKLER, S. 20-22

163 Anders z.B. das niederländische Recht, das nach der Staatsangehörigkeit differenziert und einen speziellen Fremdenarrest („vremdelingenbeslag", Art. 767 WBRv) kennt, EILERS, S. 119 f., GEIMER/SCHÜTZE, Europäisches Zivilverfahrensrecht, Art. 24 Rdnr. 24. Im deutschen Recht findet sich dieser Gedanke nur als gesetzliche Vermutung für das Bestehen eines Arrestgrundes, § 917 Abs. 2 ZPO.

164 EILERS, S. 121, N. 22

165 GERHARD, SZIER 1999, 97, 134 unter c.)

§ 7 Die Zuständigkeitsinteressen im internationalen, einstweiligen Rechtsschutz

Im folgenden soll die Interessenlage im internationalen, einstweiligen Rechtsschutz kurz umrissen werden, um Kriterien für die Auslegung des Art. 31 EuGVVO/Art. 24 EuGVÜ aufzudecken. Zu den Interessen im internationalen Zuständigkeitsrecht für Hauptverfahren nimmt die Literatur breit Stellung.[166] Deshalb werden hier die maßgeblichen Interessen des internationalen Zuständigkeitsrechtes nur kurz genannt. Ebenso ist die Interessenlage im einstweiligen Rechtsschutz aus nationaler Perspektive gut aufbereitet.[167] Im folgenden werden also nicht „neue" Interessen präsentiert, sondern die besondere Interessenkonstellation im Zuständigkeitsrecht auf den einstweiligen Rechtsschutz im internationalen Verhältnis bezogen.

A. Interessen im Recht der internationalen Zuständigkeit

I. Zuständigkeitsinteressen

1. Interessen bei direkter und indirekter Zuständigkeit

Man muß die Interessen bei Entscheidungs- und Anerkennungsregeln unterscheiden, kann sie aber nicht völlig getrennt voneinander behandeln, denn sie überkreuzen sich. Kreuzungspunkt ist insbesondere die Wirksamkeit bzw. Vollstreckbarkeit einer Entscheidung Beispielsweise braucht man mangels Anerkennungs- und Vollstreckungsmöglichkeit im Ausland eine inländische Entscheidungszuständigkeit. Die Unterscheidung ist eine Strukturvorgabe des Völkerrechts, da das Souveränitätsprinzip einen „universellen Gesetzgeber" nicht zuläßt.[168]

2. Interessen-/Prinzipienkataloge

Es wurden mehrere Interessen- bzw. Prinzipienkataloge erarbeitet. HELDRICH unterscheidet die Interessen an Gerichtsschutz, Gleichlauf, Nähe zum Sachverhalt, Schutz anderer Verfahrensbeteiligter, Verfahrenskonzentration, Konfliktsminimum, Beeinflussung des ausländischen Rechts und Wirksamkeit der Entscheidung.[169] SCHEUCHER erklärt das Interesse an einer sachlich richtigen Ent-

---

166 BUCHNER, Kläger- und Beklagtenschutz im Recht der internationalen Zuständigkeit; HELDRICH, Internationale Zuständigkeit und anwendbares Recht; PFEIFFER, Internationale Zuständigkeit und prozessuale Gerechtigkeit; SCHEUCHER, Studien zur internationalen Zuständigkeit in Vermögensstreitigkeiten; SCHRÖDER, Internationale Zuständigkeit

167 BAUR, Studien zum einstweiligen Rechtsschutz; LEIPOLD, Grundlagen des einstweiligen Rechtsschutzes; WALKER, Der einstweilige Rechtsschutz im Zivilprozeß [...]

168 HELDRICH, S. 103-105, siehe auch unten S. 93

169 HELDRICH, S. 105-129

scheidung zum „obersten Ziel“ und ergänzt u.a. noch die Interessen an einer raschen Entscheidung und niedrigen Verfahrenskosten.[170] SZÁSZY nennt mehrere „allgemeine Grundsätze“ zur Bestimmung der internationalen Zuständigkeit , z.B. die Grundsätze der Berücksichtigung des Zustellungsortes, der Parteiautonomie und der Verhinderung eines Rechtsmißbrauchs.[171]

II. Parteiinteressen und überparteiliche Interessen

Die zahlreichen Interessen lassen sich in Gruppen einteilen. Zum einen kann man individuelle Parteiinteressen und überparteilichen Interessen trennen. Zum anderen ist es möglich, die Interessen im internationalen Zuständigkeitsrecht noch weiter nach den Beteiligten und deren prozessualer Situation zu differenzieren.

1. Parteiinteressen

Im konkreten Streit, spätestens nach Klageerhebung vertritt jede Partei ihre ureigenen Interessen. Diese egoistische Motivationslage ändert sich je nach konkreter Prozeßrolle und nach Gerichts-, Streit- und Verfahrensstand. Bevor rechtliche Streitigkeiten entstehen, sind die Zuständigkeitsinteressen des einzelnen nicht subjektiv gefärbt. Die individuelle Zuständigkeitsvernunft ist ungetrübt und verallgemeinerungsfähig. Dementsprechend unterscheidet man zwischen subjektiven (faktischen) und objektiven (wahren) Parteiinteressen.[172]

2. Überparteiliche Interessen

Überparteiliche Interessen sind alle, deren Träger nicht nur ein Einzelner ist. So vertritt z.B. die Allgemeinheit überparteiliche Belange, da sie nicht nur das Wohl und Wehe eines einzelnen Klägers oder Beklagten im Prozeß im Blick hat. Es geht um „Werte des Soziallebens“, die nicht an staatliche Grenzen gebunden sind, also insbesondere das Interesse an Entscheidungsgleichklang und Rechtssicherheit („Ordnungsinteressen“).[173]

Bisweilen setzt sich das Zuständigkeitsinteresse bestimmter Personengruppen durch. Dabei geht es in der Regel um den Schutz von Privaten, die im Prozeß typischerweise eine schwächere Position haben (z.B. Verbrauchergerichtsstand des Art. 15 EuGVVO/Art. 13 EuGVÜ).[174]

---

170 SCHEUCHER, S. 11 ff.

171 SZÁZSY, S. 422 ff.

172 WOLFF-BACHOFF, S. 168 f.; BUCHNER, S. 56 f. Zur Diskussion über die Unterscheidung von subjektiven, faktischen und objektiven, wahren Interessen siehe THIERE, S. 25 ff., insbesondere S. 27 unter 4.

173 SCHACK, IZVR, Rdnr. 209 f.; MEYER, S. 32 f.

174 THIERE, S. 70 ff. und 100 ff.; SCHACK, IZVR, Rdnr. 207

Auch die mit der Entscheidung befaßten Gerichte können spezifische Interessen verfolgen. Hat das Prinzip des gesetzlichen Richters nicht hohen (Verfassungs-) Rang, kann die Arbeitsbelastung eines Gerichtes in Zuständigkeitsfragen eine Rolle spielen (forum non conveniens-Lehre).[175]

Ein Staat verfolgt als Träger des Gewaltmonopols das Interesse, den Rechtsfrieden innerhalb seiner Grenzen zu wahren. Daneben verfolgt jeder Staat auch ureigene Interessen, insbesondere als Protektionist und Dirigist der heimischen Wirtschaft. Diese sind grundsätzlich politischer Natur, deshalb veränderlich und zur Regelbildung im internationalen Zuständigkeitsrecht wenig brauchbar.[176]

3. Vorrang der Parteiinteressen

Welche Bedeutung diesen Interessen absolut und im Verhältnis zueinander zukommt, ist strittig. Fest steht nur, daß es eine klare Rangfolge der Interessen nicht gibt. Ausgangspunkt der Interessenwertung ist, daß im Zivilprozeß die Parteien grundsätzlich die Herren des Verfahrens sind und das Zivilverfahren der Sicherung, Verwirklichung, Durchsetzung und dem Schutz privater Rechte dient.[177] Dient das Zivilverfahren privaten Interessen, darf der Zugang zu ihm nicht durch Staatsinteressen beschränkt werden. Die Parteiinteressen stehen daher im Zentrum der Zuständigkeitsdiskussion.[178]

III. Favor defensoris und favor infirmioris als zentrale Parteiinteressen

Zentrales Parteiinteresse ist das des Beklagten, vor Klagen in für ihn unvorhersehbaren und deshalb überraschenden Gerichtsständen geschützt zu werden (actor sequitur forum rei). Es wird sowohl im deutschen und niederländischen als auch im europäischen internationalen Zuständigkeitsrecht hochgehalten. Das

---

[175] DORSEL, S. 99-101, 38, Text zu N. 76 und ebd.

[176] BUCHNER, S. 63 ff.; PFEIFFER, S. 87 Text zu N. 66, S. 176, N. 364. PFEIFFER möchte nicht von staatlichen Zuständigkeitsinteressen sprechen, sondern von „möglichen überindividuellen Regelungszielen staatlicher Zuständigkeitspolitik", S. 178.

[177] Zum Zweck des Zivilprozesses siehe die umfangreichen Nachweise bei PFEIFFER, S. 238 N. 113 und KROPHOLLER, Hdb. IZVR-I Kap. III Rdnr. 18ff.

[178] Dabei darf man die subjektiven und objektiven Privatinteressen nicht auf die gleiche Stufe stellen, BUCHNER, S. 56 ff., 59 f. unter 2.a). HELDRICH, S. 109 unter c), konstatierte schon 1969 eine „Verlagerung der Gewichte vom staatlichen Interesse, Gerichtsschutz zu gewähren, zum privaten Interesse, diesen Schutz zu erhalten". THIERE, S. 9 ff.; KRONKE, FS BROGGINI, S. 223 ff., S. 237 und 241 unter 2.

gilt für die gesetzlichen Regelungen, §§ 12, 13 ZPO, Art. 126 Nr. 1 WBRv., Art. 2 Abs. 1 EuGVVO/EuGVÜ, für die Rechtsprechung der deutschen Gerichte[179] und des EuGH[180] und die Lehre[181]. Dem Beklagten werden eine große räumliche, u.U. sprachliche und eine „rechtliche" Distanz zum Verhandlungsort erspart; praktisch gesprochen: es werden ihm nicht unverhältnismäßig hohe Kosten aufgezwungen.[182] Dieser Grundsatz kennt Ausnahmen für den typischerweise schwächeren Kläger, z.B. den Gerichtsstand am Wohnsitz des Unterhalt Begehrenden, §§ 23 a, 13 ZPO und Art. 5 Nr. 2 EuGVVO/EuGVÜ. Deshalb kann man auch von einem „favor infirmioris" sprechen, denn es ist der typischerweise Schwächere (ob grundsätzlich Beklagter oder ausnahmsweise Kläger), dessen Schutzinteresse zuständigkeitsrechtlich bevorzugt wird.

Unbeachtlich sind materiell-rechtliche Argumente für den favor defensoris. Ob dem Kläger der geltend gemachte Anspruch materiell-rechtlich zusteht oder nicht, kann man im Zeitpunkt der Zuständigkeitsbestimmung noch nicht sagen und deshalb nicht berücksichtigen.[183] Ebenso überzeugend ist die Ablehnung einer Richtigkeitsfiktion zugunsten des rechtlichen status quo und die Folgerung, der Kläger sei Störer desselben und deshalb der Beklagte vor ihm zu schützen, oder einer Vermutung, der Kläger führe einen rechtmäßigen Prozeß, „weil im Privatrecht guter Glaube anzunehmen und bislang nicht ausgeräumt sei".[184]

Die grundsätzliche Begünstigung des Beklagten wird aber von SCHRÖDER und BUCHNER bestritten.[185] SCHRÖDER lehnt die Einschätzung, der Beklagte sei der Angegriffene und deshalb schutzwürdig, als „Zerrbild der Wirklichkeit" ab. Die Parteien seien rein verfahrensrechtlich gleich frei in ihrer Initiative; „niemand muß klagen, niemand muß sich einlassen. [...] Wer nicht verklagt werden will, mag dem Rechtsbegehren seines Gegners nachgeben, [...]."[186] BUCHNER hält den favor defensoris für unberechtigt, weil die Auswahl des Klagezeitpunktes dem freien Willen des Klägers entzogen sein könne, wenn ihn vom Beklagten mani-

179 Statt vieler BAYOBLG MDR 1996, 850

180 Erstmals so ausdrücklich EuGH, Rs. C-198/87, (Kalfelis/Schröder), Slg. 1988, 5565, 5582 ff., für weitere Nachweise siehe BUCHNER, S. 13 f.

181 Für das deutsche Recht siehe statt vieler MüKo-ZPO-PATZINA, § 12 Rdnr. 2; für EuGVVO/EuGVÜ siehe KROPHOLLER, Europäisches Zivilprozeßrecht, Art. 2 Rdnr. 1; GEIMER/SCHÜTZE, Europäisches Zivilverfahrensrecht, Art. 2 Rdnr. 10

182 OLG HAMM, NJW 1987, 138, l.Sp. spricht sportlich von einem „Heimspielvorteil"

183 Zum Problem der doppelrelevanten Tatsachen siehe PFEIFFER, S. 603 ff.

184 SCHRÖDER, S. 235 mwN; PFEIFFER, S. 599; BUCHNER, S. 86 ff.

185 SPELLENBERG und PFEIFFER stellen den Grundsatz nicht völlig in Frage. Sie sehen die Verteidigungsinteressen des Beklagten die Interessen des Klägers nur leicht überwiegen, SPELLENBERG, IPRax 1981, 75, 76 f.; PFEIFFER, S. 598

186 SCHRÖDER, S. 236

pulierte, äußere Faktoren zur Klage zwingen, z.B. wenn es dem Beklagten gelingt, den Kläger bis zur Verjährungsgrenze hinzuhalten.[187]

Die Anschauung SCHRÖDERs, zwischen Kläger und Beklagtem herrsche prozeßrechtliche Gleichheit, kann nicht überzeugen, denn der Kläger hat die Möglichkeit, seine rechtliche Strategie gründlicher vorzubereiten als der Beklagte. Er entscheidet, ob er klagt und über den Zeitpunkt und die Art des rechtlichen Vorgehens. Dem Einwand, der Beklagte könne dem Kläger mit einer negativen Feststellungsklage zuvorkommen, wird entgegnet, eine negative Feststellungsklage könne nicht „den Rang eines Leitbilds für sich beanspruchen".[188] Dem ist zuzustimmen, denn sie ist atypisch, was sich daran zeigt, daß der Kläger für die Zulässigkeit einer negativen Feststellungsklage sein besonderes Feststellungsinteresse darlegen muß, § 256 ZPO. Darüberhinaus kann eine Klage, die zum Ziel hat, eine Nichtleistungsverpflichtung feststellen zu lassen, keine Dominante bei der Regelbildung im internationalen Zuständigkeitsrecht sein.

Auch BUCHNERs Einwand hält einer Überprüfung nicht stand. Kein potentieller Beklagter kann seinem Gläubiger die Entscheidung über den Zeitpunkt der Klageerhebung aus der Hand nehmen. Dem Kläger sind typischerweise sowohl der Verjährungszeitpunkt als auch ein Hinhalteinteresse seines Anspruchsgegners aus der Vorgeschichte des Streites bekannt. Das ermöglicht es ihm, frühzeitig Klagevorbereitungen zu treffen. BUCHNERs Hinweis betrifft nur Fälle mit geringem Streitwert, d.h. hoher Abwartetoleranz auf Klägerseite. Der Gläubiger eines Millionenbetrages läßt sich in der Regel nicht nasführen und fackelt nicht lange. Darüberhinaus wird, je näher die Verjährung rückt, die Hinhaltetaktik des Beklagten immer fadenscheiniger und offenbarer. BUCHNERs Fallbeispiel mag sich in seltenen Einzelfällen mit besonders raffinierten Beklagten und besonders naiven Klägern ereignen, es betrifft aber nicht die typische Fallkonstellation, für die die actor-sequitur-Regel entwickelt wurde. Außerdem knüpfen die Verjährungsregeln an das materielle Rechtsverhältnis an und nicht an das prozessuale, vgl. § 196 BGB.[189]

Im übrigen spricht für den favor defensoris, daß der Kläger bei vermögensrechtlichen Ansprüchen nicht immer in das Forum des Beklagten gezwungen wird. Vielmehr kann er zwischen dem Wohnsitzgerichtsstand des Beklagten und eventuellen streitgegenstandsbezogenen Gerichtsständen wählen. Dem wird von BUCHNER entgegengehalten, daß es beide Parteien gemeinsam in der Hand hät-

---

[187] BUCHNER, S. 90
[188] PFEIFFER, S. 600
[189] Die Verjährung ist ihrem Ursprung nach kein Instrument prozessualer Taktik.

ten, ob und wo streitgegenstandsbezogene Gerichtsstände bestehen.[190] Das ist richtig, aber die Wahl zwischen allgemeinem und streitgegenständlichem Gerichtsstand trifft alleine der Kläger. Insofern besteht eben keine prozessuale Gleichstellung. Diese Wahlmöglichkeit und „Erleichterung der Rechtsverfolgung" kommt allein dem Kläger zugute.[191] Auch BUCHNERs Hinweis auf die schwierigen Schadensersatzfragen im internationalen Presse- bzw. Deliktsrecht[192] erschüttert das favor-defensoris-Prinzip nicht, denn er betrifft nur einen sehr schmalen Bereich des Rechtslebens und könnte allenfalls einen Klägergerichtsstand zugunsten des Opfers ehrverletzender Veröffentlichungen begründen („favor imfirmioris").

Letztlich spricht für den Beklagtenwohnsitz als grundsätzlichen Gerichtsstand noch die dortige hohe Vollstreckungswahrscheinlichkeit.[193]

B. Wertung der Interessen anhand der Verfahrensfunktion

Die Interessenwertung kann nicht zu einer festen Rangordnung führen; eine solche läßt sich nicht aufstellen.[194] Aber um die Fülle der Interessen in ein typisiertes, Rechtssicherheit bietendes System bringen zu können, das zumindest die wichtigsten Interessen berücksichtigt, muß man objektive Wertungskriterien finden. Dazu bietet sich an, die Zuständigkeitsinteressen zur allgemeinen Funktion der Gerichte bzw. der vor ihnen durchgeführten Verfahren in Beziehung zu setzen.[195]

I. Allgemeiner Unterschied

Bedeutsamster Unterschied im internationalen Fall sind die unterschiedlichen Zeitpunkte der Interessenfeststellung und Anknüpfung.[196] Das IPR betrachtet die Interessenlage zur Zeit der Entstehung des Rechtsverhältnisses. Im IZVR kommt es dagegen auf die Zeit der Prozeßführung an. Für das Hauptverfahren wird auf

---

190 BUCHNER, S. 91

191 HELDRICH, S. 161 f.

192 BUCHNER (S. 91) spricht selbst nur von „bestimmten Fallkonstellationen" wenn er den Fall eines Verlages beschreibt, der „antizipiertes forum shopping" dadurch betreibe, daß er seine persönlichkeitsrechtlich bedenkliche Berichterstattung in einen pressefreundlichen Staat verlegt, um den Verletzten zur Klage im Staat der Veröffentlichung zu zwingen.

193 PFEIFFER, S. 602; KROPHOLLER, Hdb. IZVR-I Kap. 3 Rdnr. 265 mwN.

194 HELDRICH. S. 129-131; KROPHOLLER, Hdb. IZVR-I, Kap. III Rdnr. 22

195 NEUHAUS, RabelsZ 20 (1955), S. 229 unter III.

196 SCHEUCHER, S. 25. In der Unterschiedlichkeit der Anknüpfungszeitpunkte liegt ein wesentlicher Grund gegen einen umfassenden Gleichlauf von Zuständigkeits- und Kollisionsrecht.

den Zeitpunkt der Klageerhebung abgestellt. Zeitlich davor, parallel oder danach liegen die denkbaren Zeitpunkte der Antragstellung für einstweiligen Rechtsschutz und der Anerkennung und Vollstreckung einstweiliger Maßnahmen.

II. Interessenwertung in internationalen Hauptverfahren

Die Funktion eines internationalen Hauptverfahrens teilt sich in vier Elemente[197]: Es soll zwischen den Parteien über einen streitigen Sachverhalt auf Grundlage der Gesetze eine anerkennungs- und vollstreckungsfähige Entscheidung erwirkt werden. Hiernach bieten also Partei-, Sach- und Rechtsnähe sowie die Vollstreckbarkeit des erstrebten Urteils Entscheidungsmaximen zur Interessenwertung bei internationalen Hauptverfahren.

III. Interessenwertung im nationalen Eilverfahren

Die Funktion des einstweiligen Rechtsschutzes leitet sich von der Funktion des Hauptverfahrens ab. Das Eilverfahren soll die Verwirklichung der Rechte des Antragstellers im Hauptverfahren sichern und dessen Wirksamkeit dienen. Es soll die längere Dauer des Hauptverfahrens überbrücken und eine „Zwischenregelung" bis zur endgültigen Regelung schaffen, allerdings ohne dieses rechtlich oder faktisch vorwegzunehmen.[198] Das Eilverfahren muß so gestaltet sein, daß es schnellen Rechtsschutz bietet.

Ein besonderes Problem birgt der Inhalt einstweiliger Entscheidungen. Da die Entscheidung in der Hauptsache grundsätzlich nicht durch ein summarisches Verfahren vorweggenommen werden darf, sind dem Richter die üblichen Rechtsfolgen seines Sachrechtes verboten, weil sie Ansprüche nicht sichern sondern befriedigen. Statt dessen muß er im Einzelfall selbständig ermessen, ob die beantragte sichernde oder regelnde Maßnahme geeignet und erforderlich ist.[199]

Von herausragendem Interesse sind die Schnelligkeit einer Eilentscheidung, deren einfache und schnelle Vollstreckung und ihre sachliche Angemessenheit. Diesen Anforderungen müssen sich die übrigen Interessen unterordnen.

---

[197] NEUHAUS, RabelsZ 20 (1955), S. 229 spricht von fünf Elementen, da er noch die Unabhängigkeit der Justiz dazuzählt.
Im Anschluß an KROPHOLLER, Hdb. IZVR-I, Kap. III Rdnr. 19, wird hier auf dieses fünfte Element verzichtet.

[198] LEIPOLD, S. 83 f.; WALKER, Rdnr. 62, 65

[199] BAUR, S. 18 f., insbesondere S. 19 unter c).

IV. Interessenwertung im internationalen Eilverfahren

Im internationalen Eilfall verschärft sich die Situation durch die typischen Risiken eines internationalen Verfahrens, nämlich das Sprachproblem, die mangelnde Vertrautheit mit fremdem Recht, die Zustellungsproblematik[200], die räumliche Entfernung zum Verhandlungsort und die Ungewißheit der Anerkennung und Vollstreckung der einstweiligen Maßnahme. Diese Verfahrensumstände verlangsamen und verteuern die Entscheidungsfindung erheblich; Übersetzungen, Korrespondenzanwälte, Zustellungsbevollmächtigte und Fahrten zum Verhandlungsort können so erforderlich werden. Ob der einstweilige Rechtsschutz überhaupt seinen Zweck erfüllen kann, wird fraglich.[201] Das Interesse an einer rasch gefällten und zügig vollstreckten Entscheidung mit einer der Streitsache angemessenen, d.h. den Gläubiger sichernden und den Schuldner in seinen Rechten möglichst wenig beeinträchtigenden einstweiligen Maßnahme, dominiert alle anderen Zuständigkeitsinteressen mit weitem Abstand.

C. Ergebnis

Diese Interessenschwerpunkte geben eine Zielvorgabe für die Auslegung des Art. 31 EuGVVO/Art. 24 EuGVÜ. Um die verlangsamenden Verfahrensumstände im internationalen Fall nicht zu verschärfen und dadurch letztlich effektive internationale Eilverfahren zu behindern, muß das Zuständigkeitsrecht für solche Verfahren jedes zeitraubende Hindernis abbauen. Für die direkte Zuständigkeit gilt es also, die Zuständigkeitsnormen klar und leicht handhabbar[202] zu fassen, insbesondere unbestimmte Rechtsbegriffe zu vermeiden. Im Rahmen der indirekten Zuständigkeit sollte keine Kontrolle der Entscheidungszuständigkeit des Erstgerichts stattfinden. Das wiederum setzt (im Rahmen der EuGVVO und des EuGVÜ) vereinheitlichte Entscheidungszuständigkeiten voraus.[203] Um die Angemessenheit der einstweiligen Maßnahmen zu sichern und damit die Rechtsposition des Antragsgegners zu schützen, sollten unter allen Foren mit

---

200 Innereuropäisch wird diesem Problem ab dem 31.5.2001 durch die Europäische Zustellungsverordnung, EG Nr. 1348/2000 abgeholfen werden. Hierzu HEß, NJW 2001, S. 15 ff.

201 Z. B. zog sich das Verfahren im Fall Van Uden/Deco-Line vom ersten Urteil des Präsidenten der Rechtbank Rotterdam bis zum EuGH-Urteil über 4 ½ Jahre hin. Man kann nicht mehr von einem „Eil"verfahren sprechen.

202 Schon im deutschen Recht soll im Rahmen des § 919 Alt. 1 ZPO die Hauptsachezuständigkeit nicht allzu umfassen geprüft werden, um nicht ein zügiges Arrestverfahren zu behindern, WOLF EWS 2000, 11, 16 l.Sp. unter (2) mwN.

203 vgl. GOTTWALD, ZZP 103 (1990), 257 ff., 274 unter (i); Erwägungsgründe Nr. 2, 11, 17 zur EuGVVO; JENARD- Bericht zum EuGVÜ, BT-Drucks. 6/1973 zu Art. 28 EuGVÜ

einem genuine link zur Streitsache nur diejenigen zur Entscheidung berufen sein, die die schonendste Effektivität derselben garantieren.

Teil 2.
Die Anwendungsvoraussetzung der realen Verknüpfung als Gegenstand der Diskussion

§ 8 Die Entscheidungen des EuGH

A. Problematik

Art. 31 EuGVVO/Art. 24 EuGVÜ verweist für einstweilige Maßnahmen auf die Regelungen der Mitglied- und Vertragsstaaten. Diese Verweisung gilt „auch dann [...], wenn für die Entscheidung in der Hauptsache das Gericht eines anderen Mitgliedstaats aufgrund [der EuGVVO oder des EuGVÜ] zuständig ist".

Im deutschen Recht sind die §§ 919 1. Alt. und 937 Abs. 1 ZPO angesprochen, die auf das Gericht der Hauptsache verweisen. Würde man dieses nach den allgemeinen Regeln der ZPO bestimmen, gälten auch Gerichtsstände, die EuGVVO und EuGVÜ nicht kennen (z.B. § 20 ZPO) oder als Hauptsachezuständigkeit nicht zulassen (z.B. § 23 ZPO). In beiden Fällen ist die Hauptsachezuständigkeit iSd §§ 919 1. Alt., 937 Abs. 1 ZPO lediglich eine „fiktive", weil das so bestimmte Gericht nie die Hauptsache entscheiden wird. Ob dennoch in solchen Gerichtsständen einstweilige Maßnahmen erlassen und in anderen Mitglied-/Vertragsstaaten anerkannt und vollstreckt werden können, wird kontrovers diskutiert.

Anknüpfungspunkte der Diskussion waren der Zweck des Art. 31 EuGVVO/Art. 24 EuGVÜ und die Reichweite des Art. 3 Abs. 2 EuGVVO/EuGVÜ. Nach der h.M. sollte Art. 31 EuGVVO/Art. 24 EuGVÜ die Rechtsschutzmöglichkeiten des Antragstellers nach autonomen Rechten nicht einschränken, sondern gerade erhalten. Auch „exorbitante" Gerichtsstände, wie § 23 ZPO, könnten dann eine internationale Zuständigkeit für einstweilige Maßnahmen begründen.

Engere Ansichten, die nur solche Zuständigkeiten der nationalen Prozeßrechte zuließen, die eine besondere Dringlichkeit voraussetzen (z.B. § 942 ZPO) und Art. 31 EuGVVO/Art. 24 EuGVÜ einen Beschleunigungszweck beilegen wollten, konnten sich bisher nicht durchsetzen.[204]

[204] STICKLER, S. 31 ff.; HEISS, S. 29 ff., 31

B. Die Van Uden-Entscheidung

In seiner Van Uden-Entscheidung[205] bezüglich eines kort geding beschäftigt sich der EuGH mit diesem Problem. Zuerst stellt er fest, daß EuGVVO und EuGVÜ anwendbar sind, soweit der Gegenstand eines Antrags auf Erlaß einstweiliger Maßnahmen eine Frage betrifft, die in deren sachlichen Anwendungsbereich fällt. Die nach den Artt. 2 und 5 ff. EuGVVO/EuGVÜ zuständigen Gerichte seien auch für die Anordnung einstweiliger oder sichernder Maßnahmen zuständig, ohne daß diese Zuständigkeit von weiteren Voraussetzung abhänge. Daneben könne immer auch Art. 31 EuGVVO/Art. 24 EuGVÜ die Zuständigkeit eines Gerichts für einstweilige und sichernde Maßnahmen begründen, d.h. wenn ein Hauptsacheverfahren noch nicht oder bereits eingeleitet wurde. Die Anwendung des Art. 31 EuGVVO/Art. 24 EuGVÜ setze aber insbesondere voraus, daß zwischen dem Gegenstand dieser Maßnahme und der gebietsbezogenen Zuständigkeit des Mitglied- bzw. Vertragsstaates des angerufenen Gerichts eine reale Verknüpfung bestehe.

C. Die Mietz-Entscheidung

In der Mietz-Entscheidung[206] widmet sich der EuGH der Anerkennung- und Vollstreckung eines kort geding. Zum einen stellt der EuGH ausdrücklich fest, daß auch in einem kort geding gewonnene Entscheidungen einstweilige Maßnahmen iSd Art. 31 EuGVVO/Art. 24 EuGVÜ darstellen können, wenn die in der Van Uden-Entscheidung formulierten Voraussetzungen für die internationale Entscheidungszuständigkeit eingehalten werden.[207] Die Anerkennung und Vollstreckung solcher Eilmaßnahmen komme nur in Betracht, wenn in ihnen die Grundlage der Entscheidungszuständigkeit des Erlaßstaates ausdrücklich angeführt wird, damit die Gerichte im Vollstreckungsstaat überprüfen könnten, ob die einstweilige Maßnahme auf die Artt. 2 und 5 ff. EuGVVO/EuGVÜ oder Art. 31 EuGVVO/Art. 24 EuGVÜ gestützt wurde und ob im zweiten Fall die entsprechenden Voraussetzungen aus der Van Uden-Entscheidung eingehalten sind. Lege das anzuerkennende Eilurteil nicht die Basis seiner Entscheidungszuständigkeit offen, seien immer die strengen Maßstäbe der Van Uden-Entscheidung anzulegen.[208]

---

205 EuGH, Rs. C-391/95, (Van Uden/Deco-Line), Slg. 1998 I, 7091 = IPRax 1999, 240

206 EuGH, Rs. C-99/96, (Mietz/Intership Yachting Sneek), Slg. 1999, I-2277 ff.

207 EuGH, Rs. C-99/96, (Mietz/Intership Yachting Sneek), Slg. 1999, I-2277 ff., Tz. 34-43. Die Frage, ob ein kort geding unter Art. 31 EuGVVO/Art. 24 EuGVÜ falle, wurde schon einmal vom Hoge Raad dem EuGH vorgelegt, aber nicht beantwortet, EuGH, Rs. 25/81, IPRax 1983, 77 ff., Tz. 11 f. und VLAS, NJ 1999 Nr. 339, S. 1967, r. Sp. unter 2.

208 EuGH, Rs. C-99/96, (Mietz/Intership Yachting Sneek), Slg. 1999, I-2277 ff., Tz. 54 f.

§ 9 Aktueller Diskussionsstand

Die Entscheidung läßt vieles offen und löste eine Diskussion aus, wie die geforderte „reale Verknüpfung“ zu bestimmen ist. Im folgenden werden die in Literatur und Rechtsprechung geäußerten Ansichten zu dieser Frage und den Folgeproblemen knapp dargestellt; eine detaillierte Analyse schließt sich an.

A. Die reale Verknüpfung als völkerrechtliche Zuständigkeitsvorgabe

GERHARD[209] vertritt die Ansicht, die Rechtsprechung des EuGH sei nicht innovativ, denn letztlich greife sie die alte, völkerrechtliche Vorgabe für das Recht der internationalen Zuständigkeit auf, nämlich daß eine einstweilige Maßnahme keine größere extraterritoriale Reichweite haben könne, als eben eine ausreichende, vernünftige oder „reale“ Verbindung zwischen dem von der beantragten Maßnahme betroffenen Gegenstand und dem Forum bestehe. Wenn der Richter kraft der Artt. 2 und 5 ff. EuGVVO/EuGVÜ zuständig sei, knüpft der EuGH keine weiteren Bedingungen an die Zuständigkeit zum Erlaß einstweiliger Maßnahmen, denn eine reale Verknüpfung sei bei diesen Zuständigkeiten implizit. Aber es sei nachvollziehbar, daß die Zuständigkeiten, die sich kraft Art. 31 EuGVVO/Art. 24 EuGVÜ auf nationales Recht gründeten, dem vom allgemeinen Völkerrecht geforderten Standard entsprechen müßten. Eben das habe der EuGH mit der Voraussetzung der realen Verknüpfung gemeint. Für die präzisere Konturierung der verlangten realen Verknüpfung spielten deshalb vollstreckungsrechtliche Gesichtspunkte eine wichtige, aber keine dominante Rolle.

GERHARD meint, daß einstweilige Maßnahmen ohne extraterritoriale Wirkung seien, wenn sie allein auf der Zuständigkeit basieren, daß sie im Erlaßstaat vollstreckbar sind, weil das Vollstreckungsobjekt dort belegen ist.[210] Die Verknüpfung zwischen gebietsbezogener Zuständigkeit und dem von der Maßnahme betroffenen Gegenstand sei nur dann „real“, wenn sie streng territorial verstanden werde. Der Vollstreckungsgesichtspunkt sei aber nicht der einzige Weg, den Begriff der realen Verknüpfung zu konkretisieren. Eine weitere Möglichkeit werde durch die Tatsache verdeckt, daß die Schiedsklausel im Van Uden-Fall den EuGH zwang die Zuständigkeit des niederländischen Richters auf Art. 31 EuGVVO/Art. 24 EuGVÜ zu stützen. In Wirklichkeit handele es sich um eine Zuständigkeit am Erfüllungsort des Vertrages. Der durch die Parteien zum fikti-

---

209 GERHARD, SZIER 1999, 134-136, ab c)
210 s. auch I. Meier, IZPR, S. 73 unter 4.2.b)

ven Gerichtsstand derogierte Art. 5 Nr. 1 EuGVVO/EuGVÜ stelle im Rahmen des Art. 31 EuGVVO/Art. 24 EuGVÜ eine reale Verknüpfung her.[211]

Diese völkerrechtliche Interpretation der Intensitätsbestimmung der realen Verknüpfung zwischen betroffenem Gegenstand und Forum spreche dafür, die Reichweite einstweiliger Maßnahmen ganz Art. 31 EuGVVO/Art. 24 EuGVÜ zu unterstellen und territorial zu begrenzen. Nur wenn die einstweilige Maßnahme auf einen generellen Gerichtsstand der Artt. 2 und 5 ff. EuGVVO/EuGVÜ gestützt werde, sei es gerechtfertigt, ihr extraterritoriale Wirkung zu verleihen.

B. Die reale Verknüpfung als Entscheidungsvoraussetzung im Sinne eines Vollstreckungsbezugs und als territoriale Wirkungsbeschränkung

STADLER[212] differenziert nach der Art der beantragten einstweiligen Maßnahmen und legt die Voraussetzung einer realen Verknüpfung mit Betonung des Van Uden-Tenors Nr. 5 aus. Tenor Nr. 5 lautet:

> Eine [Leistungsverfügung auf eine vertragliche Leistung] stellt nur dann eine einstweilige Maßnahme im Sinne von Art. 31 EuGVVO/Art. 24 EuGVÜ dar, wenn
> - die Rückzahlung des zugesprochenen Betrages an den Antragsgegner in dem Fall, daß der Antragsteller nicht in der Hauptsache obsiegt, gewährleistet ist
>
> und wenn
> - die beantragte Maßnahme nur bestimmte Vermögensgegenstände des Antragsgegners betrifft, die sich im örtlichen Zuständigkeitsbereich des angerufenen Gerichts befinden oder befinden müßten.

Sie sieht in der realen Verknüpfung die grundsätzliche und für alle Arten einstweiliger Maßnahmen geltende Zuständigkeitsvoraussetzung. Gemeint sei die Möglichkeit der Maßnahmenvollstreckung im Forumstaat, also die dortige Belegenheit von Vermögen des Antragsgegners. In diesem Punkt ist sich die deutsche Literatur einig.[213]

---

211 GERHARD, SZIER 1999, 135 2. und 3. Textabsatz

212 STADLER JZ 1999, 1089 ff.; ähnlich NORMAND, Rev. crit. d.i.p. 1999, 353, 365; zustimmend DEDEK, EWS 2000, 246, 252 l.Sp.

213 Daß die reale Verknüpfung die Vollstreckbarkeit der Maßnahme meine, halten u.a. für richtig z.B. SPELLENBERG/LEIBLE, ZZPInt. 4 (1999), 229, Ende erster Textabsatz; HEß/VOLLKOMMER IPRax 1999, 220, 222 r.Sp.; HEß IPRax 2000, 370, 372 ff.; WOLF,

Werde eine Leistungsverfügung beantragt ergebe sich aus dem zweiten Teil des Van Uden-Tenors Nr. 5 eine territoriale Einschränkung. Das Gericht solle nicht nur sicherstellen, daß diese einstweilige Leistungsmaßnahme mit dem betroffenen Gegenstand real verknüpft sei, sondern auch daß sie nur im Erlaßstaat vollstreckt werden könne und zwar nur in die benannten Vermögensgegenstände.[214] Eine Leistungsverfügung dürfe sich nicht mehr gegen das gesamte im Forumstaat belegene Vermögen des Schuldners richten. Das erlassende Gericht müsse sicherstellen, daß eine grenzüberschreitende Vollstreckung weder intendiert noch notwendig sei. Im Unterschied zum Hauptsacheurteil dürfe das Gericht nicht lediglich die Zahlungsverpflichtung aussprechen, sondern müsse auch die Vollstreckung berücksichtigen.

Im besonderen Fall einer Leistungsverfügung verdichte sich die reale Verknüpfung zu einer territorialen Wirkungsbeschränkung. „Bei fehlender Beschränkung [seitens des erlassenden Gerichts] ergäbe sich aus [Artt. 31, 32 EuGVVO] Artt. 24, 25 EuGVÜ, daß andere [Mitglied- und] Vertragsstaaten eine entsprechende Leistungsverfügung nicht anerkennen und vollstrecken müßten".[215] Demgegenüber komme Arresten und Sicherungsverfügungen extraterritoriale Wirkung zu, denn hier sei ein qualifizierter Vollstreckungsbezug zu bestimmten, ausgewählten Vollstreckungsgegenständen nicht erforderlich. Das gelte für diese Maßnahmen, wenn im Inland vermutete Vollstreckungsgüter zwischen Antrag und Maßnahmeerlaß aus dem Forumstaat ins Ausland verbracht wurden oder sich irrtümlicherweise schon bei Antragstellung im Ausland befanden. Sowohl das Prüfungsverbot aus Art. 35 Abs. 3 EuGVVO/Art. 28 Abs. 3 EuGVÜ als der auch in der EuGVVO und dem EuGVÜ geltende Grundsatz der perpetuatio fori garantierten Anerkennung und Vollstreckung solcher nur sichernder, die Hauptsache nicht vorwegnehmender Entscheidungen.[216]

C. Die reale Verknüpfung wider das incasso kort geding

Vor allem in der niederländischen Literatur wird die Van Uden-Entscheidung als Einschränkung des kort geding gewertet, insbesondere des incasso kort geding.[217] Dies entspricht älteren Stellungnahmen, die sich gegen die Subsumtion

---

EWS 2000, 11, 16 l.Sp. unter 3); DEDEK, EWS 2000, 246, 251 f. unter V.2.; vgl. auch DIETZE/SCHNICHELS, EuZW 2000, 521, 525 r.Sp.o.; WOLF, EuZW 2000, 11, 14 l.Sp.; allgemein SCHACK, ZEuP 1998, 931, 954 unter 2.

214 ähnlich VLAS, NJ 1999, Nr. 339, S. 1869 Tz. 7, 2. Textabsatz

215 STADLER, JZ1999, 1089, 1098 l.Sp., 2. Textabsatz

216 STADLER JZ 1999, 1098, l. Sp., 1. Textabsatz a.E.

217 LANGE, NJB 1999, 157; vgl. auch VLAS, NJ 1999, 1867, r.Sp. unter 2.; für die deutsche Literatur siehe HEISS, S. 95 f.

dieser Verfahrensart unter Art. 31 EuGVVO/Art. 24 EuGVÜ gewandt hatten.[218] Eine frühere Vorlage des Hoge Raad an den EuGH, ob das kort geding eine einstweilige Maßnahme im Sinne der Art. 31 EuGVVO/Art. 24 EuGVÜ sei, blieb unbeantwortet.[219] Die Kommission vertrat in diesem Verfahren die Auffassung, daß Art. 31 EuGVVO/Art. 24 EuGVÜ eng auszulegen sei und nur solche kort geding-Entscheidungen als einstweilige Maßnahmen angesehen werden könnten, die die Aufhebung eines Arrestes oder damit in engem Zusammenhang stehende Gegenstände zum Inhalt habe.[220]

LANGE stellt fest, daß der EuGH mit dem Van Uden-Urteil das incasso kort geding „im Prinzip" aus dem Bereich der einstweiligen Maßnahmen ausgeschlossen habe.[221] Nur wenn die beiden Voraussetzungen der realen Verknüpfung und einer Sicherheitsleistung erfüllt seien, könne ein kort geding noch unter Art. 31 EuGVVO/Art. 24 EuGVÜ subsumiert werden. Aber dann habe dieses Schnellverfahren seinen besonderen Reiz[222] für die Parteien verloren, weil die vom EuGH verlangte Sicherheitsleistung die Rechtsverfolgungslast bei einem kort geding umkehre, faktisch eine Hauptsacheklage zur Regel mache und dem Verfahren seine häufige faktische Endgültigkeit nehme. Wolle der im incasso kort geding erfolgreiche Kläger völlig frei über das erlangte Geld verfügen, müsse er in einem Hauptverfahren nachweisen, daß die Sicherheitsleistung wegen eines bestehenden Rechtsgrundes für die erfolgte Zahlungsverurteilung im Eilverfahren unberechtigt ist. Das kehre die Rechtsverfolgungslast um, denn bisher habe der im kort geding zur Zahlung verurteilte Beklagte sich um die Rückzahlung seines Geldes bemühen müssen, nicht der Kläger um die Aufhebung der Sicherheitsleistung.[223] Daß ein Zwang zur Erhebung der Hauptsacheklage vom EuGH beabsichtigt sei, solle sich aus dem Urteil Reichert/Dresdner Bank AG[224] ergeben, denn dort würden einstweilige Maßnahmen als Mittel zur Sicherung von Rechten definiert, die später in einem Hauptverfahren geltend gemacht werden sollen.[225]

---

218 siehe die Nachweise bei HEISS, S. 94 f., N. 17-23

219 EuGH, Rs. 25/81, IPRax 1983, S. 77 Frage Nr. 3, S. 79 Tz. 11 f.

220 in EuGH, Rs. 25/81, Slg. 1982, 1189, 1195 r.Sp.u.

221 LANGE, NJB 1999, S. 157 ff., 157. Das Mietz-Urteil, das das kort geding ausdrücklich als einstweilige Maßnahme iSv Art. 31 EuGVVO/Art. 24 EuGVÜ anerkennt (Tz. 34-43), war im Erscheinenszeitpunkt ihrer Anmerkungen zur Van Uden-Entscheidung noch nicht gefallen. Nach der Mietz-Entscheidung konstatiert KRAMER, daß das kort geding doch „in het algemeen" unter Art. 31 EuGVVO/Art. 24 EuGVÜ falle, X.E. KRAMER, NIPR 2000, 26, l.Sp., nicht aber das incasso kort geding, S. 28 r.Sp.; DERS., NTBR 1999, 76 l.Sp.

222 siehe oben N. 87

223 LANGE, NJB 1999, S. 157 ff., 159, r.Sp. oben unter 2.1.

224 EuGH, Rs. C-261/90 (Reichert u.a./Dresdner Bank AG) Slg. 1992, I-2175 ff., Tz. 34

225 LANGE, NJB 1999, S. 157 ff., 158 r.Sp. unter 2.1.

Dieser Zwang zu einer Hauptsacheklage würde das Ende des heutigen kort geding bedeuten. Das sei nicht hinnehmbar, denn in der großen Mehrheit der Fälle würden sich Kläger und Beklagter mit dem Urteil im Kurzverfahren abfinden. Wozu solle man die Parteien in ein zeit- und kostenintensives Hauptverfahren zwingen, wenn das Kurzverfahren ihre Streitigkeit befriede? Der EuGH scheine aber im Rahmen des Art. 31 EuGVVO/Art. 24 EuGVÜ der Ansicht zu sein, daß die Entscheidung, ob ein Hauptverfahren nötig sei oder nicht, weder den Parteien noch dem Richter überlassen werden darf.[226]

Der faktische Zwang zur Erhebung der Hauptsacheklage sei mit dem im Zivilprozeß geltenden Grundsatz der Parteiautonomie nicht zu vereinbaren. Vielmehr müsse es zulässig sein, daß der Beklagte auf eine Sicherheitsleistung durch den Kläger und damit eine Hauptsacheklage verzichte.[227]

D. Die reale Verknüpfung und forum non conveniens

VLAS berichtet, daß auf einer Tagung im Dezember 1998 die Ansicht vertreten wurde, mit der realen Verknüpfung habe der EuGH die forum non conveniens-Doktrin des anglo-amerikanischen Rechtskreises in die EuGVVO und das EuGVÜ eingeführt.[228] Diese Doktrin besagt, daß das angerufene Gericht die Entscheidung eines Falles nach seinem Ermessen verweigern kann, wenn es aufgrund der Interessen der Parteien oder aus Gerechtigkeitserwägungen ein anderes zuständiges Gericht für geeigneter hält.[229]

In der Praxis des kort geding wird bei der Zuständigkeitsfrage oft die forum non conveniens-Probe durchgeführt. Der kort geding-Richter lehnt die Entscheidung einer Streitsache ab, wenn er der Ansicht ist, sie habe unzureichende Anknüpfungspunkte mit dem niederländischen Forum.[230] Eine ähnliche Zuständigkeitsprüfung verlangt die niederländische ZPO für „besondere Antrags"-Verfahren, Art. 429 a WBRv. Der niederländische Richter muß bei solchen Verfahren prüfen, ob eine ausreichende Nähebeziehung der Streitsache zu seinem Zuständigkeitsbereich besteht, Art. 429 c Nr. 11 WBRv.[231]

---

226 LANGE, NJB 1999, S. 157 ff., 159 l.Sp. unter 2.1

227 LANGE, NJB 1999, S. 157 ff., 158 f. unter 2.1.

228 VLAS, NJ 1999, Nr. 339, S. 1867 f. (r.Sp. unten). Ein ähnlicher Gedanke findet sich bei X.E. KRAMER, NIPR 2000, 26 ff., 29 l.Sp., der aber von der realen Verknüpfung als einer „forum conveniens-Anforderung" spricht.

229 Hierzu NORTH, IPRax 1992, 183 f. ; DORSEL, § 5, S. 102-109

230 VLAS, NJ 1999, Nr. 339, S. 1868, l.Sp.o.; KRAMER, NTBR 1999, 77 r.Sp.

231 SNIJDERS, Kap. 2.3.4 Rdnr. 164

Die Zuständigkeitsvoraussetzung einer realen Verknüpfung zwischen dem von einer einstweiligen Maßnahme betroffenen Vermögensgegenstand und dem angerufenen Gericht könnte einen ähnlichen Ermessensspielraum, wie die Lehre des forum non conveniens eröffnen.

E. Die reale Verknüpfung als erweiterte perpetuatio fori oder als Beweismaßregel

Im zweiten Teil des Tenors Nr. 5 der Van Uden-Entscheidung spricht der EuGH von Vermögensgegenständen des Antragsgegners, die sich im örtlichen Zuständigkeitsbereich des angerufenen Gerichts „befinden oder befinden müßten". DEDEK stellt fest daß alle Erklärungsversuche dieser Formulierung „vollends im Spekulativen" enden. Sein Deutungsvorschlag knüpft an STADLERs Verständnis der EuGH-Rechtsprechung an und sieht in der Formulierung „befinden müßten" den Hinweis auf eine Ausnahme von der territorialen Wirkungsbeschränkung für Leistungsverfügungen. Gemeint sei der Fall, daß der Schuldner die vom Gläubiger zur Vollstreckung der einstweiligen Maßnahme bestimmten Vermögensgegenstände außer Landes verbracht habe. Würde die reale Vollstreckungsverknüpfung nach Antragstellung durch Handlungen des Schuldners gelöst, solle ausnahmsweise eine Anerkennung und Vollstreckung der Leistungsverfügung im neuen Staat der Belegenheit der bestimmten Vermögensgegenstände in Frage kommen.[232] Man könnte darin auch eine „erweiterte perpetuatio fori" sehen, die dem Gläubiger schon vorprozessual seinen Gerichtsstand sichere.[233]

Möglich wäre auch die Formulierung „befinden oder befinden müßte" als Einschränkung des Beweismaßes zu verstehen. Dann müßte der Antragsteller nicht die konkrete Vollstreckungsmöglichkeit beweisen, sondern nur eine „gewisse Wahrscheinlichkeit der Möglichkeit einer inländischen Vollziehung der einstweiligen Maßnahme".[234] Das würde genügen, um eine Zuständigkeit nach nationalem Recht in Verbindung mit Art. 31 EuGVVO/Art. 24 EuGVÜ zu begründen.

F. Die reale Verknüpfung bei familienrechtlichen Unterhalts- und gesetzlichen Regreßansprüchen

Der EuGH stellte seine einschränkenden Voraussetzungen für Leistungsverfügungen in einem Fall auf, dessen strittige Forderungen eine vertragliche Grund-

---

232 DEDEK, EWS 2000, 246, 252 l.Sp.u.

233 HEß/VOLLKOMMER, IPRax 1999, 220, 224 l.Sp. unter 3.a.; DEDEK, EWS 2000, 246, 252 l.Sp.u.

234 SPELLENBERG/LEIBLE, ZZPInt. 4 (1999), 221, 230 f.

lage hatten. Er spricht selbst von der „vorläufigen Erbringung einer vertraglichen Hauptleistung“[235] bzw. „Gegenleistung“[236]. Umstritten ist, ob die reale Verknüpfung im Falle einer Leistungsverfügung z.B. bei Unterhaltsansprüchen ebenfalls eine Sicherheitsleistung verlangt. Diese Frage hat der EuGH nicht angesprochen.

STADLER hält die einschränkenden Voraussetzungen in allen Fällen vorläufiger Leistungsanordnung für sinnvoll, unabhängig davon, ob sie auf vertraglicher oder außervertraglicher – etwa deliktischer oder familienrechtlicher – Grundlage ergehen.[237] Dagegen wird eingewandt, daß in nicht wenigen Fällen eine Leistungsverfügung begehrt wird, gerade weil der Antragsteller nicht liquide und auf eine Zahlung des Antragsgegners notwendig angewiesen sei. Geht es um Lebensunterhaltskosten oder Arztkosten, die zur Abwendung ernsthafter Gesundheitsschäden sofort übernommen werden müssen, werde der Antragsteller in aller Regel nicht in der Lage sein, eine ausreichende Sicherheitsleistung zu stellen. Ansonsten könnte er von den Mitteln der Sicherheitsleistung seinen Lebensunterhalt oder die Behandlungskosten selbst bestreiten. Es sei bedenklich, daß denjenigen über Art. 31 EuGVVO/Art. 24 EuGVÜ ein zweiter Weg für einstweiligen Rechtsschutz neben den Hauptsachezuständigkeiten eröffnet würde, deren Berechtigung bezweifelt werden könne, aber nicht denjenigen, die eine Leistungsverfügung besonders bräuchten.[238]

G. Wertdeckungsverhältnis zwischen geltend gemachtem Anspruch und den betroffenen Vermögensgegenständen

Klar ist, daß die Sicherheitsleistung den in der Leistungsverfügung zugesprochenen Betrag voll abdecken muß, um eine eventuelle Rückerstattung voll zu gewährleisten. Ob ein solches Deckungsverhältnis auch zwischen dem Wert der von der beantragten Maßnahme betroffenen Vermögensgegenstände und der zugesprochenen Summe bestehen muß, hat der EuGH nicht ausdrücklich entschieden. In der Literatur werden unterschiedliche Standpunkte vertreten – immer ohne besondere Begründung.

SPELLENBERG/LEIBLE sehen in der Van Uden-Entscheidung die Forderung, daß die betroffenen Vermögensgegenstände „ausreichend“ für die geltend gemachte Forderung sein, diese also in voller Höhe abdecken müssen. Die Van Uden-Entscheidung schränke insofern § 23 ZPO direkt ein.[239] Etwas weniger deutlich

[235] EuGH, Rs. C-391/95, (Van Uden/Deco Line), Slg. 1998, I-7091 Tenor Nr. 5
[236] EuGH, Rs. C-99/96, (Mietz/Intership Yachting Sneek), Slg. 1999, I-2277 ff. Tenor Nr. 2
[237] STADLER, JZ 1999, 1089, 1097, l. Sp. o.
[238] SPELLENBERG/LEIBLE, ZZPInt. 4 (1999), 221, 224 f.
[239] SPELLENBERG/LEIBLE, ZZPInt. 4 (1999), 221 ff., 223 Text zu N. 70

spricht DEDEK davon, daß der Schuldner im Inland „ausreichend wertvolle Vermögensgegenstände" besitzen müsse, in die die Vollstreckung wegen der Geldforderung betrieben werden könne.[240] STADLER meint, daß man zumindest „wertmäßig vernachlässigenswerte Vollstreckungsobjekte (umbrella-rule) nicht genügen lassen" dürfe. Auch leitet sie „sinngemäß aus der Van Uden-Entscheidung" ab, daß zumindest Zahlungsanordnungen auf einen im Inland (voraussichtlich) vollstreckbaren Teil beschränkt werden müssen.[241] KRAMER fordert, daß der Wert der betroffenen Vermögensgegenstände die beantragte Zahlung wenigstens zu „einem substantiellen Teil" abdecken muß.[242] Andernorts spricht er präziser davon, daß „im Grundsatz" der gesamte, geforderte Betrag von den betroffenen Vermögensgegenständen gedeckt sein müsse. Sei das nicht der Fall, beschränke sich die Zuständigkeit des Richters auf den Teil der Klageforderung, der durch die im Erlaßstaat belegenen Vermögensgegenstände erfüllt werden könne.[243]

---

240 DEDEK, EWS 2000, 246, 252 l.Sp.

241 STADLER, JZ 1999, 1089, S. 1094, l.Sp. zu N. 63

242 KRAMER, NIPR 2000, 26, 29 l.Sp.

243 KRAMER, NTBR 1999, 76 r.Sp.u. bis 77 l.Sp.o.

Teil 3.
Analyse

§ 10 „Reale“ Verknüpfung, „kennzeichnende“ Verknüpfung und höherrangiges Recht – völker-, europa- und grundrechtliche Vorgaben für die Regeln der internationalen Zuständigkeit im einstweiligen Rechtsschutz

Die Parallelen zwischen den Begriffen „reale Verknüpfung“ und „hinreichender Inlandsbezug“ sowie anderen Formulierungen („hinreichendes, sachgerechtes Anknüpfungsmoment“, Bundesverfassungsgericht; „inländische Nahebeziehung“, österreichischer OGH; „genuine link“, Internationaler Gerichtshof; „minimum contacts“ und „substantial connection“, US-Supreme Court) sind auffallend.[244] Hinzu kommt, daß der EuGH schon einmal die Formulierung „kennzeichnende“ Verknüpfung gebrauchte, womit er erkennbar die völkerrechtlich geforderte, allgemeine Nähebeziehung zwischen Sachverhalt und Forum meinte.[245]

Ob der Begriff der „realen Verknüpfung“ ebenso auf völkerrechtliche Grundanforderungen an eine internationale Zuständigkeit verweist,[246] ist nur von Interesse, wenn das Völkerrecht oder andere höherrangige Rechtsquellen konkrete Vorgaben aussprechen.

A. Regelungszuständigkeit, Gerichtsgewalt und Rechtsdurchsetzungshoheit

Die völkerrechtliche Abgrenzung staatlicher Jurisdiktionssphären wird beherrscht vom Souveränitätsprinzip. Nach einer Klarstellung der Begriffe soll der Inhalt des Souveränitätsprinzips umrissen werden, um zu überprüfen, ob das allgemeine Völkerrecht, die EMRK, das europäische Primärrecht oder die europäi-

---

244 BVerfGE 63, 369; OGH JBL 1983, 544=ÖJZ 1983, 48; Nottebohm-Case, ICJ Reports 1955, 4, 23; US-Supreme Court, International Shoe Co. v. Washington, 326 U.S. 310 (1945) und McGee v. International Live Insurance Co., 355 U.S. 220, 222 f. (1957)

245 EuGH, Rs.-21/76, (Bier BV/Mines de Potasse), Slg. 1976, 1735, 1746, Tz. 15/19

246 GERHARD, SZIER 1999, 134 unter c)

sche Grundrechtecharta konkrete Vorgaben für das Recht der internationalen Zuständigkeit machen oder zumindest Rahmenbedingungen aufstellen.[247]

Im folgenden wird zwischen Regelungszuständigkeit, Gerichtsgewalt und Rechtsdurchsetzungshoheit unterschieden.[248]

Die Regelungszuständigkeit oder Rechtsetzungshoheit (jurisdiction[249] to legislate/prescribe) bezeichnet die Kompetenz eines Staates, Recht zu setzen und anzuwenden, was durch alle drei Staatsgewalten geschehen kann. Diese Kompetenz betrifft nicht nur Inlandssachverhalte, sondern schließt die Regelung von Sachverhalten mit einem Auslandbezug ein.[250]

Mit Gerichtsgewalt (jurisdiction to adjudicate) bezeichnet man die Kompetenz eines jeden Staates, in Verfahren vor staatlichen Institutionen Streitfälle zu entscheiden. Sie enthält einmal die völkerrechtlich geregelte Gerichtsbarkeit, d.h. die generelle Befugnis, streitige Sachverhalte zu entscheiden, unabhängig davon, ob es sich um inländische oder ausländische Sachverhalte handelt[251], zum anderen die staatlich-autonom zu regelnde internationale Zuständigkeit, d.h. ob im konkreten Einzelfall von der Gerichtsbarkeit Gebrauch gemacht werden muß.[252] Diese Entscheidungsgewalt gründet sich auf die Souveränität eines jeden Staates und kennt nur wenige Grenzen. Solche bestehen in der räumlichen Beschränkung der Gerichtsbarkeit auf das eigene Staatsgebiet. Weitere Beschränkungen bestehen hinsichtlich bestimmter Personen, Sachen, ausländischer Staaten und weniger internationaler Organisationen, vgl. §§ 18-20 GVG und

---

247 In Deutschland erlangen die allgemeinen Regeln des Völkerrechts über Art. 25 GG Geltung. Zur Konvention zum Schutze der Menschenrechte und Grundfreiheiten (EMRK) vom 4.11.1950, BGBl. II 1989, 547.Die europäische Grundrechtecharta wurde am 7.12.2000 in Nizza proklamiert, Abl.EG Nr. C 364/1 vom 18.12.2000.

248 Erstmals unterschied diese Punkte das Restatement of Foreign Relations Law 2nd des American Law Institute. Diese Differenzierung wurde aufgenommen von F.A. MANN, RdC 1964-I, S. 9-22 und im Restatement of Foreign Relations Law 3rd fortgeführt.

249 Der Begriff „jurisdiction" hat in der amerikanischen Lehre ein breites Bedeutungsspektrum. Hierzu V. BAR, IPR-I, Rdnr. 143 in N. 71.

250 §§ 402-423 des Restatement 3rd: „authority of a state to make its law applicable to persons or activities"; BERTELE, S. 100, 121, 132 ff.; GRONSTEDT, S. 8

251 WALCHSHÖFER, ZZP 80 (1967), 165, 169 zu N. 14.

252 WALCHSHÖFER, ZZP 80 (1967), 165, 170; BERTELE, S. 101; GRONSTEDT, S. 9 f.; Introductory Note vor § 401 Restatement 3rd: Die „authority of a state to subject particular persons or things to its judicial process". Grundlegend zur Unterscheidung von Gerichtsbarkeit und internationaler Zuständigkeit als selbständige Prozeßvoraussetzungen PAGENSTECHER, RabelsZ 11 (1937), S. 337 ff.

Art. 105 UN-Charta.[253] Die Gerichtsgewalt beantwortet die Frage nach der Reichweite von Staatsgewalt in Form von Gerichtsentscheidungen.

Der Gerichtsgewalt können unter bestimmten Voraussetzungen auch Ausländer unterliegen, z.B. wenn sie Prozesspartei sind oder sich im Inland aufhalten. Ist die ausländische Person Zeuge und hält sich nicht im Inland auf, besteht eine Gerichtsgewalt der staatlichen Gerichte nur noch bedingt.[254]

Die Rechtsdurchsetzungshoheit (jurisdiction to enforce) bezeichnet die Zuständigkeit eines Staates, allgemeine staatliche Regelungen im Einzelfall zur Wirkung zu bringen oder zu vollstrecken. Dabei ist die Ausübung hoheitlichen Zwanges kein unverzichtbares Kriterium. Jede Umsetzung einer generell-abstrakten Regelung in einem Einzelfall gehört hierher, z.B. die Anordnung, Urkunden zu Beweiszwecken vorzulegen.[255] Diese Vollstreckungszuständigkeit beschränkt sich auf das Gebiet des Vollstreckungsstaates. Ein Staat kann nicht mit eigenen Vollstreckungsorganen im Ausland unmittelbaren Zwang ausüben. Problematischer ist der mittelbare Zwang, bei dem Vollstreckungsorgane zwar im Inland handeln, aber dem im Ausland befindlichen Vollstreckungsschuldner ein Handlungsdruck iSd zu vollstreckenden Inländischen Titels psychisch vermittelt wird.[256]

B. Völker-, europa- und grundrechtliche Vorgaben für die Regeln der internationalen Zuständigkeit

Es zeigt sich, daß das Recht der internationalen Zuständigkeit eng mit völkerrechtlichen Jurisdiktionsgrenzen insbesondere dem Gedanken verflochten ist, jede Staatsgewalt territorial zu beschränken. Grundlage dieser Staatenpraxis ist das völkerrechtliche Prinzip souveräner Staatengleichheit. Ob man die Geltung dieser Regel naturalistisch als den Staaten vorgegeben oder realistisch als Wie-

[253] UN-Charta, BGBl. II 1973, 497; besondere Bedeutung hat das Wiener Übereinkommen über diplomatische Beziehungen vom 18.4.1961, BGBl. II 1964, 957 und II 1965, 147; GOTTWALD, Grenzen zivilgerichtlicher Maßnahmen mit Auslandberührung, FS Habscheid (1989), S. 119 unter I.1. Die jurisdiction to adjudicate verliert im internationalen Fall ihre eigenständige Bedeutung, wenn die lex fori ihre internationale Zuständigkeit an die Anwendung ihres Sachrechts knüpft oder ihre einseitigen Kollisionsnormen nur ihr eigenes Sachrecht berufen, hierzu ZIEGENHAIN, Extraterritoriale Rechtsanwendung, S. 15 f.

[254] Hierzu ausführlich GRONSTEDT, S. 172-215

[255] BERTELE, S. 100 f. Das Restatement 3rd spricht in der Introductory Note vor § 401 von der „authority of a state to use the resources of government to induce or compel compliance with its law“.

[256] Hierzu GRONSTEDT, S. 313-340; BERTELE, S. 547 ff., VOGEL, S. 346, spricht von „jurisdiktionellen Immissionen“.

dergabe einer vorgefundenen Staatenordnung ansieht, spielt im hier interessierenden Zusammenhang keine Rolle.[257]

I. Strukturvorgaben des Völkerrechts

„Jeder Staat ist als Rechtsperson dem anderen Staate gleich."[258] Dieses Prinzip der Staatengleichheit ist jedoch ein formal-rechtliches. Aus ihm läßt sich kein materieller Anspruch auf eine politische, wirtschaftliche, militärische oder juristische Gleichbehandlung herleiten. Ableiten läßt sich aus der genossenschaftlich Struktur[259] der Staatengemeinschaft lediglich, daß kein Staat seine Jurisdiktionssphäre weiter ausdehnen darf, als dies die anderen Staaten tun.

Unbeantwortet bleibt also die Frage, wie weit konkret die einzelnen Jurisdiktionsbereiche ausgedehnt werden dürfen. Der rein formale Gleichheitssatz gibt hierauf keine Antwort.

Dagegen läßt sich dem völkerrechtlichen Souveränitätsprinzip zumindest eine Strukturvorgabe entnehmen.[260] Erst die Anerkennung des Rechts auf Existenz und Unabhängigkeit eines jeden Staates macht die Staaten völkerrechtsfähig. Ohne das Recht auf Souveränität gäbe es keine Völkerrechtssubjekte und damit kein Völkerrecht. Daraus ergibt sich jedoch nicht, daß die Gewalt eines Staates auf sein Staatsgebiet begrenzt ist. Der Ständige Internationale Gerichtshof (StIGH) wandte sich dem entsprechend im Lotus-Fall gegen eine strikte Territorialitätsbegrenzung staatlicher Jurisdiktionen, d.h. gegen ein nur durch ausdrückliche, völkerrechtlich bestimmte Ausnahmen überwindbares Verbot jeder autonom-nationalen Regelung eines Sachverhaltes mit Auslandsberührung, und entschied sich für die Vermutung, daß alle Staaten frei sind, auch Sachverhalte mit Auslandsbezug durch selbst gesetztes Recht – u. U. unterschiedlich und widersprüchlich – zu regeln.[261] Einen allgemeinen völkerrechtlichen Grundsatz,

---

257 Hierzu BERTELE, S. 21 ff. und 59-61; DAHM/DELBRÜCK/WOLFRUM, Völkerrecht Bd. I/1, S. 34 ff. unter II. 1

258 ZIEGENHAIN, S. 22

259 DAHM/DELBRÜCK/WOLFRUM, Völkerrecht Bd. I/1, S. 237 f. unter II.

260 Der Gleichheitssatz ist im Kern nur ein anderer Ausdruck des Souveränitätsprinzips, DAHM/DELBRÜCK/WOLFRUM, Völkerrecht Bd. I/1, S. 233 ff. (236 unter 6.)

261 StIGH, PCIJ Serie A, Nr. 10 (1927), S. 18 f. Sachverhalt: Ein türkisches Schiff kollidierte auf Hoher See mit einem französischen und sank. Der Kapitän des türkischen und der wachhabende Offizier des französischen Schiffes wurden wegen fahrlässiger Tötung von acht verstorbenen türkischen Matrosen von einem türkischen Gericht verurteilt. Frankreich protestierte gegen dieses Urteil, weil dem türkischen Gericht die Gerichtsbarkeit über einen französischen Staatsangehörigen fehle, der ein unter französischer Flagge auf Hoher See fahrendes Schiff befehligt.

daß sich die Gerichtsbarkeit eines Staates auf Inlandssachverhalte beschränke, verneinte er. Nur ausnahmsweise könne diese souveränitätsbegründete Freiheitsvermutung zur Regelung sowohl inländischer als auch ausländischer Sachverhalte ausgeschlossen werden.[262]

Damit ist ein erstes strukturelles Fundament gelegt, nämlich die Unterscheidung von direkter und indirekter Zuständigkeit: Hätten die Staaten nicht die völkerrechtliche Freiheit, eigene Gerichtsstände zu kreieren, sondern gäbe es völkerrechtlich bestimmte und damit weltweit einheitliche Gerichtsstände, bestünde keine Notwendigkeit die Anerkennung und Vollstreckung ausländischer Entscheidungen von einer Kontrolle der Entscheidungszuständigkeit, § 328 Abs. 1 Nr. 1 ZPO, abhängig zu machen. Darüberhinaus sind aber noch keine konkreten Vorgaben für das Recht der internationalen Zuständigkeit gewonnen. Fest steht lediglich, daß autonom begründete internationale Zuständigkeiten nicht im einzelnen nachgewiesen werden müssen, sondern es den Staaten grundsätzlich möglich ist, auch solche Zuständigkeiten kraft eigener Souveränität zu beanspruchen. Das „Ob“ ist erlaubt, das „Wie“ läßt der StIGH offen.

II. Nähebeziehung und internationale Zuständigkeit

In der Literatur versuchte man die Frage, „wie“ man die staatlichen Jurisdiktionssphären völkerrechtlich voneinander abgrenzen solle, unter Rückgriff auf überkommene Prinzipien und die Staatenpraxis zu beantworten. Meistens wird auf das Einmischungsverbot, das Recht zur Selbstbestimmung, das Verhältnismäßigkeitsgebot oder das Verbot des Rechtsmißbrauchs abgestellt.[263] F.A. MANN fügt dem die Prinzipien der Gegenseitigkeit, des guten Glaubens, der Vernunft und das Willkürverbot hinzu.[264] Die Fülle der Vorschläge ist kaum überschaubar. Einige Autoren stellen feste Anknüpfungsprinzipien auf, die ohne Rücksicht auf die Besonderheiten des Einzelfalles, pauschal Anwendung finden sollen: das Territorialitätsprinzip in subjektiver oder objektiver Ausprägung[265] und das hiervon nur schwer zu trennende Auswirkungsprinzip, wobei nicht jede

---

262 Das Urteil erging mit 6:6 Stimmen. Nicht allein deshalb rief es Kritik hervor. Zur Kritik des Urteils siehe ausführlich BERTELE, S. 56 ff. Ferner werden die Differenzierungen des Souveränitätsbegriffes (materielle/formelle, innere/äußere, positive/negative Souveränität) hier nicht weiter verfolgt, da sie zur Lösung der Problematik dieser Arbeit wenig beitragen. Hierzu mit weiteren Nachweisen ZIEGENHAIN, S. 23 ff.; BERTELE, S. 63 f.

263 BERTELE, S. 112 f.

264 F.A. MANN, RdC 1964-I (111), S. 49, 105; RdC 1984 –III (186), S. 25-28

265 Subjektive Territorialität meint, daß zumindest die zur Vollendung eines Tatbestandes führende Handlung im Inland des seine Zuständigkeit behauptenden Staates vorgenommen worden sein muß. Für die objektive Territorialität reicht aus, wenn ein Tatbestandsmerkmal im Inland des seine Zuständigkeit behauptenden Staates verwirklicht wird. Hierzu BROWNLIE, Public International Law, S. 300 f.

Auswirkung genüge, sondern nur eine substantielle, unmittelbare und vorhersehbare Auswirkung auf das staatliche Territorium.[266] Ferner wird auf Handlungen von oder gegenüber eigenen Staatsangehörigen, also mit dem aktiven oder passiven Personalitätsprinzip gearbeitet.[267]

Diese festen Anknüpfungskriterien kritisierte insbesondere F.A. MANN als zu starr. Das Territorialitätsprinzip rechtfertige es nicht, einen ausländischen Urlauber oder Austauschstudenten der Wehrdienst- oder der Steuerpflicht im Urlaubs- oder Studienland zu unterwerfen. Entscheidend sei die Nähebeziehung eines Sachverhalts zum Forumstaat, d.h. ein Staat könne nur dann über einen Sachverhalt mit Auslandsberührung entscheiden, wenn ein genuine link der Art vorliege, daß die rechtlich relevanten Tatsachen des Sachverhalts eine enge, unmittelbare und gewichtige Beziehung zu diesem Staat haben. Ob eine solche Nähebeziehung vorliegt, sei im Einzelfall für jeden Rechtsbereich unter Berücksichtigung aller territorialen und personalen Aspekte zu prüfen. Ermittelt werden soll nach MANN nicht wie im IPR die engste, sondern nur eine enge Beziehung.[268] Nach RUDOLF müsse der Inlandsbezug um so stärker sein, je mehr rein nationale Interessen wahrgenommen werden.[269] Er führt also Vergleichungs- und Abwägungselemente ein.

Damit öffnet sich ein weiterer Zugangsweg zur Abgrenzung der staatlichen Jurisdiktionsbereiche, nämlich mittels einer Abwägung der beteiligten Interessen (interest balancing); das gilt insbesondere für den Fall konkurrierender Zuständigkeiten. Dieser Gedanke wurde in der amerikanischen Kartellrechtsprechung zur Eingrenzung des dort geltenden Auswirkungsprinzips benutzt und vom Restatement 2nd of the Foreign Relations Law of the U.S. aufgegriffen.[270] Die Rechtsprechung stellte umfangreiche Kataloge der abzuwägenden Interessen auf.[271] Die Abwägung sollte nach der „jurisdictional rule of reason" vorgenommen werden. Parteiinteressen werden berücksichtigt, insoweit eine (ausländische) Partei durch die (inländische) Entscheidung nicht verurteilt werden sollte,

---

266 Schlußantrag des Generalanwalts DARMON in EuGH Slg. 1988, 5227, Tz. 57 f.

267 BERTELE, S. 117 mwN in N. 31

268 F.A. MANN, RdC 1964-I (111), S. 49; DERS. RdC 1984-III (186), S. 28

269 RUDOLF/HABSCHEID, Ber.d.dtn.Ges.f.Völkerr., Heft 11 (1973), S. 7 ff.

270 BERTELE, S. 119-129 (121). Daß dieser Ansatz gerade in den USA ein positives Echo fand, verwundert nicht. Schließlich war dort auch CURRIES governmental interest approach für das IPR erfolgreich, CURRIE, Selected Essays on the Conflict of Laws, Durham 1963. Da das interest balancing im Recht der internationalen Zuständigkeit überwiegend Staatsinteressen berücksichtigt, kann insofern von einer zuständigkeitsrechtlichen Hybride der Lehre CURRIEs gesprochen werden.

271 Timberlane Lumber Co. v. Bank of America N.T. & S.A. 549 F. 2d 597 (9th Cir. 1977/Timberlane I); und Timberlane Lumber Co. v. Bank of America N.T. & S.A. 749 F. 2d 1378 (9th Cir. 1984/Timberlane II); Lake v. Lake 817 F. 2d 1416, 1422 (9th Cir. 1987)

eine nach ihrem Heimatrecht strafbare Handlung zu begehen. Ein Patt, wie ein Auskunftsverlangen gegenüber einer schweizerischen Bank, deren Mitarbeitern nach Art. 273 des schweizerischen Strafgesetzbuches[272] gerade solche Auskünfte bei Strafe untersagt sind, soll vermieden werden.[273] Auch in der deutschen Literatur findet man Verfechter dieser Vorgehensweise, um staatliche Jurisdiktionsgrenzen und internationale Zuständigkeitsregeln zu bestimmen.[274]

Das Abwägungsmodell ist heftiger und berechtigter Kritik ausgesetzt. Dem Modell wird überhaupt abgesprochen, ein verbindlicher Völkerrechtssatz zu sein.[275] Die Feststellung der Interessen ausländischer Staaten dürfte den Gerichten schwer fallen. Die Schwierigkeiten verschärfen sich, wenn es um eine konkrete Abwägung geht, denn klare Bewertungsmaßstäbe fehlen. Diese praktischen Unsicherheiten führen zu einer übermäßigen Ausdehnung der jeweils eigenen internationalen Zuständigkeit. Darüber hinaus werden Parteiinteressen nicht im ausreichenden Maß berücksichtigt.[276] Bis auf das Erfordernis eines genuine link macht das allgemeine Völkerrecht keine überzeugenden, verbindlichen Vorgaben für das Recht der internationalen Zuständigkeit.

Als Zwischenergebnis läßt sich feststellen, daß konkrete völkerrechtliche Maßstäbe, welcher Art oder Intensität der genuine link bzw. die Nähebeziehung aufweisen muß, nicht existieren. Es läßt sich lediglich sagen, daß die Nähebeziehung zum regelnden Staat um so enger ist, je mehr er in seinen Gestaltungsinteressen betroffen ist. Damit kann man für die internationale Zuständigkeit im Zivilprozeß schlußfolgern, daß tendenziell niedrige Anforderungen an die Intensität der Nähebeziehung zu stellen sind, weil das Zuständigkeitsrecht überwiegend nicht die staatlichen sondern die Privatinteressen der zivilen Prozeßparteien berücksichtigen muß. Der Zivilprozeß ist insbesondere Dienstleistung gegenüber den zivilen Parteien.[277] Diese Tendenz wird bestätigt, wenn man berück-

---

272 Art. 273 StGB-Schweiz lautet: „Wer ein Fabrikations- oder Geschäftsgeheimnis auskundschaftet, um es einer fremden amtlichen Stelle [...] zugänglich zu machen, wer ein Fabrikations- oder Geschäftsgeheimnis einer fremden amtlichen Stelle oder einer ausländischen Organisation oder privaten Unternehmung oder ihren Agenten zugänglich macht, wird mit Gefängnis, in schweren Fällen mit Zuchthaus bestraft."

273 MENG, S. 710 unter b). Beispiel ist der „Interhandel-Fall": Société Internationale pour Participations Industrieles et Commerciales, S.A. v. Rogers, 357 U.S. 197.

274 HECTOR, S. 198-236, 351 f. mwN.; MENG, S. 770, 773, 775; ZIEGENHAIN, Extraterritoriale Rechtsanwendung, S. 251 unter 3), 244 ff.

275 BERTELE, S. 189 unter f)

276 ZIEGENHAIN, Extraterritoriale Rechtsanwendung, S. 43 N. 149, S. 44 N. 161 und die umfangreichen Nachweise bei BERTELE, S. 125 N. 71, S. 185 N. 302.

277 Das erklärt, warum Staatenproteste bei Ausübung der internationalen Zivilverfahrenszuständigkeit selten sind. RUDOLF, Territoriale Grenzen, S. 29; IBSEN, § 23 Rdnr. 103; GEIMER, ZfRV 1992, 321, 332; DERS., IPRax 1993, 216, 218

sichtigt, daß das internationale Zivilverfahrensrecht nicht den Streit insgesamt entscheiden soll, sondern nur das international zuständige Gericht, das dortige Verfahrensrecht und das anzuwendende IPR bestimmt. Auch Gerichte unterschiedlicher Staaten können auf Grund ihres jeweiligen IPRs zur Anwendung des selben Sachrechts kommen. Das gilt besonders innerhalb des europäischen Binnenmarktes, in dem nicht nur durch das Europäische Schuldvertrags-Übereinkommen[278] (EVÜ), sondern auch die kollisionsrechtliche Rechtsvereinheitlichung durch EG-Richtlinien auf vielen Rechtsgebieten (z.B. das Recht der AGB, des Verbrauchsgüterkaufs, der Vertragsabschlüsse im Fernabsatz, des Time-Sharing, des Wettbewerbsrechts) Unterschiede in den nationalen Sach- und Kollisionsrechten nivelliert hat.[279]

III. Art. 6 Abs. 1 EMRK

Jetzt stellt sich die Frage, ob die nach allgemeinem Völkerrecht erforderliche, tendenziell lockere Nähebeziehung enger gefaßt werden muß, um die Inanspruchnahme eigener internationaler Zuständigkeit zu rechtfertigen, wenn man Art. 6 Abs. 1 S. 1 EMRK in die Überlegungen einbezieht. Es geht um die Frage, ob zum Schutz des Beklagten oder des Klägers menschenrechtliche Erwägungen eine höhere Qualität der Nähebeziehung[280] und damit u.U. die Streichung exorbitanter Gerichtsstände für Haupt- und Eilverfahren verlangen. Im Unterschied zum Völkerrecht stehen im Rahmen der EMRK weniger die Staats- und mehr die Individualinteressen beider Prozeßparteien als Schutzgut im Vordergrund – sie können nicht nur unabhängig von, sondern sogar gegen staatliche Interessen Schutzwirkung entfalten.[281]

Art. 6 Abs. 1 Satz 1 EMRK lautet:

> „Jedermann hat Anspruch darauf, daß seine Sache in billiger Weise öffentlich und innerhalb einer angemessenen Frist gehört wird, und zwar von einem unabhängigen und unparteiischen, auf Gesetz beruhenden Ge-

---

278 Römisches EWG-Übereinkommen über das auf vertragliche Schuldverhältnisse anzuwendende Recht v. 19.6.1980, gültig idF des 2. Beitrittsübereinkommens vom 18.5.1992, BGBl. II 1995, 307

279 BERTELE, S. 220 f. unter B.1.a.(1). Gerade im einstweiligen Rechtsschutz fand eine entsprechende Angleichung leider nicht statt.

280 GEIMER, Menschenrechte im IZVR, 213 ff., 226: „Der durch die [EMRK] geforderte Inlandsbezug ist wesentlich enger zu fassen als der Inlandsbezug, der [...] nach allgemeinem Völkergewohnheitsrecht Basis für die [..] Zuständigkeit eines Staates zur [...] Rechtsprechung ist." PEUKERT, RabelsZ 63 (1999), 600 ff., 608-613

281 KLEINSTÜCK, Due Process, S. 167

richt, das über zivilrechtliche Ansprüche und Verpflichtungen [...] zu entscheiden hat.“ [282]

Art. 6 Abs. 1 Satz 1 EMRK kann nicht von vorneherein jegliche Relevanz für das internationale Zuständigkeitsrecht im einstweiligen Rechtsschutz abgesprochen werden[283]. Zum Beispiel hat sich der in Art. 6 Abs. 1 Satz 1 EMRK zum Ausdruck gebrachte Gedanke eines (Menschen-)Rechtes auf rechtliches Gehör schon einmal auf Verfahren des internationalen, einstweiligen Rechtsschutzes ausgewirkt, nämlich in der „Denilauler“-Entscheidung des EuGH – allerdings ohne daß der EuGH diese Vorschrift ausdrücklich zitiert hätte: Der EuGH versagte einer einstweiligen Maßnahme, die ohne kontradiktorisches Verfahren ergangen war, die Subsumtion unter Art. 32 EuGVVO/Art. 25 EuGVÜ. Dem EuGH zufolge stellen ex parte-Maßnahmen keine „Entscheidungen“ iSd Art. 32 EuGVVO/Art. 25 EuGVÜ dar und sind somit nicht anerkennungs- und vollstreckungsfähig, weil sie ohne Gewährung rechtlichen Gehörs erlassen wurden.[284] Auch wurde in einer – verfristeten und deshalb nicht sachlich entschiedenen – Beschwerde im Fall Hunt v. Großbritannien die Annahme eigener Zuständigkeit durch ein britisches Gericht als ungerechtfertigter Verstoß gegen Art. 6 Abs. 1 S. 1 EMRK gerügt, weil der Sachverhalt keinerlei Beziehung zu Großbritannien gehabt habe.[285]

Art. 6 Abs. 1 Satz 1 EMRK ist auch nicht deshalb vernachlässigbar, weil die EMRK in Deutschland nur „einfachen“ Gesetzesrang hat, also der ZPO nicht übergeordnet ist. Nach der lex-posterior-Regel kann sie immerhin vorkonventionelles Recht in Anwendung und Auslegung beeinflussen.[286] Der hier in Rede

---

282 Art. 6 Abs. 1 S. 1 EMRK vom 4.11.1950 (BGBl. II 1952, 686). Das Recht auf gerichtliches Gehör und Entscheidung in angemessener Frist ist darüber hinaus in Art. 10 der Allgemeinen Erklärung der Menschenrechte vom 10.12.1948 verbürgt (sie hat keinen rechtsverbindlichen Charakter, da sie kein völkerrechtlicher Vertrag sondern eine UN-Resolution ist) und Art. 14 Abs. 1 Satz 2 des Internationalen Paktes der bürgerlichen und politischen Rechte vom 19.12.1966 (BGBl. II 1973, 1534).

283 Zum Verhältnis von EMRK und der EuGVVO als Rechtsakt der EU siehe BUSSE, NJW 2000, 1074, 1079 unter V.

284 EuGH, Rs. 125/79, (Denilauler/Couchet Frères), Slg. 1980, 1553 ff. Der EuGH argumentierte ohne auf die EMRK einzugehen allein aus dem EuGVÜ heraus. In seiner jüngsten Entscheidung zum Anspruch auf rechtliches Gehör bezog sich der EuGH ausdrücklich auf Art. 6 Abs. 1 EMRK, EuGH, Rs. C-7/89 (Krombach/Bamberski), Tz. 25 noch nicht in amtl. Sammlung. Zum Prinzip der Waffengleichheit, PEUKERT, RabelsZ 63 (1999), 600 ff., 615 f.

285 Hunt v. Großbritannien, Beschwerde 10000/82, 4.7.1983 DR 33, 247, hierzu KLEINSTÜCK, S. 169 f., 177

286 SCHUMANN, Menschenrechtskonvention und Zivilprozeß, FS Schwab, S. 456 f. und 463; BLECKMANN, Staatsrecht II, Rdnrn. 37-54, befürwortet sogar den Verfassungs“gleichrang“ der EMRK mit dem Grundgesetz

stehende § 23 ZPO gehört zur Gruppe vorkonventioneller Vorschriften, denn er war schon vor der EMRK in Geltung. Die Neubekanntmachung der ZPO durch das Gesetz zur Wiederherstellung der Rechtseinheit vom 12.9.1950[287] kann daran nichts ändern, erstens weil eine Neubekanntmachung nicht wie eine Neuverkündung darauf schließen läßt, daß der Gesetzgeber das alte Recht in seinen Willen aufgenommen hat[288] und zweitens weil sie zeitlich vor dem Inkrafttreten der EMRK erfolgte.

Seinem Wortlaut nach gewährt Art. 6 Abs. 1 Satz 1 EMRK u.a. das Recht, vor Gericht gehört zu werden, und das Recht auf eine Entscheidung des anhörenden Gerichts in angemessener Frist. Der Europäische Gerichtshof für Menschenrechte hat in der Entscheidung Golder v. Großbritannien das Recht auf Gehör in einem laufenden Gerichtsverfahren zu einem Recht auf ein faires Gerichtsverfahren selbst, also zum Recht auf effektiven Rechtsschutz ausgeweitet.[289]

Daraus leiten einige Autoren konkrete Folgerungen für einige Gerichtsstände ab. Insbesondere SCHLOSSER argumentiert, daß der Entscheidung Golder v. Großbritannien nicht nur ein Recht auf effektiven Rechtsschutz und Zugang zu den Gerichten für den Kläger entnommen werden kann, sondern auch eine Beschränkung der Gerichtspflichtigkeit des Beklagten auf ihm zumutbare, d.h. nicht „exorbitante" Gerichtsstände, wie z.B. § 23 ZPO. Dem Justizgewährungsanspruch des Klägers stellt er einen Justizfreistellungsanspruch bzw. einen „negativen" Justizgewährungsanspruch des Beklagte gegenüber.[290]

Noch deutlicher hebt GEIMER das Ziel der Menschenrechte hervor, dem einzelnen individuellen Schutz zu garantieren.[291] Während das Völkerrecht die Interessen der Staaten an der Unverletzlichkeit ihrer jurisdiktionellen Einflußsphären schütze, rücke der menschenrechtliche Schutz die Individualinteressen der (Prozeß-) Parteien ins Zentrum. Dieser Schutz decke aber nicht ausschließlich die Interessen des Beklagten. Er beziehe auch den Justizgewährungsanspruch des Klägers als Korrelat zum Justizfreistellungsanspruch des Beklagten mit in seine Betrachtungen ein. Beide Positionen seien abzuwägen und auszutarieren.[292] Es gäbe Fälle, in denen Art. 6 Abs. 1 Satz 1 EMRK einen (inländischen) Gerichtsstand für den Kläger sogar erzwingen würde, insbesondere dann, wenn

---

287 BGBl. I 1950, 455 ff., 533 ff.

288 SACHS-STURM, GG-Kommentar, 2. Aufl., Art. 100 Rdnr. 11

289 Entscheidung vom 21.2.1975, A/18, § 36 = EuGRZ 1975, 91, 92-98; „www.dhcour.coe.fr".

290 SCHLOSSER, IPRax, 1992, 140 ff.; DERS., Riv.Dir.Int. 1991, S. 5 ff.

291 GEIMER, Menschenrechte im IZVR, S. 213, 225 f. zu N. 50

292 GEIMER, Menschenrechte im IZVR, S. 227

ein Urteil der Gerichte des Wohnsitzstaates des Beklagten im Staat des Klägers, in dem vollstreckbares Vermögen des Beklagten liegt, nicht anerkannt würde.[293]

Diesen beiden Vorschlägen wird entgegengehalten, daß die EMRK die Öffentlichkeit eines Verfahrens und nicht das Recht der internationalen Zuständigkeit regelt.[294] Auch wird eingewandt, daß die Schlußfolgerungen aus Golder v. Großbritannien unzulässig seien. Diese Entscheidung solle effektiven Rechtsschutz gewährleisten nicht aber unbequemen Rechtsschutz im Ausland verhindern. Daß Prozesse im Ausland wenig Komfort bieten, weil man mit fremder Sprache und fremdem Recht an einem entfernteren Ort, als es das nächste Amts- oder Landgericht ist, fertig werden muß, fällt tatsächlich nicht in den Schutzbereich des Art. 6 Abs. 1 Satz 1 EMRK. Diese zusätzlichen Prozeßrisiken bestehen nämlich bei jedem Auslandsprozeß. Entweder hat sie der Kläger oder der Beklagte zu tragen, denn Art 6 Abs. 1 Satz 1 EMRK schützt sie beide. Dieses Verständnis wird durch das Verhalten der Vertragsstaaten der EMRK bestätigt, die zugleich Vertragsstaaten des EuGVÜ sind, denn sie haben in das EuGVÜ Gerichtsstände eingeführt, welche laut SCHLOSSER potentiell völkerrechtswidrig sein sollen. Auch stellt Art. 4 Abs. 2 EuGVVO/EuGVÜ klar, daß zu Lasten solcher Beklagter, die keinen Wohnsitz in einem Mitgliedstaat haben, § 23 ZPO von der Vertragsstaatengemeinschaft des EuGVÜ akzeptiert wird.[295]

Insoweit läßt sich festhalten, daß Art. 6 Abs. 1 Satz 1 EMRK nicht die Streichung des § 23 ZPO oder anderer in Art. 3 Abs. 2 EuGVVO/EuGVÜ genannter Gerichtsstände gebietet und auch die völkerrechtlich geforderte, tendenziell lockere Nähebeziehung nicht schärfer konturiert.[296]

IV. Marktfreiheiten und Diskriminierungsverbote

Darüberhinaus stellt sich die Frage, ob nicht die Marktfreiheiten des EG-Vertrages bzw. seine Diskriminierungsverbote, Art. 3 Abs. 2 (iVm Abs. 1, lit. h)

---

[293] GEIMER, Verfassungsrechtliche Vorgaben, FS Schwind, S. 17, 39. Insofern stimmt ihm MATSCHER, Die Einwirkungen der EMRK auf IPR und IZVR, FS Schwind, S. 71, 79 f. unter 2.) zu.

[294] BITTIGHOFER, Vermögensgerichtsstand, S. 144 mwN in N. 747

[295] BERTELE, S. 209 f.; BITTIGHOFER, Vermögensgerichtsstand, S. 143, N. 744. In diesem Zusammenhang ist auch Art. 59 Abs. 2 EuGVÜ zu beachten.

[296] Auch die auf einer Tagung im April 1990 von K. BEYS vorgetragene These, Art. 6 Abs. 1 EMRK enthalte eine allgemeine Anerkennungspflicht für alle Urteile aus Mitgliedstaaten der EMRK, überzeugt nicht, denn Art. 6 Abs. 1 EMRK garantiert den Zugang zu Gerichten, aber nicht, daß der Gang zu einem ausländischen Gericht im Inland honoriert werden muß, ZZP 103 (1990), S. 350 ff, 351u., 352 u.

und Art. 12 EGV auf das europäische internationale Zuständigkeitsrecht gestaltend einwirken.

Die einseitige Begründung großzügiger Heimatzuständigkeiten durch die Teilnehmerstaaten des Binnenmarktes kann ökonomisch eine versteckte Beihilfe einheimischer Marktteilnehmer und eine Benachteiligung ausländischer Wettbewerber sein; für das Funktionieren des Binnenmarktes sollten deshalb die wirtschaftlichen Rahmenbedingungen harmonisiert werden, Art 3 Abs. 1, lit. g), h) EGV.[297] EuGVVO und EuGVÜ harmonisieren demgemäß nicht nur die indirekte, sondern auch die direkte internationale Zuständigkeit. Dadurch wurden protektionistische internationale Zuständigkeiten eingeschränkt. Als exorbitant kritisierte Gerichtsstände der autonomen Zuständigkeitsrechte, wie z.B. § 23 ZPO, wurden durch Art. 3 Abs. 2 EuGVVO/EuGVÜ ausgeschaltet. Die verbleibenden Zuständigkeiten haben keine einseitigen Subventionswirkungen, da sie für alle Wettbewerber mit Sitz in einem Mitgliedstaat der EU oder einem Vertragsstaat des EuGVÜ gleichermaßen gelten.[298]

Das europäische Primärrecht enthält also eine durchsetzungsstarke Strukturvorgabe für das Recht der internationalen Zuständigkeit, nämlich ein Rechtsangleichungsgebot auch für die direkte internationale Zuständigkeit. Diese Harmonisierungsvorgabe betrifft die Normsetzung ebenso, wie die Auslegung der Rechtsquellen, die einen Bezug zum Funktionieren des Gemeinsamen Marktes haben.[299] Grenzen jeder harmonisierenden Rechtsangleichung sind die Aufgaben der Gemeinschaft, Artt. 2, 3 Abs. 1, lit. g) und h) EGV, und das Subsidiaritätsprinzip, Art. 5 EGV.[300] Aus diesem Rechtsangleichungsgebot läßt sich aber nichts über die inhaltliche Qualität der Angleichung bzw. das Angleichungsniveau und die konkrete Ausgestaltung der Zuständigkeitsanknüpfung für Eilverfahren auf der Grundlage des Art. 31 EuGVVO/Art. 24 EuGVÜ und die Auslegung des Begriffes „reale Verknüpfung“ ableiten.

---

[297] PFEIFFER, S. 87, dort Text zu N. 66. EuGH, Rs. C-398/92 (Mund&Fester/Hatrex), Slg. 1994, I-467, Tz. 11. HEß, JZ 1998, 1021, 1024;

[298] Ausdrücklich z.B. Art. 4 Abs. 2 EuGVVO/EuGVÜ; PFEIFFER, S. 88. In rein nationalen oder Drittstaatenfällen haben die Marktfreiheiten keine Wirkung auf die in Art. 3 Abs. 2 EuGVVO/EuGVÜ aufgezählten Gerichtsstände..

[299] FALLON, RdC 1995 (253), 9, 64 ff., Tz. 26, mit Verweis auf die harmonisierenden Auslegungen der §§ 110 Abs. 1 und 917 Abs. 2 ZPO a.F. durch den EuGH; FRANZEN, S. 10 ff. (mwN) unterscheidet zwischen „judikativer Rechtsangleichung“ (S. 12) als Auslegung und Fortbildung des sekundärrechtlichen Normbestandes und „negativer Harmonisierung“ (S. 11) als Beschränkung mitgliedstaatlicher Regulierungsgewalt durch die Grundfreiheiten und das allgemeine Diskriminierungsverbot.

[300] FRANZEN, S. 663, Tz. 14; vgl. Erwägungsgrund Nr. 4 zum EuGVVO

V. Europäische Grundrechtecharta

Wie die EMRK haben auch die Grundrechte des europäischen Gemeinschaftsrechts individualschützenden Charakter. Gemeinschaftsrechtliche Grundrechte sind im Primärrecht erstmals in Art. F Abs. 2 EU-Vertrag (jetzt Art. 6 Abs. 2 EU) erwähnt. Dieser Vorschrift zufolge „achtet" die Union die Grundrechte einzelner, wie sie sich aus der EMRK und den „gemeinsamen Verfassungsüberlieferungen der Mitgliedstaaten" ergeben[301]. Mittlerweile statuiert die Charta der Grundrechte der Europäischen Union[302] in ihrem Art. 47 Abs. 1 das Recht „jede[r] Person, deren Rechte oder Freiheiten verletzt worden sind, [...] bei einem Gericht einen wirksamen Rechtsbehelf einzulegen".

Die EU-Grundrechtecharta bietet jedoch keine konkreten, justitiablen Vorgaben für das internationale Zuständigkeitsrecht.[303] Die Ausgestaltung des (Eil-) Verfahrens und die Auswahl internationaler Zuständigkeiten verbleiben im Gestaltungsermessen des nationalen Gesetzgebers. Der europäisch-grundrechtliche Justizgewährungsanspruch ist nicht konkreter als der menschenrechtliche.[304]

C. Ergebnis

Als Ergebnis kann festgehalten werden, daß im Recht der internationalen Zuständigkeit durch Völker- und Verfassungsrecht nur zwei Vorgaben gemacht werden: Erstens besteht eine internationale Zuständigkeit für einen Staat immer dann, wenn alle rechtlich relevanten Teile eines Sachverhaltes mit ihm verbunden sind; zweitens darf ein Staat keine internationale Zuständigkeit für sich in Anspruch nehmen, wenn kein Element des Sachverhalts mit ihm verbunden ist. Welche Anknüpfungspunkte für welche Fallgestaltungen die internationale Zuständigkeit begründen sollen bzw. ob man die internationalen Zuständigkeiten eines Staates überhaupt enumerativ und in gesetzlich eng definierten Tatbeständen auflisten oder nicht per Generalklausel mit unbestimmten Rechtsbegriffen der Praxis zur Konkretisierung überlassen soll, steht im Ermessen der einzelnen

---

301 PFEIFFER, Internationale Zuständigkeit, S. 30. Hierzu BLECKMANN, Europarecht, Rdnr. 98 ff. mwN. Art. 6 Abs. 1 EU stellt fest, daß der Grundsatz der Achtung der Menschenrechte und der Grundfreiheiten allen Mitgliedstaaten gemeinsam ist.

302 Die europäische Grundrechtecharta wurde am 7.12.2000 in Nizza proklamiert, Abl.EG Nr. C 364/1 vom 18.12.2000, veröffentlicht auch unter http://www.consilium.eu.int

303 Eine konkrete Bindungswirkung entfaltet die Grundrechtecharta derzeit nicht, CALLIESS, EuZW 2001, 261, 267 l.Sp. unter V.

304 GEIMER, IZPR, Rdnr. 249 ff, insbes. 250b; SCHULZE-FIELITZ, in H. DREIER (Hrsg.), GG-Kommentar, Art. 103 Abs. 1, Rdnrn. 26-28

Staaten.[305] „Die Anknüpfungsmomente und ihre Sachnähe müssen von Völkerrechts wegen [lediglich] einem Mindestmaß an Einsichtigkeit genügen".[306]

Man kann also die Anwendungsvoraussetzung der „realen Verknüpfung" wie GERHARD[307] als Verweis auf völkerrechtliche Grundanforderungen an das internationale Zuständigkeitsrecht verstehen. Dieser Auslegungsansatz bringt aber keinen Gewinn bei der näheren Bestimmung des Begriffs der einstweiligen Maßnahmen aus Art. 31 EuGVVO/Art. 24 EuGVÜ oder ihres räumlichen Wirkungsbereiches. Zwar bestimmt das Rechtsangleichungsgebot des europäischen Primärrechts, daß nicht lediglich die indirekten sondern auch die direkten Zuständigkeitsregeln angeglichen werden sollen. Aber auf welchem Niveau diese Angleichung zur Sicherung der Gleichbehandlung aller EU-Bürger erfolgen soll, bleibt offen.

---

305 WENGLER, RABELSZ 20 (1955), 201, 214; ZIEGENHAIN, Extraterritoriale Rechtsanwendung, S. 51; V. BAR, IPR-I, Rdnr. 143 mit Nachw.. GEIMER, Verfassungsrechtliche Vorgaben, FS Schwind, S. 17, 20; DERS., IZPR Rdnr. 250b und 250f a.E., spricht vom „Niemandsland". Weitere Nachweise bei PFEIFFER, Internationale Zuständigkeit, S 21 in N. 58, auch S. 26; KRONKE, Grundrechte, S. 66 unter 7.

306 BVerfGE 63, 343, 369 unter b)

307 GERHARD, SZIER 1999, 134 f.

§ 11 Maßnahmenbegriff und direkte und indirekte internationale Zuständigkeit für einstweilige Maßnahmen aus Art. 31 EuGVVO/Art. 24 EuGVÜ

Im folgenden werden drei, sich teilweise überschneidende Problemkreise untersucht:

- Welche Eilmaßnahmen fallen unter den Begriff der „einstweiligen Maßnahmen einschließlich solcher, die auf eine Sicherung gerichtet sind" aus Art. 31 EuGVVO/Art. 24 EuGVÜ,

- können einstweilige Maßnahmen aus Art. 31 EuGVVO/Art. 24 EuGVÜ extraterritoriale Wirkung haben, d.h. fallen sie unter den Begriff der „Entscheidung" aus Art. 32 EuGVVO/Art. 25 EuGVÜ, und

- welche konkreten Voraussetzungen bestehen für die Entscheidungszuständigkeit nach Art. 31 EuGVVO/Art. 24 EuGVÜ („reale Verknüpfung")?

Hierbei wird zwischen Maßnahmen unterschieden, die die Hauptsache nicht vorwegnehmen (Sicherungs- und Regelungsmaßnahmen), und Maßnahmen, welche dem Hauptverfahren vorgreifen können (z.B. Leistungsverfügungen). Im folgenden wird die dritte Frage nicht isoliert, sondern im Rahmen der zweiten beantwortet werden, da insofern ein enger sachlicher Zusammenhang besteht.

A. Allgemeines zu Anerkennung und Vollstreckung einstweiliger Maßnahmen

Nach EuGVVO und EuGVÜ sind gerichtliche „Entscheidungen" anerkennungs- und vollstreckungsfähig. Als „Entscheidung" ist gemäß Art. 32 EuGVVO/Art. 25 EuGVÜ „jede von einem Gericht eines Mitgliedstaats erlassene Entscheidung zu verstehen, ohne Rücksicht auf ihre Bezeichnung wie Urteil, Beschluß, Zahlungsbefehl oder Vollstreckungsbescheid, einschließlich des Kostenfestsetzungsbeschlußes eines Gerichtsbediensteten". Daß auch einstweilige Maßnahmen „Entscheidungen" iSd Art. 32 EuGVVO/Art. 25 EuGVÜ darstellen sollen, ergibt sich aus den Berichten zum EuGVÜ. JENARD weist ausdrücklich darauf hin, daß die in mehreren älteren Anerkennungs- und Vollstreckungsabkommen genannte Voraussetzung einer „bindenden Wirkung" der anzuerkennenden Entscheidung bewußt nicht ins EuGVÜ übernommen wurde, damit auch die nicht endgültig bindenden, einstweiligen Maßnahmen anerkannt und vollstreckt werden können.[308] SCHLOSSER stellt fest, daß Art. 32 EuGVVO/Art. 25 EuGVÜ in „kaum zu überbietender Deutlichkeit“ betonen, daß jede Art von Entscheidung anzuerkennen und zu vollstrecken ist. Von dieser weiten Formulierung seien auch einstweilige Maßnahmen erfaßt.[309] KERAMEUS nimmt in Anschluß an den EuGH[310] nur solche einstweiligen Maßnahmen vom Begriff der „Entscheidung“ in Art. 32 EuGVVO/Art. 25 EuGVÜ aus, die „ohne Ladung des Gegners ergangen sind und ohne vorherige Zustellung im Urteilsstaat vollstreckt werden“.[311] Auch der deutsche Gesetzgeber ging davon aus, daß Arrestbefehle, einstweilige Anordnungen und einstweilige Verfügungen in einem anderen Mitglied- bzw. Vertragsstaat anerkennungs- und vollstreckungsfähig sind, wie die § 32 Abs. 4 und § 33 AVAG a.F.[312] zeigen.

Keine dieser Quellen differenziert zwischen Sicherungs- und Regelungsmaßnahmen und solchen, die das Hauptverfahren vorwegnehmen.

B. Zum Maßnahmebegriff und zur Anerkennung und Vollstreckung für Sicherungs- und Regelungsmaßnahmen aus Art. 31 EuGVVO/Art. 24 EuGVÜ

I. Zum Maßnahmenbegriff

Nach Art. 31 EuGVVO/Art. 24 EuGVÜ und Art. 47 Abs. 1 EuGVVO können „einstweilige Maßnahmen einschließlich solcher, die auf eine Sicherung gerichtet sind“ und nach Art. 47 Abs. 3 EuGVVO/Art. 39 EuGVÜ „Maßnahmen zur Sicherung“ erlassen werden. Neben den ausdrücklich genannten Sicherungsmaßnahmen sind darunter auch alle die Maßnahmen zu subsumieren, die die nachfolgende Hauptsache nicht vorwegnehmen (Regelungsmaßnahmen). Dies ist unstreitig.

---

308 JENARD-Bericht, S. 43 l.Sp. zu Art. 26 EuGVÜ

309 SCHLOSSER-Bericht, S. 126 Tz. 184

310 EuGH, Rs. 125/79, (Denilauler/Couchet Frères) Slg. 1980, 1553 ff.

311 KERAMEUS-Bericht, in BÜLOW-BÖCKSTIEGEL, Internationaler Rechtsverkehr, Nr. 601, S. 213 ff, 249 Tz. 73. Der JENARD-MÖLLER-Bericht zum LugÜbk verweist insofern nur auf die Berichte zum EuGVÜ von JENARD und SCHLOSSER, Abl.EG Nr. C 189 vom 28.07.1990, S. 57 ff., S. 61 Vorbemerkung Tz. 2

312 Gesetz zur Ausführung zwischenstaatlicher Anerkennungs- und Vollstreckungsverträge in Zivil- und Handelssachen vom 30.5.1988 (BGBl. I 1988, 662 ff.). Die wegen Brüssel II reformierte Fassung des AVAG trat am 1.3.2001 in Kraft und verweist in § 1 Abs. 2 Nrn. 2, 3 und § 2 Nr. 2 auf alle Entscheidungen, „auf welche der jeweils auszuführende Anerkennungs- und Vollstreckungsvertrag [...] Anwendung findet“, Gesetz zur Änderung von Vorschriften auf dem Gebiet der Anerkennung und Vollstreckung ausländischer Entscheidungen in Zivil- und Handelssachen vom 19.2.2001, BGBl. II 2001, 288 ff.

II. Zur Anerkennung und Vollstreckung von Sicherungs- und Regelungsmaßnahmen

Kontrovers diskutiert wird dagegen seit längerem, ob einstweiligen Maßnahmen, die die Hauptsache nicht vorwegnehmen, anerkennungs- und vollstreckungsfähig sind, d.h. als Entscheidungen iSd Art. 32 EuGVVO/Art. 25 EuGVÜ gelten können.

1. Literaturmeinungen

Vor den EuGH-Entscheidungen Van Uden und Mietz wurde die Ansicht vertreten, daß (nicht nur Leistungsverfügungen, sondern überhaupt) keine einstweiligen Maßnahmen aus Art. 31 EuGVVO/Art. 24 EuGVÜ anerkennungs- und vollstreckungsfähige Entscheidungen iSd Art. 32 EuGVVO/Art. 25 EuGVÜ darstellen würden. Eine extraterritoriale Wirkung vorläufiger Entscheidungen würde dem Konzept von Art. 31 EuGVVO/Art. 24 EuGVÜ widersprechen und sich nicht in das Zuständigkeitssystem von EuGVVO und EuGVÜ einfügen, sondern dieses unterminieren.[313] Da jede einstweilige Maßnahme eng mit dem Zwangsvollstreckungsrecht verbunden sei, müsse die internationale Zuständigkeit zum Erlaß solcher Maßnahmen an die für die Zwangsvollstreckung gekoppelt werden. Entsprechend seien wie bei Zwangsvollstreckungsakten die Wirkungen einstweiliger Maßnahmen streng territorial zu beschränken.[314]

Ebenso strikt will I. MEIER alle einstweiligen Maßnahmen, insbesondere Arrestbefehle und Sicherungsmaßnahmen von der internationalen Vollstreckung ausnehmen, unabhängig davon, ob sie in einem Hauptsachegerichtsstand oder auf Grundlage von Art. 31 EuGVVO/Art. 24 EuGVÜ ergehen. Nur ein europäisch vereinheitlichter Maßnahmetypus aus einem Gerichtsstand der Artt. 2 und 5 ff. EuGVVO/EuGVÜ solle extraterritorial wirken können.[315]

Auch nach der Van Uden-Entscheidung wird die Position vertreten, daß einstweilige Maßnahmen, die auf Art. 31 EuGVVO/Art. 24 EuGVÜ basieren, nur im Erlaßstaat wirken können. EuGVVO und EuGVÜ seien im Bereich des einstweiligen Rechtsschutzes nur insoweit eine convention double als das Hauptsachegericht eine einstweilige Maßnahme erlasse. Für Eilmaßnahmen auf der Zuständigkeitsgrundlage von Art. 31 EuGVVO/Art. 24 EuGVÜ werde die indirekte Zuständigkeit dagegen nicht geregelt. Demzufolge könnten Maßnahmen des einstweiligen Rechtsschutzes aus Art. 31 EuGVVO/Art. 24 EuGVÜ auch

---

313 DALHUISEN, FS Riesenfeld, S. 1, 12 ff. unter III.

314 DALHUISEN, FS Riesenfeld, S. 1, 14

315 I. MEIER, IZPR, S. 72 f. unter 4.2. a) und b); zu weiteren kritischen Stimmen siehe ZEILER, JBL, 1996, 635, 640 r.Sp.

nicht anerkannt werden. Daran sei festzuhalten, denn der einstweilige Rechtsschutz sei kein anerkennungsfreundliches Rechtsgebiet, wie schon das autonome, deutsche Recht zeige, das gemäß § 723 Abs. 2 Satz 1 ZPO ausländische einstweilige Maßnahmen nicht vollstrecke, weil diese nicht endgültig seien.[316]

Eine andere restriktive Auffassung findet sich im vor der Van Uden-Entscheidung veröffentlichten Reformvorschlag der Kommission für das EuGVÜ.[317] Darin wurde Art. 31 EuGVVO/Art. 24 EuGVÜ gestrichen und durch einen Art. 18 a ersetzt. Nach Art. 18 a Abs. 1 können zwar noch alle in den nationalen Rechten vorgesehenen einstweiligen Maßnahmen parallel zu Hauptsachezuständigkeiten beantragt werden, aber nur wenn sie im Erlaßstaat vollstreckt werden können. Gemäß Absatz 2 der Vorschrift sollen nur noch dringende Maßnahmen zulässig sein. Art. 18 a des Kommissionsentwurfes zum EuGVÜ lautet:

> „(1) Die in dem Recht eines Vertragsstaats vorgesehenen einstweiligen Maßnahmen einschließlich solcher, die auf eine Sicherung gerichtet sind, können, wenn sie im Hoheitsgebiet dieses Staates vollstreckt werden müssen, unabhängig davon, wo sie ihre Wirkung entfalten, in diesem Staat auch dann beantragt werden, wenn für die Entscheidung in der Hauptsache das Gericht eines anderen Vertragsstaats aufgrund dieses Übereinkommens zuständig ist.
>
> (2) Im Sinne dieses Übereinkommens sind einstweilige Maßnahmen einschließlich solcher, die auf eine Sicherung gerichtet sind, dringende Maßnahmen, die es ermöglichen sollen, eine Untersuchung in einem Rechtsstreit durchzuführen, Beweismaterial oder Vermögen im Hinblick auf die Entscheidung oder die Zwangsvollstreckung zu sichern, eine tatsächlich oder rechtlich bestehende Lage aufrechtzuerhalten oder zu regeln, um Rechte zu wahren, deren Anerkennung bei dem mit der Hauptsache befaßten Gericht beantragt wird oder beantragt werden kann."

Nach der Van Uden-Entscheidung veröffentlichte die Arbeitsgruppe „Revision der Übereinkommen von Brüssel und Lugano" des Europäischen Rates ihren Reformentwurf für das EuGVÜ. Der darin enthaltene Art. 25 a schließt alle

---

316 Bezugnehmend auf die Zuständigkeitsanknüpfung der Möglichkeit einer Zwangsvollstreckung GERHARD, SZIER 1999, S. 135 2. und 3. Textabsatz; pauschal ablehnend WOLF, EWS 2000, 11, 18 unter IX Nr. 3

317 Vorschlag für einen Rechtsakt des Rates über die Ausarbeitung des Übereinkommens über die gerichtliche Zuständigkeit, die Anerkennung und die Vollstreckung gerichtlicher Entscheidungen in Zivil- und Handelssachen in den Mitgliedstaaten der Europäischen Union, Abl.EG Nr. C vom 31.1.1998 Nr. 33, S. 20-36

einstweiligen Maßnahmen aus Art. 31 EuGVVO/Art. 24 EuGVÜ von der Anerkennung und Vollstreckung aus. Art. 25 a EuGVÜ lautet:

> „Die Vorschriften [über Anerkennung und Vollstreckung] gelten nicht für Entscheidungen über die Anordnung einstweiliger oder auf eine Sicherung gerichteter Maßnahmen, die von einem Gericht erlassen werden, das für die Entscheidung in der Hauptsache nicht zuständig ist.“[318]

Beide Vorschläge haben sich bei der Formulierung der EuGVVO nicht durchgesetzt. In einem vorbereitenden Rechtsakt des Rates über den Erlaß der EuGVVO[319] heißt es zu Art. 31 EuGVVO/Art. 24 EuGVÜ: „Der einzige Artikel dieses Abschnitts ist unverändert geblieben. Wie die übrigen Verordnungsbestimmungen ist er vor dem Hintergrund der Entscheidungen des Gerichtshofs zu Auslegungsfragen im Zusammenhang mit dem Protokoll zum Brüsseler Übereinkommen zu sehen.“ In einer Fußnote wird dann auf die Van Uden und die Mietz-Entscheidung des EuGH Bezug genommen. Nach Auffassung des Rates wird also die Frage, ob einstweilige Maßnahmen anerkennungs- und vollstreckungsfähig sein sollen in diesen Entscheidungen beantwortet.

2. Bewertung

Ob Sicherungs- und Regelungsmaßnahmen, die die Hauptsache nicht vorwegnehmen, anerkennungs- und vollstreckungsfähige Entscheidungen sind, zeigt die Auslegung des Art. 32 EuGVVO/Art. 25 EuGVÜ und des Art. 31 EuGVVO/Art. 24 EuGVÜ.

Zunächst spricht der Wortlaut des Art. 32 EuGVVO/Art. 25 EuGVÜ für die Freizügigkeit aller einstweiliger Maßnahmen. Auch die Grundlage des EuGVÜ, Art. 293 EG, spricht davon, die Anerkennung und Vollstreckung von Entscheidungen zu „vereinfachen“, und nicht davon, sie verhindern.[320] Dieser Gedanke wird im Erwägungsgrund Nr. 6 zur EuGVVO aufgegriffen, der die Gewährleistung des freien Verkehrs der Entscheidungen in Zivil- und Handelssachen als Ziel der EuGVVO nennt. Aus Art. 293 EG und Art. 32 EuGVVO/Art. 25 EuGVÜ ergibt sich eine anerkennungsfreundliche Grundhaltung, die nur durch zwingende sachliche Gründe, aufgehoben werden kann.

---

[318] Vorschlag der Arbeitsgruppe „Revision der Übereinkommen von Brüssel und Lugano“ des Europäischen Rates, abgedruckt bei STADLER, Die Revision des Brüsseler und Lugano Übereinkommens, S. 66 ff.

[319] Vorschlag für eine Verordnung des Rates über die gerichtliche Zuständigkeit und die Anerkennung und Vollstreckung von Entscheidungen in Zivil- und Handelssachen, veröffentlicht unter www.EUR-Lex.com

[320] Dafür, daß Art. 293 EG Regelungsmaßnahmen ausnehmen wollte, gibt es keinerlei Anhaltspunkte.

Auch die Sachverständigenberichte zum EuGVÜ und zum LugÜbk von JENARD, SCHLOSSER und KERAMEUS sprechen sich eindeutig für die grundsätzliche Anerkennungsfähigkeit einstweiliger Maßnahmen aus.[321]

Die Entstehungsgeschichte bzw. die Vorläufer des Art. 31 EuGVVO/Art. 24 EuGVÜ in bilateralen Anerkennungs- und Vollstreckungsverträgen sprechen ebenfalls für eine extraterritoriale Wirkung von die Hauptsache nicht vorwegnehmenden Eilmaßnahmen. Diese Vorläufer sollten gerade die Anerkennung und Vollstreckung einstweiliger Maßnahmen im anderen Vertragsstaat sicherstellen. Daß die Formulierung des Art. 31 EuGVVO/Art. 24 EuGVÜ sich stark an den Wortlaut dieser Vorläufer anlehnt, deutet darauf hin, daß die in den bilateralen Übereinkünften erzielte Freizügigkeit einstweiliger Maßnahmen beibehalten werden soll. Beispielhaft sei Art. 18 Abs. 2 des deutsch-griechischen Anerkennungs- und Vollstreckungsabkommens genannt:

Art. 18 Abs. 2 des Abkommens lautet:

> „Jedoch können die zuständigen Gerichte einer jeden der beiden Vertragsparteien in Eilfällen die in ihrem innerstaatlichen Recht vorgesehenen einstweiligen Maßnahmen anordnen, einschließlich solcher, die auf eine Sicherung gerichtet sind, und zwar ohne Rücksicht darauf, welches Gericht mit der Hauptsache befaßt ist.“[322]

Der anerkennungsfeindlichen Lösung ist zuzugeben, daß sie sich der Vorgabe des EuGH, ex parte-Maßnahmen zur Gewährleistung des rechtlichen Gehörs wegen Art. 34 Nr. 2 EuGVVO/Art. 27 EuGVVO/Art. 21 EuGVÜ Nr. 2 EuGVÜ

---

321 JENARD-Bericht, S. 43 l.Sp. zu Art. 26 EuGVÜ, SCHLOSSER-Bericht, S. 126 Tz. 184; KERAMEUS-Bericht, Nr. 601, S. 213 ff, 249 Tz. 73.

322 Vertrag zwischen der Bundesrepublik Deutschland und dem Königreich Griechenland über die gegenseitige Anerkennung und Vollstreckung von gerichtlichen Entscheidungen, Vergleichen und öffentlichen Urkunden in Zivil- und Handelssachen v 4.11.1961, BGBl. II 1963, 110. Vgl. Art. 21 Abs. 2 des Vertrages zwischen der Bundesrepublik Deutschland und Spanien über die Anerkennung und Vollstreckung von gerichtlichen Entscheidungen und Vergleichen sowie vollstreckbaren öffentlichen Urkunden in Zivil- und Handelssachen v. 14.11.1983, BGBl. II 1987, 35. Vgl. auch Art. 15 Abs. 2 des Abkommens zwischen der Bundesrepublik Deutschland und dem Königreich Belgien über die gegenseitige Anerkennung und Vollstreckung von gerichtlichen Entscheidungen, Schiedssprüchen und öffentlichen Urkunden in Zivil- und Handelssachen v. 30.6.1958; weitere Hinweise auf ähnliche Vorläufernormen bei SPELLENBERG/LEIBLE in: GILLES, Transnationales Prozeßrecht, S. 293, 298 in N. 22, bei EILERS, S. 177 in N. 11 ff. und bei ALBRECHT, S. 99 in N. 443

nicht anzuerkennen[323], einzufügen scheint. Wer seinen Schuldner mit einer einstweiligen Maßnahme überraschen will, muß unter EuGVVO und EuGVÜ sowieso in dessen Wohnsitzstaat klagen. Aber nicht in jedem Fall ist der Überraschungseffekt unverzichtbares Element der prozessualen Taktik. Gerade die Hauptsache nicht vorwegnehmende Regelungsverfügungen (z.B. vorläufige Entziehung der Geschäftsführungsbefugnis und Vertretungsmacht eines GmbH-Geschäftsführers[324] oder eine vorläufige Benutzungsregelung für Anlegestellen bei grenzüberschreitendem Fährbetrieb) müssen zwar schnell Wirkung entfalten, stehen und fallen aber nicht mit dem Überraschungseffekt. Schon unter dem EuGVÜ wird ein Anerkennungs- und Vollstreckungsverfahren z.B. für einen Arrest nicht in jedem Fall mehr Zeit in Anspruch nehmen, als eine neuer Arrestantrag in einem anderem Mitglied- bzw. Vertragsstaat. Nach Inkrafttreten der EuGVVO mit ihrer beschleunigten Vollstreckung, die nur noch eine knappe Prüfung von Förmlichkeiten verlangt und die Prüfung der Anerkennungs- und Vollstreckungshindernisse der Artt. 34, 35 EuGVVO/Artt. 27, 28 EuGVÜ in das Rechtsbehelfsverfahren verschiebt, Art. 41 EuGVVO, gilt dies erst recht. Aus der Nichtanerkennungsfähigkeit von ex parte-Maßnahmen läßt sich also nichts gegen die Anerkennungsfähigkeit einstweiliger, die Hauptsache nicht vorwegnehmender Maßnahmen ableiten.

Auch das Argument, der einstweilige Rechtsschutz sei kein anerkennungsfreundliches Gebiet, wie schon das autonome, deutsche Recht zeige, das gemäß § 723 Abs. 2 Satz 1 ZPO einstweilige Maßnahmen nicht vollstrecke, greift nicht durch. Das autonome deutsche Vollstreckungsrecht ist kein Maßstab für die Auslegung der EuGVVO oder des EuGVÜ. Hier haben sich längst eigene Auslegungsmaximen entwickelt. Die nicht zu bestreitende Tatsache, daß das deutsche Recht die Anerkennung und Vollstreckung vorläufiger Maßnahmen ablehnt, kann aber vor dem Hintergrund des Wortlauts von Art. 32 EuGVVO/Art. 25 EuGVÜ und den Sachverständigenberichten hierzu nur wenig Eindruck machen. Der Wortlaut des Art. 32 EuGVVO/Art. 25 EuGVÜ und die parallelen Formulierungen von Art. 31 EuGVVO/Art. 24 EuGVÜ und z.B. Art. 18 des deutsch-griechischen Anerkennungs- und Vollstreckungsabkommens sprechen viel mehr für die Anerkennungsfähigkeit einstweiliger Maßnahmen.

Würde man unterstellen, daß keine einstweilige Maßnahme eine Entscheidung iSd Art. 32 EuGVVO/Art. 25 EuGVÜ sei und daß ein Schuldner sein Vermögen auf mehrere Staaten verteilt hätte, wären dessen Gläubiger gezwungen in jedem Staat, in dem sich vollstreckungstaugliches Vermögen befindet, ein selbständiges Arrestverfahren durchzuführen. Der Gläubiger würde zum juristischen Tou-

[323] EuGH, Rs. C-125/79 (Denilauler/Couchet Frères), Slg. 1980, 1553 ff.
[324] OLG DÜSSELDORF NJW 1989, 172 f.

risten und müßte sich zur Sicherung seines Anspruches den Rechtsschutz zusammenbasteln. Der dafür erforderliche zeitliche, personelle und finanzielle Aufwand kann enorm sein, was dem Parteiinteresse an einer raschen Entscheidung[325] nicht gerecht wird.

Bei einem solchen „Mosaik"-Verfahren können sich zudem Rechtsschutzlücken auftun, die es dem Schuldner erlauben sich dem Zugriff seiner Gläubiger zu entziehen.[326] Die Effektivität des einstweiligen Rechtsschutzes und damit des Rechtsschutzes insgesamt wäre nicht mehr gegeben. Das aber widerspricht dem Zweck und der Aufgabe von EuGVVO und EuGVÜ, die ja gemäß Art. 293 EG die Anerkennung und Vollstreckung richterlicher Entscheidungen vereinfachen und damit effektiver gestalten sollen.

Letztlich entscheidend für die Frage der Anerkennungs- und Vollstreckungsfähigkeit von Sicherungs- und Regelungsmaßnahmen ist der Zweck des Art. 31 EuGVVO/Art. 24 EuGVÜ. Wenn man allein darauf abstellt, daß diese Norm Verzögerungen im internationalen Rechtsverkehr vermeiden wolle[327], dann greift dies zu kurz, denn diesen Zweck verfolgen überhaupt alle einstweiligen Maßnahmen, auch solche die in einem Hauptsachegerichtsstand erlassen wurden.

Für die Zweckbestimmung des Art. 31 EuGVVO/Art. 24 EuGVÜ muß beachtet werden, daß seine Vorläufer in Abkommen zu finden sind, die nicht die Entscheidungszuständigkeit, sondern die Anerkennung und Vollstreckung ausländischer Entscheidungen regeln. Die Vorläufernormen des Art. 31 EuGVVO/Art. 24 EuGVÜ dienen der Unterstützung und Sicherung ausländischer Hauptsacheentscheidungen, die auf ein Vollstreckungsverfahren angewiesen sind, bevor sie im Inland wirken können. Art. 31 EuGVVO/Art. 24 EuGVÜ dient also wie seine Vorläufer der Sicherung und Unterstützung ausländischer Hauptsacheentscheidungen.[328] Nicht ohne Grund hat man ihn unmittelbar vor dem dritten Titel von EuGVVO und EuGVÜ plaziert. Er macht es möglich, daß einstweiliger Rechtsschutz nicht nur zur Unterstützung inländischer Titel gewährt wird und bezweckt somit die Gleichbehandlung in- und ausländischer Entscheidungen im Rahmen des einstweiligen Rechtsschutzes.[329] So formulierte das LG BREMEN,

---

[325] Zur Interessenwertung im internationalen Eilverfahren oben S. 72

[326] HEẞ, IPRax 2000, 370, 373 r.Sp.; EHRENZELLER, SZIER 1998, 177 ff., 182 spricht von „schwarzen Löchern" im einstweiligen Rechtsschutz.

[327] KROPHOLLER, Europäisches Zivilprozeßrecht, Art. 24 Rdnr. 9

[328] ALBRECHT, S. 99 unter V.1.

[329] LORD DENNING M.R. wies in einer Entscheidung des Court of Appeal ausdrücklich auf den Zusammenhang zwischen Art. 293 EG (Art. 220 EGV) und der Notwendigkeit glei-

daß das EuGVÜ „von der Gleichwertigkeit der gerichtlichen Entscheidungen der Vertragsstaaten ausgeht und [..] dementsprechend im Rahmen seines Anwendungsbereichs deren Anerkennung und Vollstreckung [...] vor[sieht]. Die Sicherung und Vollstreckung dieser Titel im Bereich aller Vertragsstaaten soll dadurch gefördert werden, daß die dafür erforderlichen einstweiligen Maßnahmen [...] bei den Gerichten eines Vertragsstaates [...] auch dann erwirkt werden können, wenn für die Hauptsache das Gericht eines anderen Vertragsstaates zuständig ist (Art. 24)."[330]

Daß die Gleichbehandlung in- und ausländischer Titel zentraler Punkt des europäischen internationalen Zivilprozeßrechts ist, sagt die Europäische Kommission deutlich; es muß sichergestellt werden, daß „alle am Rechtsleben Beteiligten [...] gleichwertigen Schutz genießen".[331]

Schon im Jahre 1978 legte der EuGH das EuGVÜ unter der Maßgabe aus, „die Gleichheit der Rechte und Pflichten der Parteien im Hinblick auf die Möglichkeit der Abweichung von der allgemeinen Zuständigkeitsvorschrift des Art. 2 zu gewährleisten".[332] Auf den einstweiligen Rechtsschutz gemäß Art. 31 EuGVVO/Art. 24 EuGVÜ übertragen, bedeutet dies, daß eine unterschiedliche Vollstreckungssicherung für in- und ausländische Hauptsacheentscheidungen dem Zweck von EuGVVO und EuGVÜ zuwiderliefe; die Ungleichbehandlung ausländischer und inländischer Entscheidungen ist gleichbedeutend mit der Ungleichbehandlung ausländischer und inländischer Kläger bzw. Antragsteller.[333]
Zu kurz greifen deshalb die Ansichten, die den Zweck des Art. 31 EuGVVO/Art. 24 EuGVÜ lediglich darin sehen, daß er die nationalen Zuständigkeitsrechte völlig unberührt und dem Gläubiger alle Freiheit lasse, sein Rechtsschutzziel mit allen nur greifbaren Mitteln durchzusetzen.[334] Gerade in der EuGVVO und dem EuGVÜ, die die Grundsätze des favor defensoris und infirmioris hochhalten, geht es nicht nur darum, die Freiheiten des Gläubiger zu sichern, sondern die (Chancen-)Gleichheit bei der Rechtsanwendung zu gewährleisten.[335]

---

chen Rechtsschutzes für die Bürger des Binnenmarktes hin, LORD DENNING M.R. in The Siskina All ER [1977] Bd. 3, S. 803 ff., 813, Buchstabe „e"

330 LG BREMEN, IP-Rechtsprechung 1987 Nr. 178, S. 446

331 Mitteilung der Kommission „Wege zu einer effizienteren Erwirkung und Vollstreckung von gerichtlichen Entscheidungen in der EU" vom 31.1.1998, Abl.EG Nr. C 33, S. 3 ff., 11 unter Tz. 26

332 EuGH, Rs. 33/78, (Somafer S.A./Saar-Ferngas AG) Slg. 1978, 2183, 2192 Rdnr. 8

333 ALBRECHT, S. 101

334 vgl. statt vieler GERHARD, SZIER 1999, 140 f. unter IV.

335 Zum Spannungsverhältnis zwischen Gleichheit und Freiheit allgemein siehe, DÜRIG, in MAUNZ-DÜRIG, GG-Komm., Art. 3 Rdnr. 120 ff.

III. Ergebnis

Die Gesamtschau der Argumente ergibt, daß Sicherungs- und Regelungsmaßnahmen aus Art. 31 EuGVVO/Art. 24 EuGVÜ, welche die Hauptsache nicht vorwegnehmen, anerkennungs- und vollstreckungsfähige Entscheidungen iSd Art. 32 EuGVVO/Art. 25 EuGVÜ sind.

C. Zum Maßnahmebegriff, zur Entscheidungszuständigkeit und zur Anerkennung und Vollstreckung für hauptsacheersetzende, einstweilige Maßnahmen aus Art. 31 EuGVVO/Art. 24 EuGVÜ

I. Zum Maßnahmebegriff

Es stellt sich die Frage, ob auch solche „einstweiligen" Maßnahmen, welche die Hauptsache vorwegnehmen, noch unter den Begriff der „einstweiligen Maßnahmen, einschließlich solcher, die auf eine Sicherung gerichtet sind" des Art. 31 EuGVVO/Art. 24 EuGVÜ subsumiert werden können.

1. Vorwegnahme der Hauptsache

Es gibt zwei Möglichkeiten, wie man eine „Vorwegnahme der Hauptsache" definieren kann. Zum einen nimmt eine einstweilige Rechtsschutzmaßnahme die Hauptsache inhaltlich dann vorweg, wenn ihre Tenorierung mit dem im Hauptverfahren erstrebten Ausspruch identisch ist. Dann wird im Eilverfahren über den gleichen materiell-rechtlichen Anspruch einstweilig[336] entschieden, der Gegenstand des Hauptverfahrens ist. Man kann hier von Vorwegnahme der Hauptsache im rechtlichen Sinne sprechen. Zum anderen und wesentlich problematischer ist die Vorwegnahme im faktischen Sinn. Damit sind die Fälle gemeint, in denen die rechtstechnisch vorläufige Maßnahme nicht mehr tatsächlich korrigierbar ist, z.B. wenn der Antragsteller nach Vollstreckung einer sich später als rechtswidrig herausstellenden Leistungsverfügung insolvent wird, oder eine Korrektur der Entscheidung von keiner der Parteien beantragt wird, wie bei kort geding-Verfahren regelmäßig der Fall. Die Rückerstattung des vom Antragsgegner freiwillig oder erzwungenermaßen Geleisteten ist bei nachträglicher Insolvenz des bereicherten Antragstellers nicht mehr möglich. Eventuelle Schadensersatzansprüche können gegen einen insolventen Antragsteller auch nicht wirkungsvoll durchgesetzt werden.

---

[336] WALKER, Rdnr. 143

Eindeutig ist eine Vorwegnahme im faktischen Sinne bei Unterlassungsverfügungen, denn die untersagte Handlung ist für die Vergangenheit nicht mehr nachholbar und die Unterlassungsverfügung insofern endgültig. Ein Unterlassungsanspruch läßt sich seiner Natur nach nicht sichern, sondern nur erfüllen oder verletzen.[337]

Die Entwicklung der Unterlassungsverfügung verlief rasant. Vor allem in Wettbewerbsrecht hat sie sich zum „Rechtsschutz ohne vollwertigen Prozeß" entwickelt.[338]

2. Sind Leistungs- und Unterlassungsverfügungen einstweilige Maßnahmen iSd Art. 31 EuGVVO/Art. 24 EuGVÜ? Literaturmeinungen

Fraglich ist, ob Leistungs-[339] und Unterlassungsverfügungen (z.B. aus einem kort geding-Verfahren) überhaupt zu den einstweiligen Maßnahmen im Rahmen des Art. 31 EuGVVO/Art. 24 EuGVÜ zu zählen sind. Dies wird seit längerem diskutiert.[340]

Bestritten wird die Zugehörigkeit von Leistungs- und Unterlassungsverfügungen zum Maßnahmenbegriff des Art. 31 EuGVVO/Art. 24 EuGVÜ mit dem Argument, für die autonome Begriffsbildung im Rahmen von EuGVVO und EuGVÜ könne man nicht auf nationale Begrifflichkeiten und Qualifikationen zurückgreifen. Wenn Mitglied- bzw. Vertragsstaaten in ihren Verfahrensrechten hauptsachevorwegnehmende Maßnahmen zuließen, könne das für das europäische Zuständigkeitsrecht nicht bindend sein. Hauptsachevorwegnehmende Entscheidun-

---

[337] WALKER, Rdnr. 142; ALBRECHT, S. 103 unter c). Auch eine Unterscheidung in „aufschiebbare" Handlungen, gemeint sind solche, die insbesondere ohne finanzielle Beeinträchtigungen des Antragsgegners von ihm nachgeholt werden können (z.B. Ausübung eines Vorkaufsrechtes für ein preisgebundes Objekt), und „unaufschiebbare" Handlungen (z.B. Verteilung eines Werbeprospektes für den Sommerschlußverkauf 2001; siehe die Dringlichkeitsvermutung im Wettbewerbsrecht, § 25 UWG) ändert an der faktischen Vorwegnahme der Hauptsache durch die Unterlassungsverfügung nichts, denn für die Dauer des Unterlassungsgebotes ist der Antragsgegner vielleicht nicht finanziell, aber rechtlich in der Ausübung seiner subjektiven Rechte eingeschränkt.

[338] SCHUSCHKE-WALKER, Vorbem. zu § 935, Rdnr. 18 mwN, WALKER, Rdnr. 142. Im Presserecht verdrängte die einstweilige Verfügung den normalen Prozeß völlig, s. § 11 Abs. 4 Sätze 3 und 5 des Gesetzes über die Presse – Landespressegesetz vom 14.1.1964 des Landes Baden-Württemberg, GBl. 1964, S. 11 ff., zuletzt geändert durch Gesetz vom 24.11.1997, GBl. 1997, S. 483

[339] Gebraucht werden auch die Termini „Befriedigungsverfügung" und „Agriffsverfügung", hierzu detailliert WALKER, Rdnr. 84

[340] KOHLER, Revision des Brüsseler und Luganer Übereinkommens, S. 29 unter VI. mit dem Verweis auf die ähnlich umstrittene Vorläuferregelung des kort geding, nämlich der französischen référé-provision.

gen seien mit der Ratio und dem Wortlaut des Art. 31 EuGVVO/Art. 24 EuGVÜ („einstweilige Maßnahmen") nicht zu vereinbaren.[341]

Auch die zugrundeliegenden Interessen seien gänzlich verschieden. Das Interesse des Gläubigers an komfortablem, einstweiligem Rechtsschutz über Art. 31 EuGVVO/Art. 24 EuGVÜ sei zu vernachlässigen gegenüber dem Interesse des Schuldners, nicht in anderen, als in Hauptsachegerichtsständen, gerichtlich belangt zu werden.[342] Der Ausschluß anspruchsbefriedigender Eilmaßnahmen sei außerdem angezeigt, um Ungleichbehandlungen von Einwohnern verschiedener Mitglied- bzw. Vertragsstaaten auszuschließen, da z.B. Inkassoverfügungen nicht in allen Mitglied- und Vertragsstaaten gleich gehandhabt würden.[343]

Andere sehen schlichterdings „keinen Bedarf" nach Leistungsverfügungen auf der Grundlage von Art. 31 EuGVVO/Art. 24 EuGVÜ. Die Hauptsachezuständigkeiten seien insofern ausreichend.[344] Pauschal schließt I. MEIER einstweilig befriedigende Anordnungen aus Art. 31 EuGVVO/Art. 24 EuGVÜ aus. Dies sei die einzige Möglichkeit, um die vielfältigen Probleme des internationalen, einstweiligen Rechtsschutzes zu lösen.[345]

Schließlich spreche gegen eine Zulassung hauptsacheersetzender Verfügungen außerhalb der Hauptsachegerichtsstände, daß Art. 31 EuGVVO/Art. 24 EuGVÜ vom Zuständigkeitssystem von EuGVVO und EuGVÜ abweiche. Er solle deshalb in seinen faktischen Wirkungen entsprechend beschränkt werden, um eine Umgehung des Zuständigkeitssystems auszuschließen.[346]

Gegen einen Ausschluß von Leistungs- und Unterlassungsverfügungen aus dem Maßnahmebegriff des Art. 31 EuGVVO/Art. 24 EuGVÜ wird eingewandt, daß Rechtsschutzlücken entstehen können. Diese Gefahr bestände immer dann, wenn zwar das autonome Recht eine Zuständigkeit vorsehe, aber nicht EuGVVO und EuGVÜ. So sind die Voraussetzungen für eine Leistungs- oder Unterlassungsverfügung nach §§ 23, 937 Abs. 1, 943 Abs. 1 ZPO ungleich weniger streng, als die des § 942 Abs. 1 ZPO, denn letzterer setzt eine besondere Dringlichkeit voraus.[347] Diese Rechtsschutzlücken können aber nicht nur bei exorbitanten, wegen Art. 3 Abs. 2 EuGVVO/EuGVÜ für die Hauptsache ausgeschlos-

---

341 HEISS, S. 45
342 HEISS, S. 46
343 HEISS, S. 99 f. mit Verweis auf die strengen Anforderungen des englischen Rechts, S. 98, 68 ff.
344 ZEILER, JBL 1996, 635, 639 l.Sp. oben unter 4.
345 I. MEIER, S. 72 f. unter 4.2.a)
346 ALBRECHT, S. 103 unter c); GRONSTEDT, S. 295 f.
347 KOCH, S. 197 f. unter 2.); SCHACK, IZVR, Rdnr. 424 auf S. 167

senen, nationalen Zuständigkeiten bestehen. So ist für das EuGVÜ in Wettbewerbssachen strittig, ob zur Abwehr der sog. Erstbegehungsgefahr in Art. 5 Nr. 3 EuGVÜ geklagt werden konnte, während das die h.M. für § 32 ZPO klar bejaht.[348]

Ein Ausschluß von Leistungs- und Unterlassungsverfügungen aus Art. 31 EuGVVO/Art. 24 EuGVÜ sei darüberhinaus mit dem Prinzip der Zuständigkeitsklarheit unvereinbar. Man könne nicht danach differenzieren, ob sich die konkrete einstweilige Maßnahme letztlich als endgültige oder nur als vorläufige erweise. Man dürfe nicht Maßnahmen aus Art. 31 EuGVVO/Art. 24 EuGVÜ ausschließen, die lediglich endgültig sein könnten. Die Gefahr einer Umgehung des Zuständigkeitssystems von EuGVVO und EuGVÜ durch hauptsacheersetzende Eilmaßnahmen aus Art. 31 EuGVVO/Art. 24 EuGVÜ sollte besser mit einer besonders strengen Prüfung der Erlaßvoraussetzungen begegnet werden.[349]

Der Wortlaut des Art. 31 EuGVVO/Art. 24 EuGVÜ wird nicht nur von den Gegnern einer Einbeziehung von Leistungs- und Unterlassungsverfügungen unter Art. 31 EuGVVO/Art. 24 EuGVÜ angeführt, sondern auch von den Befürwortern: Eindeutig sei in Art. 31 EuGVVO/Art. 24 EuGVÜ nicht nur von sichernden Maßnahmen die Rede. Deshalb seien Leistungsverfügungen auch auf Grundlage dieser Norm möglich. Alle nichtsichernden einstweiligen Maßnahmen seien notwendigerweise Leistungsverfügungen. Da der ausländische Antragsgegner aber unter Umständen das Geleistete nicht mehr zurückbekommen könne, sei „Zurückhaltung geboten". Inwiefern sich diese Zurückhaltung auswirken soll, wird nicht näher aufgezeigt.[350]

Im SCHLOSSER-Bericht wird ohne Begründung festgestellt, daß „ohne jeden Zweifel" der Maßnahmebegriff des Art. 31 EuGVVO/Art. 24 EuGVÜ auch Verfügungen umfasse, die faktisch endgültig wirken.[351]

Ausführlicher begründet ALBRECHT die Einbeziehung hauptsacheersetzender Verfügungen in Art. 31 EuGVVO/Art. 24 EuGVÜ. Das Argument, wenn der

---

348 GRONSTEDT, S. 296 unter 2.a) mwN. Die Zuständigkeit für Art. 5 Nr. 3 EuGVÜ verneinend OLG BREMEN, RIW 1992, 231, 232 (und ff.) r.Sp. ab b). Dieser Streit ist in der EuGVVO entschieden, denn Art. 5 Nr. 3 wurde der Passus „wenn eine unerlaubte Handlung [...] eingetreten ist oder einzutreten droht" angefügt. Da das EuGVÜ im Verhältnis zu Dänemark noch anzuwenden ist, bleibt das Problem aber aktuell.

349 WOLF, in BÜLOW/BÖCKSTIEGEL, Internationaler Rechtsverkehr, Nr. 606, Erläuterungen zum EuGVÜ und zum LugÜbk, Art. 24 Rdnr.4; ähnlich schon ALBRECHT, S. 105

350 KROPHOLLER, Europäisches Zivilprozeßrecht, Art. 24 Rdnr. 5, S. 310; ähnlich BERTRAMS, WPNR 1981,S. 1 ff, 4, zitiert nach ALBRECHT, N. 461

351 SCHLOSSER-Bericht, Tz. 134 2. Textabsatz

Antragsgegner in der Hauptsache obsiege, trage er bei Leistungsverfügungen das Rückerstattungs- und Konkursrisiko und die Last, entsprechende Schadensersatzansprüche geltend zu machen, überzeuge nicht. Die Belastung des Antragsgegner mit einem Rückerstattungs- oder einem Schadensersatzprozeß könne unter EuGVVO und EuGVÜ nicht schwer wiegen, da die Prozeßführung und Vollstreckung im Ausland wesentlich erleichtert sei. Ebensowenig könne das Insolvenzrisiko angeführt werden, denn dies sei typisch für die Situation der Leistungsverfügung und hänge in keiner Weise mit dem Gerichtsstand des Art. 31 EuGVVO/Art. 24 EuGVÜ zusammen. Letztlich stehe auch der Wortlaut des Art. 31 EuGVVO/Art. 24 EuGVÜ einer Leistungsverfügung nicht entgegen, denn der Begriff „einstweilig" drücke lediglich einen Zeitvorbehalt aus, als Gegensatz zu einer endgültigen Entscheidung. Das Argument, daß mit Leistungsverfügungen aus Art. 31 EuGVVO/Art. 24 EuGVÜ das Zuständigkeitssystem von EuGVVO und EuGVÜ umgangen werden kann, widerlegt ALBRECHT aber nicht.[352]

3. Position des EuGH

Genau an diesem Punkt setzt die Van Uden-Entscheidung des EuGH mit ihrer Lösung der Frage an. Sie betraf eine Leistungsverfügung, die im Rahmen eines kort geding-Vefahrens geltend gemacht wurde. Eine solche könne nicht „von vornherein abstrakt und generell [als einstweilige Maßnahme iSd Art. 31 EuGVVO/Art. 24 EuGVÜ] ausgeschlossen werden"[353]. Da die Anordnung einer vorläufigen Leistung jedoch ihrem Wesen nach die Entscheidung in der Hauptsache vorwegnehme und damit die Zuständigkeitsvorschriften von EuGVVO und EuGVÜ umgangen werden könnten, stelle eine solche Verfügung der „vorläufigen Erbringung einer vertraglichen Hauptleistung nur dann eine einstweilige Maßnahme iSd [Art. 31 EuGVVO] Art. 24 EuGVÜ dar, wenn die Rückzahlung des zugesprochenen Betrages an den Antragsgegner in dem Fall, daß der Antragsteller nicht in der Hauptsache obsiegt, gewährleistet ist".[354]

Mit der Voraussetzung einer das Rückzahlungsrisiko voll abdeckenden Sicherheitsleistung will der EuGH sicherstellen, daß keine Leistungsverfügung die Hauptsache vorwegnehmen kann. Damit orientiert er sich strikt am Wortlaut des Art. 31 EuGVVO/Art. 24 EuGVÜ, der von „einstweiligen" Maßnahmen spricht, wobei mit der Sicherheitsleistung nicht nur eine rechtliche, sondern auch jede faktische Vorwegnahme der Hauptsache verhindert wird.

---

352 ALBRECHT, S. 104 f.

353 EuGH, Rs. C-391/95, (Van Uden/Deco-Line), Slg. 1998, I-7091, Tz. 45

354 EuGH, Rs. C-391/95, (Van Uden/Deco-Line), Slg. 1998, I-7091, Tz. 46 f. und EuGH, Rs. C-99/96, (Mietz/Intership Yachting Sneek BV), Slg. 1999, I-2277 ff., Tz. 42 („Gegenleistung")

4. Bewertung

a) Bewertung für Leistungsverfügungen

Die Antwort auf die Frage, ob hauptsacheersetzende Eilmaßnahmen unter Art. 31 EuGVVO/Art. 24 EuGVÜ fallen oder nicht, muß sich zuallererst am Wortlaut der Norm orientieren. Dem EuGH ist zu folgen, wenn er den Schwerpunkt auf die Einstweiligkeit der auf der Grundlage von Art. 31 EuGVVO/Art. 24 EuGVÜ erlassenen Maßnahmen legt, denn andere Ansatzpunkte, wie sie in den unterschiedlichen nationalen Lösungen dieser Frage verwendet werden (z.B. besondere Dringlichkeit der Sache[355] oder einen nicht ernsthaft bestrittenen Anspruch[356]), bietet die Vorschrift nicht. Weil über eine faktische Vorwegnahme der Hauptsache die Umgehung des Systems der Hauptsachezuständigkeiten droht und damit der zuständigkeitsrechtliche Gerechtigkeitsgewinn[357] dieses Systems ausgehebelt werden kann, ist der Begriff der „Einstweiligkeit" streng zu fassen. Das heißt, nicht nur die rechtliche, sondern auch die faktische Vorwegnahme der Hauptsache durch Leistungs- und Unterlassungsverfügungen ist mit dem Wortlaut des Art. 31 EuGVVO/Art. 24 EuGVÜ nicht zu vereinbaren.

Das verdeutlicht ein Blick auf den sprachlichen Unterschied zwischen der niederländischen Originalfassung und der deutschen Übersetzung des Van Uden-Urteils. In der deutschen Übersetzung wird die Antwort auf die Frage, ob eine Leistungsverfügung noch eine einstweilige Maßnahme iSd Art. 31 EuGVVO/Art. 24 EuGVÜ sein kann, grundsätzlich bejaht („Eine Leistungsverfügung stellt [...] eine einstweilige Maßnahme dar, wenn [eine Sicherheitsleistung die Rückzahlung des zugesprochenen Betrages gewährleistet]".) Anders aber der Wortlaut der niederländischen Originalfassung. Dort werden Leistungsverfügungen aus dem Maßnahmebegriff des Art. 31 EuGVVO/Art. 24 EuGVÜ grundsätzlich ausgeschieden und nur ausnahmsweise zugelassen („Eine Leistungsverfügung ist keine einstweilige Maßnahme iSd Art. 31 EuGVVO/Art. 24 EuGVÜ, es sei denn..."). Das Grundsatz-Ausnahme-Verhältnis wurde in der deutschen Übersetzung unzulässigerweise umgekehrt.[358]

---

355 z.B. §§ 919 1. Alt., 937 Abs. 1 ZPO, 2. Alt, 942 Abs. 1 ZPO, hierzu PUTTFARKEN, RIW/AWD 1977, 360 ff.; und Art. 12 der Verordnung (EG) Nr. 1347/2000 des Rates vom 29.5.2000 über die Zuständigkeit und die Anerkennung und Vollstreckung von Entscheidungen in Ehesachen und in Verfahren betreffend die elterliche Verantwortung für die gemeinsamen Kinder der Ehegatten, Abl.EG 2000 Nr. L 160, S. 19.

356 z.B. Art. 809 Abs. 2 NCPC „l'obligation n'est pas sérieusement contestable"

357 PFEIFFER, S. 368, 373, 656 unter II., 669 unter 3.; HEISS, S. 48 mwN in N. 85

358 Die englische, französische und italienische Übersetzung der niederländischen Originalfassung behalten das richtige Grundsatz-Ausnahme-Verhältnis bei.

Da der SCHLOSSER-Bericht ohne jede Begründung die Subsumtion hauptsacheersetzender Eilmaßnahmen unter Art. 31 EuGVVO/ Art. 24 EuGVÜ behauptet[359], lassen sich daraus keine Argumente ziehen. Die andere Berichte zum EuGVÜ äußern sich zum hier besprochenen Problem nicht.

Auch die systematische Stellung des Art. 31 EuGVVO/Art. 24 EuGVÜ innerhalb von EuGVVO und EuGVÜ ergibt nichts zur Frage, wie der Begriff der einstweiligen Maßnahmen in Art. 31 EuGVVO/Art. 24 EuGVÜ zu bestimmen ist.

Für die hier gebotene autonome[360] Begriffsbestimmung kommt es also besonders auf die rechtsvergleichende Auslegung an.[361] Ein Blick in die Prozeßrechte der Mitglied- bzw. Vertragsstaaten ergibt, daß grundsätzlich alle Maßnahmen zur vorläufigen Befriedigung kennen – ob als vorläufige Zahlung in einem besonderen (Eil-) Verfahren oder als Abschlagszahlung während des Hauptverfahrens ist insofern unbedeutend.[362] Diese Tatsache spricht dafür, hauptsacheersetzende Eilmaßnahmen nicht von vorneherein aus Art. 31 EuGVVO/Art. 24 EuGVÜ herauszunehmen.

Auch Sinn und Zweck des Art. 31 EuGVVO/Art. 24 EuGVÜ sprechen nicht gegen die Zulässigkeit von potentiell hauptsacheersetzenden Eilmaßnahmen, solange mit einer Sicherheitsleistung deren strenge einstweilige Wirkung gewährleistet wird. Die Vorschrift soll es ermöglichen, die Vollstreckung auch ausländischer Entscheidungen mit inländischen einstweiligen Maßnahmen zu sichern.[363] Der einstweilige Rechtsschutz hat dienende Funktion gegenüber dem Hauptsacheurteil. Er darf also weder über die Wirkungen eines Hauptsacheverfahrens hinausgehen noch absolut mit ihnen identisch sein, denn „die Verfolgung desselben Zieles durch ein Eilverfahren und ein Hauptsacheverfahren wäre sinnlos“[364]. Eine Umgehung der Hauptsachezuständigkeiten von EuGVVO und EuGVÜ mittels einstweiliger Maßnahmen aus Art. 31 EuGVVO/Art. 24 EuGVÜ ist also mit dem Zweck der Norm nicht in Einklang zu bringen. Gerade die Praxis des kort geding gibt insofern Anlaß zur Sorge und Gelegenheit, die abstrakte Gefahr einer Umgehung des Zuständigkeitssystems von EuGVVO und EuGVÜ einmal konkret zu beschreiben.

---

359 SCHLOSSER-Bericht, Tz. 134 2. Textabsatz

360 Siehe statt vieler STADLER, JZ 1999, 1089, 1095 zu N. 73. mwN; allgemein KROPHOLLER, Europäisches Zivilprozeßrecht, Einl. Rdnr. 45; s.o. S. 42

361 KROPHOLLER, Europäisches Zivilprozeßrecht, Einl. Rdnrn. 39-43

362 STÜRNER, FS K. GEIß, S. 199 ff., 207 unter III. mwN in N. 41; ausführlicher EILERS, S. 5-173

363 s.o. S. 91 unter 3.

364 WALKER, Rdnr. 65

Nach niederländischem Recht ist es möglich, eine Gesellschaft mit Sitz in den Niederlanden allein zu dem Zweck zu gründen, dort eine internationale Zuständigkeit zu schaffen.[365] Dann kann jeder Gläubiger im kort geding-Verfahren recht problemlos und schnell einen Zahlungstitel gegen seinen Schuldner erwirken. Die Niederlande waren damit ein für Unternehmer hoch attraktiver Niederlassungsort.[366] Sie erreichten so z.B. gegen Verbraucher einen Gerichtsstand, der die Verbraucherschutzvorschriften von EuGVVO und EuGVÜ regelmäßig umging. Diese Praxis wollte der EuGH nicht länger tolerieren. Der Hinweis auf den zumindest „rechtlich einstweiligen Charakter“ von Leistungsverfügungen[367] greift im europäischen Zusammenhang nicht durch. Die „gesicherte, strenge Einstweiligkeit“ zielt darauf, den rechtlich einstweiligen Charakter von Leistungsverfügungen grundsätzlich auch faktisch zu garantieren.
Der Ansatz des EuGH, Zahlungsverfügungen nicht abstrakt und generell auszuschließen und begrifflich mit einer Sicherheitsleistung zu koppeln, verdient deshalb Zustimmung. So wird beiden Parteiinteressen Rechnung getragen. Der Antragsteller kann auf schnellem Wege Zahlung verlangen; der Antragsgegner trägt das Rückzahlungsrisiko nicht mehr. Bei einer Inkassoverfügung mit Sicherheitsleistung ist deren Einstweiligkeit gewährleistet, so daß die Hauptsachezuständigkeiten nicht mehr umgangen werden können.

b) Bewertung für Unterlassungsverfügungen

Die Gewährleistung strikter Einstweiligkeit bei Leistungsverfügungen wirft nun die Frage auf, ob Unterlassungsverfügungen ebenfalls „einstweilige“ Maßnahmen iSd Art. 31 EuGVVO/Art. 24 EuGVÜ sein können. Die obigen Ausführungen zur strikten Einstweiligkeit als begrifflicher Voraussetzung einer einstweiligen Maßnahme sprechen gegen die Zulässigkeit von Unterlassungsverfügungen im Rahmen des Art. 31 EuGVVO/Art. 24 EuGVÜ. Zu Unterlassungsverfügungen nahm der EuGH nicht Stellung.

Es ist unzureichend, den Antragsgegner einer Unterlassungsverfügung auf Schadensersatzansprüche zu verweisen, falls sich die Verfügung im nachhinein als rechtswidrig herausstellt, denn die Realisierung dieser Ansprüche ist ungewiß. Darüberhinaus sind die Bemessung und der Beweis eines entsprechenden Schadens in den meisten Fällen nur schwer möglich.[368] Auch wird die rechtswidrige Beeinträchtigung der Handlungsfreiheit des Antragsgegners für die Vergangenheit durch Geld nicht immer angemessen kompensiert. Zusätzlich

---

[365] EILERS, S. 121 mit Nachweis in N. 20
[366] LANGE, NJB 1999, 157, 161 r.Sp. unter 4.
[367] WALKER, Rdnr. 143.
[368] LEIPOLD, S. 90; HEISS, S. 45; SCHUSCHKE-WALKER, Vorbem. zu § 935 Rdnr. 18, S. 270 sprechen insofern von einem „stumpfen Schwert“.

problematisch ist, daß ein eventueller Schaden in der Regel nicht schon im Rahmen der Zuständigkeitsprüfung bei der Festlegung der Sicherheitsleistung schätzbar ist, vgl. § 287 Abs. 1 Satz 1 ZPO. Für eine solche Schätzung fehlen in den meisten Fällen objektive Grundlagen, um den Schaden einer erzwungenen Unterlassung konkret kommerzialisieren zu können. Folglich ist es irreal, durch eine an einer Schadensschätzung orientierte Sicherheitsleistung die unter Umständen hauptsacheersetzende Wirkung einer solchen Verfügung dem Antragsgegner abnehmen zu wollen.

Zusätzlich besteht die Gefahr eines Wertungswiderspruches zwischen der Position von Antragsteller und Antragsgegner: Einer einstweiligen Unterlassungsverfügung steht nicht generell entgegen, daß dem Unterlassungsgläubiger Schadensersatzansprüche zustünden, wenn der Antragsgegner sein beanstandetes Verhalten fortsetzen würde. Der Antragsteller muß sich also nicht mit Schadensersatz abfinden. Dann kann man aber auch den Antragsgegner nicht pauschal auf die Möglichkeit eines Schadensersatzanspruchs verweisen, wenn sich die Unterlassungsverfügung letztlich als rechtswidrig erweisen sollte.[369]

Ebenso ist eine „besonders strenge Prüfung der Erlaßvoraussetzungen“[370] oder eine besondere Abwägung zwischen den Folgen der faktischen Vorwegnahme der Hauptsache für den Antragsgegner mit dem Unterlassungsinteresse des Antragstellers[371] bei der Entscheidung über den Verfügungsantrag unbefriedigend. Zum einen bestehen keine klaren Abwägungskriterien, zum anderen handelt es sich bei einstweiligem Rechtsschutz in aller Regel um dringende Fälle, die selten Zeit für eine „besonders strenge Prüfung der Erlaßvoraussetzungen“ bzw. eine gründliche Abwägung lassen.

Auch das Argument, daß der EuGH Unterlassungsverfügungen wohl nicht aus Art. 31 EuGVVO/Art. 24 EuGVÜ ausnehmen wollte, weil diese Frage in der Van Uden-Entscheidung nicht zur Debatte stand[372], überzeugt nicht. Zur Diskussion stand der Begriff der einstweiligen Maßnahme aus Art. 31 EuGVVO/Art. 24 EuGVÜ und damit im Hintergrund auch die Frage, ob darunter Unterlassungsverfügungen gefaßt werden können. Da der EuGH zu Recht einen Schwerpunkt auf die vom Wortlaut geforderte Einstweiligkeit der Maßnahmen legt, spricht das gegen die Zulässigkeit von Unterlassungsverfügungen in Art. 31 EuGVVO/Art. 24 EuGVÜ.

---

369 LEIPOLD, S. 90

370 WOLF, in BÜLOW-BÖCKSTIEGEL, Internationaler Rechtsverkehr, Nr. 606, Erläuterungen zum EuGVÜ und zum LugÜbk, Art. 24 EuGVÜ Rdnr. 4, S. 441

371 KROPHOLLER, Europäisches Zivilprozeßrecht, Art. 24 Rdnr. 5, S. 310

372 STADLER, JZ 1999, 1089, 1094 r.Sp.o. unter b.

Für Unterlassungsverfügungen im Rahmen des Art. 31 EuGVVO/Art. 24 EuGVÜ wird angeführt, daß ohne sie Rechtsschutzlücken im Binnenmarktprozeß aufgerissen werden könnten. Als Beispiel wird die mißbräuchliche Inanspruchnahme einer Bankgarantie genannt. Bestelle der inländische Schuldner zugunsten des ausländischen Gläubigers eine Garantie durch eine inländische Bank und fürchte er die mißbräuchliche Inanspruchnahme dieser Garantie, so müsse es ihm möglich sein, mit einer einstweiligen Verfügung dem ausländischen Gläubiger zu verbieten, die Garantie in Anspruch zu nehmen. Eine Unterlassungsverfügung gegen den ausländischen Antragsgegner müsse im Gerichtsstand des Art. 31 EuGVVO/Art. 24 EuGVÜ iVm § 23 ZPO zulässig sein.[373] Dieses Beispiel kann jedoch nicht überzeugend illustrieren, daß gerade durch eine Einschränkung des Art. 31 EuGVVO/Art. 24 EuGVÜ „empfindliche Rechtsschutzlücken" entstehen.[374] Die Schwierigkeiten bei der einstweiligen Durchsetzung des Mißbrauchseinwandes gegen die Inanspruchnahme von Bankgarantien liegen nämlich nicht im zuständigkeitsrechtlichen sondern im materiell- und beweisrechtlichen Bereich. Es sind die engen Voraussetzungen, unter denen ein Mißbrauch einer Bankgarantie überhaupt nur vorliegt, und die Beschränkung der §§ 920 Abs. 2 und 294 Abs. 2 ZPO auf präsente Beweismittel, die die Chancen einschränken, sich im Wege des einstweiligen Rechtsschutzes gegen die Inanspruchnahme einer Garantie zu wehren.[375]

Dem Auftraggeber einer Garantie bleibt im übrigen der unbeschränkte Unterlassungsrechtsschutz in den Hauptsachegerichtsständen der Artt. 2 und 5 ff. EuGVVO/EuGVÜ.

5. Zwischenergebnis: Grundsatz „gesicherter, strenger Einstweiligkeit"

Es kann festgehalten werden, daß für alle einstweiligen Maßnahmen aus Art. 31 EuGVVO/Art. 24 EuGVÜ der Grundsatz „gesicherter, strenger Einstweiligkeit" gilt. Einen anderen Ansatzpunkt als die Einstweiligkeit einer Eilmaßnahme zur Bestimmung des Maßnahmebegriffes aus Art. 31 EuGVVO/Art. 24 EuGVÜ bietet die Norm nicht. Der Grundsatz „gesicherter, strenger Einstweiligkeit" schließt Unterlassungsverfügungen im Rahmen des Art. 31 EuGVVO/Art. 24 EuGVÜ völlig aus und verlangt bei Leistungsverfügungen grundsätzlich eine Sicherheitsleistung in voller Höhe der ausgeurteilten Leistung.

---

373 HEß, IPRax 2000, 370, 373, l.Sp.u.; HEß/VOLLKOMMER, IPRax 1999, 220, 223 l.Sp. unter IV.1.

374 STADLER, JZ 1999, 1089, 1099 r.Sp.

375 MÜLBERT, S. 203

6. Ausnahmen vom Grundsatz „gesicherter, strenger Einstweiligkeit" in besonderen Fällen

a) Verzicht auf den Grundsatz „gesicherter, strenger Einstweiligkeit" durch den Antragsgegner

Vor allem in der niederländischen Literatur beschäftigt man sich mit der Frage, ob die Sicherheitsleistung im Regelfall zur Erhebung einer Hauptsacheklage zwingen und ob damit das incasso kort geding wesentlich eingeschränkt werden darf. Um die behauptete Einschränkung dieses niederländischen Eilverfahrens zu mildern, kommt insbesondere der Verzicht auf die Sicherheitsleistung in Betracht. Auch für das deutsche Recht wirft der Grundsatz „gesicherter, strenger Einstweiligkeit" Fragen auf.

aa) Das kort geding als einstweilige Maßnahme iSd Art. 31 EuGVVO/Art. 24 EuGVÜ

Die Diskussion, ob ein kort geding-Verfahren eine einstweilige Maßnahme iSd Art. 31 EuGVVO/Art. 24 EuGVÜ hervorbringen kann oder nicht[376], wurde durch den EuGH positiv entschieden. Schon fünf Monate vor der Van Uden-Entscheidung zielte ein Urteil des EuGH in die bejahende Richtung, indem es das kort geding als einstweilige Maßnahme anerkannte.[377] Nur erging dieses Urteil nicht zum EuGVÜ sondern zu Art. 50 Abs. 6 des Übereinkommens über handelsbezogene Aspekte der Rechte des geistigen Eigentums (TRIPS).[378] Erst das Mietz-Urteil bejahte allgemein, daß „das kort geding [...] ein Verfahren der in Art. 24 des Übereinkommens bezeichneten Art" ist.[379] Auch ein incasso kort geding für eine vertragliche Forderung kann im Rahmen des Art. 31 EuGVVO/Art. 24 EuGVÜ erlassen werden, wenn eine Sicherheitsleistung gegeben wird und nur bestimmte Vermögensgegenstände des Antragsgegners betroffen sind, die sich im Zuständigkeitsbereich des angerufenen Gerichts befinden oder befinden müßten.[380]

---

[376] s.o. S. 58 f.

[377] EuGH, Rs. C-53/96, (Hermès International/FHT Marketing Choice BV), Slg. 1998, I-3637 ff.

[378] Übereinkommen über handelsbezogene Aspekte der Rechte des geistigen Eigentums im Anhang 1 C des Übereinkommens zur Errichtung der Welthandelsorganisation, durch die Europäische Gemeinschaft genehmigt mit Beschluß 94/800/EG vom 22.12.1994 (ABl. EG Nr. L 336, S. 1).

[379] EuGH, Rs. C-99/96, (Mietz/Intership Yachting Sneek BV), Slg. 1999, I-2277 ff., Tz. 38

[380] EuGH, Rs. C-99/96, (Mietz/Intership Yachting Sneek BV), Slg. 1999, I-2277 ff., Tenor Nr. 2; EuGH, Rs. C-391/95, (Van Uden/Deco-Line), Slg. 1998, I-7091, Tenor Nr. 5

bb) Zur Einschränkung des kort geding durch den Grundsatz „gesicherter, strenger Einstweiligkeit“

(1) Wirtschaftlicher Zwang zur Erhebung der Klage in der Hauptsache

LANGE bewertet die Erlaßvoraussetzung einer regelmäßigen Sicherheitsleistung als eine erhebliche Einschränkung des incasso kort geding. Sie sieht in der Entscheidung Reichert/Dresdner Bank AG das entscheidende Indiz für die Absicht des EuGH, jedem incasso kort geding ein Hauptsacheverfahren folgen zu lassen. Dort werden einstweilige Maßnahmen iSd Art. 31 EuGVVO/Art. 24 EuGVÜ definiert als Anordnungen, „die [...] eine Sach- oder Rechtslage erhalten sollen, um Rechte zu sichern, deren Anerkennung im übrigen bei dem in der Hauptsache zuständigen Gericht beantragt wird“.[381] Der Verweis überzeugt jedoch nicht, denn diese Definition einstweiliger Maßnahmen sollte sie nur gegen eine Gläubigeranfechtungsklage abgrenzen, die selbst ein Hauptverfahren darstellt. Aus dem Urteil Reichert/Dresdner Bank AG läßt sich deshalb nicht schlußfolgern, daß auf alle einstweiligen Maßnahmen tatsächlich ein Hauptsacheverfahren folgen muß, sondern nur daß eine gerichtliche Anordnung nur dann eine einstweilige Maßnahme im Sinne von Art. 31 EuGVVO/Art. 24 EuGVÜ ist, wenn ihr aufgrund der nationalen Verfahrensordnung ein Hauptsacheverfahren[382] nachfolgen kann. Anders formuliert: In Reichert/Dresdner Bank AG sah der EuGH die Einstweiligkeit einer Maßnahme gewahrt, wenn sie nur rechtlich die Hauptsache nicht vorwegnimmt.[383] Auf eine eventuelle faktische Vorwegnahme der Hauptsache durch eine Leistungsverfügung ging er gar nicht ein, weil das in diesem Verfahren nicht zur Diskussion stand.

Eine andere Frage ist, ob die vom EuGH geforderte Sicherheitsleistung tatsächlich einen Zwang zur Erhebung der Hauptsacheklage in derselben Sache schafft.[384] Als Sicherheitsleistung kommt in erster Linie eine Bankgarantie, insbesondere eine Zahlungsgarantie[385] in Betracht. Eine solche Bankgarantie verursacht laufende Gebühren in Höhe von 1-3 % pro Jahr des zu sichernden Betrages. Der Gläubiger findet sich also nach gewonnenem und vollstrecktem kort

---

381 EuGH, Rs. C-261/90, (Reichert/Dresdner Bank AG) Slg. 1992, I-2175 ff., Tz. 34 f.; LANGE, NJB 1999, 157, 158 r.Sp. Der EuGH verweist ausdrücklich in EuGH, Rs. C-391/95, (Van Uden/Deco-Line), Slg. 1998, I-7091, Tz. 37 auf die Entscheidung Reichert/Dresdner Bank AG

382 ...und nicht lediglich ein Rechtsmittelverfahren...

383 Ausdrücklich auf die rechtliche Möglichkeit und nicht die tatsächliche Durchführung eines Hauptsacheverfahrens stellte der EuGH auch in seinem Urteil Rs. C-53/96, (Hermès/FHT Marketing Choice BV), Slg. 1998, I-3637, Tz. 38 ab.

384 so LANGE, NJB 1999, 157, 158 f. unter 2.1.

385 Verglichen mit anderen Sicherungsmitteln (z.B. Hinterlegung von Geld oder Wertpapieren) behält der Antragsteller bei einer Bankgarantie seine Liquidität, allgemein zu Bankgarantien MÜLBERT, S. 8-30. Speziell zur Zahlungsgarantie, OEHLMANN, S. 41 f.

geding nicht in der selben wirtschaftlichen Situation, wie nach einem gewonnenen und vollstreckten Hauptsacheverfahren.[386] Früher oder später werden die Gebühren für die Bankgarantie die im kort geding zugesprochene Forderung übersteigen. Die Situation verschärft sich, wenn ein Unternehmen alle seine ausstehenden Forderungen über das incasso kort geding eintreibt. Eine Vielzahl von zu stellenden Sicherheitsleistungen würde die Wirtschaftlichkeit des Unternehmens auf Dauer erheblich belasten.[387] Es besteht also ein wirtschaftlicher Zwang für den kort geding-Kläger, in einem Hauptsacheverfahren den Rechtsgrund für das endgültige Behaltendürfen der im Schnellverfahren zugewiesenen Forderung nachzuweisen und somit die ungelegene Sicherheitsleistung aufheben zu lassen.

Nun stellt sich das Problem, ob dieser wirtschaftliche Zwang zur Erhebung der Hauptsacheklage gemildert werden kann, indem der kort geding-Beklagte auf eine Sicherheitsleistung verzichtet oder der Richter sie befristet. LANGE befürwortet, daß dem Antragsgegner ein Verzicht auf die Sicherheitsleistung möglich sein soll. Wenn sich die Parteien mit der im kort geding gefällten Entscheidung abfinden, müsse kein Hauptverfahren nachfolgen. Ob das kort geding vor einem nach EuGVVO oder EuGVÜ auch für die Hauptsache zuständigen Richter verhandelt wurde oder nicht, spiele dabei keine Rolle. Die Umgehungsgefahr für das Zuständigkeitssystem von EuGVVO und EuGVÜ dürfe die Parteiautonomie insofern nicht einengen.[388]

Die Argumentation von LANGE hat einiges für sich, kann aber letztlich nicht überzeugen. Würde man einen Verzicht auf die Sicherheitsleistung zulassen, dann bestünde erneut die Gefahr der Umgehung des Zuständigkeitssystems von EuGVVO und EuGVÜ. Diesem wohnt aber ein eigener zuständigkeitsrechtlicher Gerechtigkeitsgehalt inne[389], der dem Schuldner z.B. mittels der Gewährung eines Zahlungsaufschubes durch den Gläubiger nicht abgekauft werden soll. Insofern steht die Parteiautonomie also nicht über der Systematik von EuGVVO und EuGVÜ.

---

386 Hier zeigt sich der Unterschied zwischen einer Leistungsverfügung gegen Sicherheitsleistung und einem gegen Sicherheitsleistung vorläufig vollstreckbaren Hauptsachetitel (die Gemeinsamkeiten überbetonend VOGG, S. 154-159, S. 169 Nr.3). Bei letzterem sind die Rechtsmittel befristet, §§ 516, 552 ZPO. Mit Ablauf der einmonatigen Rechtsmittelfristen wird das Urteil formell rechtskräftig, § 705 ZPO. Der Grund für die Sicherheitsleistung entfällt, § 109 ZPO.

387 Das gleiche gilt, wenn der kort geding-Kläger zur Sicherheit Geld oder Wertpapieren hinterlegen würde.

388 LANGE, NJB 1999, 157, 159 l.Sp.

389 PFEIFFER, S. 368, 373, 656 unter II., 669 unter 3.; HEISS, S. 48 mwN, N. 85

Die abschließende Aufzählung der Gerichtsstände in den Artt. 2 und 5 ff. EuGVVO/EuGVÜ und die gleichmäßige Anwendung dieser Vorschriften in den Mitglied- und Vertragsstaaten sollen eine Inlandssituation simulieren.[390] Die Abgeschlossenheit der Aufzählung hat eine positive und eine negative Wirkung: Positiv werden die genannten Gerichtsstände innerhalb aller Mitglied- bzw. Vertragsstaaten eröffnet, negativ wird die Parteiautonomie beschränkt, soweit sie die abgeschlossene Gerichtsstandsaufzählung zu durchbrechen fähig ist und diese Durchbrechung nicht ausdrücklich zugelassen wurde, z.B. Art. 23 EuGVVO/Art. 17 EuGVÜ. Die Formulierung des EuGH im Van Uden-Tenor Nr. 5 ist insofern eindeutig. Das Gericht sagt, daß eine Leistungsverfügung für einen vertraglichen Anspruch „nur dann" auf Grundlage des Art. 31 EuGVVO/Art. 24 EuGVÜ ergehen kann, „wenn" die Rückzahlung des zugesprochenen Betrages an den Antragsgegner für den Fall gewährleistet ist, daß er später in der Hauptsache obsiegt. Die Unabdingbarkeit der Sicherheitsleistung wird in der niederländischen Originalfassung des Tenors noch deutlicher. Ihr zufolge ist eine Leistungsverfügung für einen vertraglichen Anspruch grundsätzlich „keine" (geen) einstweilige Maßnahme iSd Art. 31 EuGVVO/Art. 24 EuGVÜ, „es sei denn" (tenzij) das Rückzahlungsrisiko für den Fall des Obsiegens in der Hauptsache werde dem Schuldner durch eine Sicherheitsleistung genommen. Eine Inkassoverfügung aus Art. 31 EuGVVO/Art. 24 EuGVÜ am Zuständigkeitssystem der Artt. 2 und 5 ff. EuGVVO/EuGVÜ vorbei ist also nicht mehr ohne eine nachträgliche Kontrolle in einem Hauptsacheverfahren möglich.[391]

Diese Auffassung findet ihre Bestätigung in einem Hinweis des EuGH im Mietz-Urteil auf die insofern konsequente[392] Einschränkung der Zuständigkeit kraft rügeloser Einlassung, Art. 24 EuGVVO/Art. 18 EuGVÜ. Dort sagt der EuGH, daß es „nicht schon genügt, daß sich der Antragsgegner in einem summarischen Verfahren, das auf den Erlaß einstweiliger oder sichernder Maßnahmen in Eilfällen gerichtet ist und der Prüfung des Rechtsstreits in der Hauptsache nicht vorgreift, vor dem Gericht des vorläufigen Rechtsschutzes auf das Verfahren einläßt, um diesem Gericht nach [Art. 24 EuGVVO] Art. 18 EuGVÜ die unbeschränkte Zuständigkeit zuzuweisen, alle ihm geeignet erscheinenden einstweiligen oder sichernden Maßnahmen anzuordnen, als wäre es nach [EuGVVO oder] dem EuGVÜ für die Entscheidung in der Hauptsache zuständig".[393] Damit ist gemeint, daß auch in diesem Fall die strengen Voraussetzungen für eine Zuständigkeit nach Art. 31 EuGVVO/Art. 24 EuGVÜ eingehalten werden müssen und durch die Einlassung nicht aufgehoben werden.

---

390 KOHLER, IPRax 1992, 277, 280 r.Sp. und 281 r.Sp. unter VI.1.
391 EuGH, Rs. C-391/95, (Van Uden/Deco-Line), Slg. 1998, I-7091, Tz. 46.
392 JAYME/KOHLER, IPRax 1999, 401, 408 in N. 80
393 EuGH, Rs. C-99/96, (Mietz/Intership Yachting Sneek BV), Slg. 1999, I-2277 ff., Tz. 52

Dies könnte man als systematisch nicht mehr erklärbar kritisieren, weil Art. 24 EuGVVO/Art. 18 EuGVÜ im 7. Abschnitt des Kapitels II der EuGVVO bzw. Titels II des EuGVÜ steht, für ihn also der Ausschluß exorbitanter Zuständigkeiten des Art. 3 EuGVVO/EuGVÜ gilt. Man kann sich demnach nicht auf Verfahren direkt in exorbitanten Gerichtsständen wirksam einlassen.

Hierbei würde jedoch übersehen, daß in einem Eilverfahren eine in Art. 3 Abs. 2 EuGVVO/EuGVÜ für Hauptverfahren ausgeschlossener Gerichtsstand indirekt über Art. 31 EuGVVO/Art. 24 EuGVÜ wirken kann. Der EuGH begreift sowohl Art. 31 EuGVVO/Art. 24 EuGVÜ als auch Art. 24 EuGVVO/Art. 18 EuGVÜ als „derogierende" Ausnahmen vom abschließenden Zuständigkeitssystem der Artt. 2 und 5 ff. EuGVVO/EuGVÜ. Während Art. 31 EuGVVO/Art. 24 EuGVÜ dem Kläger bzw. Antragsteller einen Weg bietet, das System der Hauptsachezuständigkeiten zu hintergehen, schafft Art. 24 EuGVVO/Art. 18 EuGVÜ dem Antragsgegner dieselbe unerwünschte Möglichkeit. Um den Antragsgegner und das System der Hauptsachezuständigkeiten von EuGVVO und EuGVÜ vor exorbitanten, prozessualen Aktionen des Antragstellers zu schützen, entwickelte der EuGH den Grundsatz der „gesicherten, strengen Einstweiligkeit" als Erlaßvoraussetzung für Leistungsverfügungen im Rahmen des Art. 31 EuGVVO/Art. 24 EuGVÜ. Der gleiche Gedanke begründet eine Einschränkung des Art. 24 EuGVVO/Art. 18 EuGVÜ für Eilverfahren außerhalb der Hauptsachegerichtsstände: Der Antragsgegner soll vor einer unüberlegten Einlassung geschützt werden. In beiden Fällen (zum einen freie Wahl des Gerichtsstandes durch den Antragsteller, zum anderen freies Anerkennen des vom Antragsteller gewählten Gerichtsstandes durch den Antragsgegner) schränkt der EuGH die Parteiautonomie zugunsten des abgeschlossenen Systems der Hauptsachezuständigkeiten ein. Das System der Hauptsachezuständigkeiten wird abgedichtet. Die konsequente Einschränkung der Zuständigkeitsbegründung kraft rügeloser Einlassung, Art. 24 EuGVVO/Art. 18 EuGVÜ, spricht gegen den Vorschlag LANGEs, die Sicherheitsleistung bei Leistungsverfügungen als verzichtbare Voraussetzung der Entscheidungszuständigkeit anzusehen.

Auch eine Befristung der Sicherheitsleistung (ohne gleichzeitige Befristung der Leistungsverfügung!), ist unzulässig, denn dann wäre nicht mehr zeitlich voll gewährleistet, daß der Beklagte seine Leistung zurück erhält, wenn er im Hauptsacheverfahren obsiegt. Außerdem würde eine Befristung die Rechtsverfolgungslast wieder dem kort geding-Beklagten auflasten. Der kort geding-Kläger bräuchte den Fristablauf nur abzuwarten, und die Sicherheitsleistung und der wirtschaftliche Zwang zur Erhebung der Hauptsacheklage entfielen.

(2) Korrektur der Auslegung des Art. 292 WBRv.

Die in der niederländischen Literatur erkennbare Abneigung gegen eine regelmäßige Sicherheitsleistung bei incasso kort gedingen gründet auf der Tatsache, daß nach niederländischem Recht das Rückzahlungsrisiko immer in die Interessenabwägung einbezogen werden muß, wenn eine Leistungsverfügung erlassen werden soll.[394] Deshalb kamen Sicherheitsleistungen in der niederländischen kort geding-Praxis selten vor. Insbesondere in Fällen, in denen die Kläger keinen Wohnsitz in einem Mitgliedstaat der EuGVVO bzw. einem Vertragsstaat des EuGVÜ hatten, wurden Sicherheitsleistungen verlangt.[395] Ebenso selten wird die Erhebung der Hauptsacheklage angeordnet.[396]

Hintergrund des vom EuGH geschaffenen Zwangs zur Erhebung der Hauptsacheklage ist folgender: Die Auslegung des Art. 292 WBRv., daß auch die Hauptsache faktisch vorwegnehmende Maßnahmen im kort geding zulässig sind[397], wird auf europäischer Ebene korrigiert. Der kort geding-Richter soll nicht mehr völlig frei in seinem Urteil sein. Die Offenheit des niederländischen Rechts für hauptsachevorwegnehmende Eilentscheidungen wird auf europäischer Ebene für Zahlungsansprüche aus Vertrag, die über Art. 31 EuGVVO/Art. 24 EuGVÜ geltend gemacht werden nicht geduldet – anders, wenn der Eilantrag bei einem Hauptsachegericht der Artt. 2 und 5 ff. EuGVVO/EuGVÜ gestellt wird. Ziel der EuGH-Entscheidungen ist also nicht, daß kort geding als einstweilige Maßnahme im Rahmen von Art. 31 EuGVVO/Art. 24 EuGVÜ oder als Entscheidung iSd Art. 32 EuGVVO/Art. 25 EuGVÜ auszuschließen, sondern seine häufige hauptsacheersetzende Wirkung im Rahmen des Art. 31 EuGVVO/Art. 24 EuGVÜ zu unterbinden.[398]

(3) Folgen für das deutsche Recht

§§ 926 Abs. 1, 936 ZPO sehen vor, daß der Richter auf Antrag den Antragsteller ohne mündliche Verhandlung verpflichten muß, binnen einer zu bestimmenden Frist die Hauptsacheklage zu erheben. Der faktische Zwang zu einer Hauptsacheklage wirkt auch in diesem Rahmen. Wenn der in den Niederlanden Beklagte

---

394 SNIJDERS, Kap. 10.4, Rdnr. 750, S. 286 letzter Absatz

395 VLAS, NJ 1999, Nr. 339, S. 1868, r.Sp. o. weist drei solche Fälle nach: Die Kläger hatten ihren Wohnsitz in New York, Rußland bzw. Sri Lanka.

396 STEIN, Compendium, S. 203

397 s.o. S. 24 zu N. 82

398 EuGH, Rs. C-99/96, (Mietz/Intership Yachting Sneek), Slg. 1999, I-2277 ff., Tz. 20 Nr. 4, Tz. 34-43. Der EuGH will das kort geding einschränken, weil es dem Kläger so leicht einen vollstreckbaren Titel ermöglicht. Die Attraktivität für Unternehmer, ihren Sitz und Gerichtsstand in die Niederlande zu verlegen und so z.B. die Verbraucherschutzbestimmungen des europäischen Prozeßrechts zu umgehen, ist bzw. war enorm, s. LANGE, NJB 1999, 157, 161 r.Sp. unter 4.

nicht auf die Sicherheitsleistung verzichten darf, dann könnte man diese Einschränkung der Parteiautonomie auf § 926 Abs. 1 ZPO übertragen, und ihn zum Schutze des Antragsgegners dahin auslegen, daß für die Anordnung der Klageerhebung in der Hauptsache kein Antrag iSd § 926 Abs. 1 ZPO mehr erforderlich sei, sondern diese von Amts wegen erfolgen müsse. Der EuGH geht aber nicht soweit, nationales Recht so drastisch zu verändern. Vielmehr genügt ihm der rein tatsächlich wirkende, wirtschaftliche Zwang zur Klageerhebung in der Hauptsache.
Auch § 938 Abs. 1 ZPO, der dem Gericht freies Ermessen einräumt, um die Zweckerreichung einer einstweiligen Verfügung zu gewährleisten, erfährt kaum eine Einschränkung. Bei Leistungsverfügungen ist das richterliche Ermessen sowieso auf den Leistungsantrag beschränkt, weil dieser genauso konkret sein muß, wie bei einer Leistungsklage.[399]

Jedoch ergibt sich eine Besonderheit im Rahmen des § 921 Abs. 2 Satz 2 ZPO. Gemäß dieser Vorschrift iVm § 936 ZPO kann ein deutsches Gericht jede Leistungsverfügung von einer Sicherheitsleistung abhängig machen. Eine Sicherheitsleistung wurde bisher verlangt, wenn die Vermögenslage des Antragstellers so schlecht ist, daß etwaige Schadensersatzansprüche gegen ihn gefährdet erscheinen.[400] Für eine Leistungsverfügung auf der Grundlage des Art. 31 EuGVVO/Art. 24 EuGVÜ ist diese Voraussetzung als regelmäßig erfüllt anzusehen.[401]

cc) Zwischenergebnis

Ein Verzicht auf die Sicherheitsleistung bei Leistungsverfügungen auf vertragliche Ansprüche aus Art. 31 EuGVVO/Art. 24 EuGVÜ durch den Antragsgegner ist nicht möglich.

b) Verzicht auf die „gesicherte, strenge Einstweiligkeit" für einstweilige Maßnahmen bei familienrechtlichen Unterhalts- oder gesetzlichen Regreßansprüchen

Erneut ist an den sprachlichen Unterschied zwischen den niederländischen und deutschen Urteilsfassungen zu erinnern. In der niederländischen Originalfassung des Van Uden-Urteils wird formuliert, daß eine Leistungsverfügung für einen vertraglichen Anspruch keine einstweilige Maßnahme ist, es sei denn die Zusatzvoraussetzung einer Sicherheitsleistung ist erfüllt. Ein Verzicht auf die Sicherheitsleistung ist damit für die Fallgruppe vertraglicher Ansprüche eindeutig

---

399 Es handelt sich hierbei nicht um Ermessen im verwaltungsrechtlichen Sinn, sondern um einen Entscheidungsspielraum im Rahmen der gestellten Verfügungsanträge. DUNKL/MOELLER, Teil A, Rdnr. 560 a.E.

400 MüKo-ZPO-HEINZE, § 921 Rdnr. 8

401 STADLER, JZ 1999, 1089, 1097 l.Sp. unter a)

nicht gewollt. Zu Leistungsverfügungen für andere Ansprüche hat sich der EuGH aber nicht geäußert, obwohl die Vorlagefrage Nr. 6 des Hoge Raad diese Problematik ansprach.[402]

Die Auslegung des Art. 31 EuGVVO/Art. 24 EuGVÜ muß so gestaltet werden, daß keine Widersprüche zu anderen europäischen Zuständigkeitsnormen entstehen. Beim einstweiligen Rechtsschutz für familienrechtliche Ansprüche ist Art. 12 Brüssel II[403] zu beachten.

Art. 12 Brüssel II lautet:

> „In dringenden Fällen können die Gerichte eines Mitgliedstaats ungeachtet der Bestimmungen dieser Verordnung die nach dem Recht dieses Mitgliedstaats vorgesehenen einstweiligen Maßnahme einschließlich Sicherungsmaßnahmen in Bezug auf in diesem Staat befindliche Personen oder Güter auch dann ergreifen, wenn für die Entscheidung in der Hauptsache gemäß dieser Verordnung ein Gericht eines anderen Mitgliedstaats zuständig ist."

Im Gegensatz zu Art. 31 EuGVVO/Art. 24 EuGVÜ enthält diese Norm ausdrücklich den Anknüpfungspunkt, daß sich einstweilige Maßnahmen nur auf im Erlaßstaat befindliche Personen oder Güter erstrecken dürfen. Einstweilige Maßnahmen sind zudem nur in dringenden Fällen möglich. Die Eilmaßnahmen können aber nicht über den sachlichen Anwendungsbereich der Verordnung Brüssel II hinausgehen.[404] Deren sachlicher Anwendungsbereich umfaßt die „Ehescheidung, die Trennung ohne Auflösung des Ehebandes oder die Ungültigerklärung einer Ehe sowie jede aus Anlaß eines solchen Verfahrens in Ehesachen ergangene Entscheidung über die elterliche Verantwortung der Ehegatten", Art. 13 Abs. 1 Brüssel II. Unterhaltsansprüche und eventuell erforderliche Leistungsverfügungen hierfür fallen also nicht in den sachlichen Anwendungsbereich von Brüssel II.[405] Dafür ist nach Art. 5 Nr. 2 EuGVVO/EuGVÜ das Gericht des Ortes international zuständig, an dem der Unterhaltsberechtigte seinen Wohnsitz oder seinen gewöhnlichen Aufenthalt hat. In den meisten Fällen werden die zuständigen Gerichte identisch sein, was eine beschleunigte Durchfüh-

---

402 EuGH, Rs. C-391/95, (Van Uden/Deco-Line), Slg. 1998, I-7091, Tz. 17 Nr. 6

403 Verordnung (EG) Nr. 1347/2000 des Rates vom 29.5.2000 über die Zuständigkeit und die Anerkennung und Vollstreckung von Entscheidungen in Ehesachen und in Verfahren betreffend die elterliche Verantwortung für die gemeinsamen Kinder der Ehegatten, Abl.EG 2000 Nr. L 160, S. 19. Die Verordnung trat am 1.3.2001 in kraft.

404 vgl. zum EuGVÜ EuGH, Rs. 143/78, (De Cavel/de Cavel), Slg. 1979, 1055 Tz. 9; hierzu ALBRECHT, S. 87-96.

405 Erwägungsgrund Nr. 10 zur Verordnung Brüssel II; KOHLER, NJW 2001, 10

rung summarischer Verfahren für Ehe- und Unterhaltssachen verspricht. Eine Unterhaltsverfügung nach Art. 5 Nr. 2 EuGVVO/EuGVÜ kann auch ohne Sicherheitsleistung ergehen, denn es handelt sich um eine Hauptsachezuständigkeit.

Die Frage, ob im Fall einer Leistungsverfügung für Lebensunterhalt auf die im Rahmen des Art. 31 EuGVVO/Art. 24 EuGVÜ erforderliche Sicherheitsleistung durch den Antragsteller ausnahmsweise verzichtet werden darf (vgl. § 708 Nr. 8 ZPO), weil seine finanzielle Situation so bedrängt ist, daß er die Mittel für eine Sicherheitsleistung gar nicht aufbringen kann, muß man bejahen. Es besteht ein Unterschied, zwischen der einstweiligen Durchsetzung vertraglicher und gesetzlicher Zahlungsansprüche. Eine Situation, in die man durch Fremdverschulden (z.B. hohe Heilungskosten für Verletzungen durch die unerlaubte Handlung eines Dritten) oder zumindest ohne eigenes, vorwerfbares Verschulden (z.B. Unterhalt wegen Kindesbetreuung, § 1570 BGB) geraten ist, und die gesetzliche Zahlungsansprüche auslöst, welche sofort beglichen werden müssen, um in der konkreten Notsituation weitere ernsthafte Nachteile des Antragstellers zu vermeiden, ist mit einer Leistungsverfügung für vertragliche Ansprüche nicht zu vergleichen.

Austauschverträge zielen darauf, nach den individuellen Vorstellungen der Vertragsparteien die rechtliche Güterzuordnung in den Grenzen der Privatautonomie neu zu gestalten. Kommt es zum Streit, will eine Vertragspartei mit einer Leistungsverfügung die bestehende Rechtslage verändern.[406] Anders Schadensersatz- und Unterhaltsansprüche, die aufgrund eines allgemein verbindlichen, gesetzlichen Mindeststandards die Wiederherstellung der vordeliktischen Rechtsgüterzuordnung nach einem schädigenden Ereignis anstreben bzw. familiär begründete Fürsorge- und Unterhaltspflichten perpetuieren. Während die Parteien den Abschluß und Inhalt eines Vertrages und damit die Entstehung vertraglicher Forderungen alleine in Händen halten, ist dem Opfer eines Deliktes kein solcher Entscheidungsspielraum eröffnet.[407] Die Vertragsgestaltungsfreiheit bezieht sich auch auf die Sicherung der Vertragsdurchführung (z.B. Bürgschaften, Versicherungen) und alternative Planungen (z.B. Vermeidung voller finanzieller Abhängigkeit von einem Vertragspartner durch Streuung des Geschäftsrisikos). Eine finanzielle Notsituation kann bei vertraglichen Streitigkeiten also durch Voraussicht und Vorsicht vermieden werden, was bei gesetzlichen Regreß- und Unterhaltsansprüchen nicht der Fall ist.[408] Zwar wird die Eheschließung in aller Regel

---

406 Man spricht deshalb auch von einer „Angriffsverfügung“, LEIPOLD, Grundlagen, 117 ff., 125

407 Von einem eventuellen Mitverschulden bei der Schadensentstehung oder Schadensentwicklung abgesehen.

408 STÜRNER, FS ZEUNER, S. 513, 521; SPELLENBERG/LEIBLE, ZZPInt. 4 (1999), 221, 224

freiwillig und die Scheidung unter Umständen einvernehmlich erfolgen. Das gilt aber nicht für die persönliche Entwicklung der Ehepartner auf die Zerrüttung der Ehe und deren Scheidung hin. Wenn eine Ehefrau nach Trennung oder Scheidung nicht ihren eigenen Unterhalt durch Arbeit finanzieren kann, weil ihr das Sorgerecht für betreuungsbedürftige Kinder übertragen wurde, kann ihr das nicht im gleichen Maße zum Vorwurf gemacht werden, wie einem Unternehmer, der sich vertraglich an einen marktbeherrschenden Monopolisten ausgeliefert oder keine Lieferungs- oder Gewährleistungsgarantie[409] verlangt hat.

Es ist also eine Differenzierung des Begriffs der einstweiligen Maßnahme aus Art. 31 EuGVVO/Art. 24 EuGVÜ erforderlich, je nach dem, auf welcher Art von Anspruch eine Leistungsverfügung beruht. Grundsätzlich kann eine Leistungsverfügung aufgrund von Art. 31 EuGVVO/Art. 24 EuGVÜ nur mit Sicherheitsleistung erlassen werden. Ausnahmsweise ist eine solche auch ohne Sicherheitsleistung möglich, wenn der Antragsteller Zahlung von gesetzlichem Schadensersatz oder Unterhalt begehrt und wenn er dieses Geld zur Abwendung weiterer, drohender Nachteile braucht, weil er über keine entsprechenden, finanziellen Ressourcen verfügt.

Trotz Art. 5 Nr. 2 und Nr. 3 EuGVVO/EuGVÜ ist hier eine parallele Zuständigkeit über Art. 31 EuGVVO/Art. 24 EuGVÜ wegen der außerordentlichen Notsituation des Gläubigers gerechtfertigt. Ansonsten müßte man für die Betroffenen unter Umständen eine Notzuständigkeit eröffnen, denn gerade im Unterhaltsrecht, „ist nur schneller Rechtsschutz effektiver Rechtsschutz".[410] In diesen Ausnahmefällen ist eine Ergänzung der Hauptsachezuständigkeiten wegen des favor infirmioris-Grundsatzes gerechtfertigt. Wenn man schon zu Gunsten des Unterhaltsklägers im Hauptverfahren vom Grundsatz der Zuständigkeitsanknüpfung am Wohnsitz des Schuldners aus sozialen Gründen abweicht[411], dann können die gleichen sozialen Gründe auch im Rahmen des Art. 31 EuGVVO/Art. 24 EuGVÜ Wirkung entfalten, denn eine Leistungsverfügung aus Art 5 Nr. 2 EuGVVO/EuGVÜ bedarf unter Umständen noch einer zeitaufwendigen Anerkennung und Vollstreckung.

Um die Einstweiligkeit einer solchen Leistungsverfügung ohne Sicherheitsleistung zu gewährleisten, muß der Richter aber die Erhebung der Hauptsacheklage zwingend anordnen.

---

409 Zu den unterschiedlichen Arten von Bankgarantien im internationalen Handel, OEHLMANN, S. 33-47

410 SCHACK, IZVR, Rdnr. 412; Notzuständigkeiten sind auch unter EuGVVO/EuGVÜ möglich, SCHLOSSER, EuGVÜ, Art. 2 Rdnr. 9 mwN

411 KROPHOLLER, Europäisches Zivilprozeßrecht, Art. 5 Nr. 2 Rdnr. 37

Für das deutsche Recht bedeutet das eine Einschränkung des richterlichen Ermessens über den Inhalt einer einstweiligen Verfügung, § 938 Abs. 1 (iVm §§ 936, 926 Abs. 1) ZPO. Da ohne Sicherheitsleistung der wirtschaftliche Zwang zur Erhebung der Hauptsacheklage entfällt, muß der deutsche Richter dem Antragsteller (auch ohne ausdrücklichen Antrag des Antragsgegners!), die Erhebung der Klage in der Hauptsache auferlegen. Ein Unterlassen des Antrags durch den Antragsgegner hätte die selbe Wirkung wie ein unzulässiger[412] Verzicht auf die Sicherheitsleistung. Der Grundsatz „gesicherter, strenger Einstweiligkeit" wirkt ins deutsche Prozeßrecht hinüber.[413]

7. Ergebnis zum Maßnahmebegriff für hauptsacheersetzende, einstweilige Maßnahmen

Man kann festhalten, daß der Grundsatz „gesicherter, strenger Einstweiligkeit" für alle Leistungsverfügungen gilt, die aufgrund von Art. 31 EuGVVO/Art. 24 EuGVÜ erlassen werden. Dieser Grundsatz hat zur Folge, daß Unterlassungsverfügungen nicht mehr unter den Begriff der „einstweiligen Maßnahme" aus Art. 31 EuGVVO/Art. 24 EuGVÜ fallen. Sie sind nur in den Hauptsachegerichtsständen der Artt. 2 und 5 ff. EuGVVO/EuGVÜ zulässig.

Leistungsverfügungen stellen nur dann Eilmaßnahmen iSd Art. 31 EuGVVO/Art. 24 EuGVÜ dar, wenn ihre Einstweiligkeit durch eine Sicherheitsleistung gewährleistet wird. Auf diese Sicherheitsleistung kann der Antragsgegner nicht verzichten, denn sie steht nicht zur Disposition der Prozeßparteien. Einzige Ausnahme für die regelmäßige Sicherheitsleistung sind familienrechtliche Unterhalts- und deliktische Regreßansprüche. Hier sind Leistungsverfügungen auch im Rahmen des Art. 31 EuGVVO/Art. 24 EuGVÜ ohne Sicherheitsleistung zulässig. Jedoch muß dann die „strenge Einstweiligkeit" der Leistungsverfügungen nicht mit einem wirtschaftlichen Zwang zur Erhebung der Hauptsacheklage, sondern rechtlich gesichert werden, §§ 926 Abs. 1, 938 Abs. 1 ZPO.

II. Zur Anerkennung und Vollstreckung von Leistungsverfügungen für vertragliche Ansprüche und zur Entscheidungszuständigkeit

Ob Leistungsverfügungen aus Art. 31 EuGVVO/Art. 24 EuGVÜ anerkennungs- und vollstreckungsfähige Entscheidungen iSd Art. 32 EuGVVO/Art. 25 EuGVÜ

---

412 siehe oben S. 101

413 HEß/Vollkommer, IPRax 1999, 220, 221 l.Sp. unter II.; Stadler , JZ 1999, 1089, 1097 l.Sp. unter a).

sind, stellt ein schwieriges Problem dar.[414] In diesem Zusammenhang kommt es auf den Wortlaut des Tenors Nr. 5 der Van Uden-Entscheidung des EuGH an. Tenor Nr. 5 lautet:

> „Eine [Leistungsverfügung auf eine vertragliche Gegenleistung] stellt nur dann eine einstweilige Maßnahme im Sinne von Art. 31 EuGVVO/Art. 24 EuGVÜ dar, wenn [...] die beantragte Maßnahme nur bestimmte Vermögensgegenstände des Antragsgegners betrifft, die sich im örtlichen Zuständigkeitsbereich des angerufenen Gerichts befinden oder befinden müßten."

Was der EuGH mit dieser Formulierung meint, ist unklar. Im folgenden wird geprüft, inwieweit die Forderung des EuGH, daß nur „bestimmte Vermögensgegenstände" von einer Leistungsverfügung betroffen sein dürfen, die extraterritoriale Wirkung solcher Leistungsverfügungen begrenzen kann.

1. Die reale Verknüpfung als territoriale Wirkungsbeschränkung für Leistungsverfügungen

Allen voran hat STADLER diesen Passus des Tenors Nr. 5 der Van Uden-Entscheidung als territoriale Wirkungsbeschränkung für Leistungsverfügungen interpretiert. Die Erlaßvoraussetzung einer räumlichen Beziehung zwischen Leistungsverfügung und den davon betroffenen, bestimmten Vermögensgegenständen kennzeichne einen qualifizierten Vollstreckungsbezug bzw. beschreibe die Anknüpfung der Entscheidungszuständigkeit des Art. 31 EuGVVO/Art. 24 EuGVÜ an die Belegenheit von Vollstreckungsgegenständen. Daraus lasse sich im Erst-recht-Schluß für die allgemeine Anwendungsvoraussetzung des Art. 31 EuGVVO/Art. 24 EuGVÜ, die „reale Verknüpfung", folgern, daß diese die Belegenheit von vollstreckbarem Vermögen meine.[415]

Das die Leistungsverfügung erlassende Gericht müsse die sachliche Wirkung seiner Entscheidung auf ausgewählte Vermögensgegenstände des Antragsgegners beschränken. Bei Verurteilung zur Zahlung sei die spätere Vollstreckung dann nur noch in diese Vermögensgegenstände möglich. Eine sonst übliche

---

414 Für die Stimmen in der Literatur, die pauschal alle einstweiligen Maßnahmen vom Anwendungsbereich des Art. 32 EuGVVO/Art. 25 EuGVÜ ausnehmen wollen, sei auf die obigen Ausführungen zu der parallelen Frage bei den Sicherungs- und Regelungsmaßnahmen verwiesen, oben S. 79 ff. Da diese Autoren nicht zwischen Sicherungs- und Regelungsmaßnahmen einerseits und Leistungsverfügungen andererseits unterscheiden, bedürfen deren bereits widerlegte Argumente hier keiner Wiederholung.

415 STADLER, JZ 1999, 1089, 1093 r.Sp.o. unter b) aa)

Vollstreckung eines Zahlungstitels in das gesamte Vermögen des Schuldners sei ausgeschlossen.

Zugleich müsse das Gericht durch „eine entsprechende Einschränkung sicherstellen, daß die angeordnete Maßnahme nur im Erlaßstaat vollstreckt werden" könne, also die Wirkung seiner Entscheidung räumlich beschränken.

Bei fehlender Beschränkung müßten andere Mitglied- bzw. Vertragsstaaten die Leistungsverfügung nicht anerkennen und vollstrecken, denn dann liege schon keine einstweilige Maßnahme mehr vor. Dieser inhaltlichen Kontrolle der Entscheidung des Erstgerichtes im Rahmen von Anerkennung und Vollstreckung stehe Art. 35 EuGVVO/Art. 28 EuGVÜ nicht entgegen, da nicht die Zuständigkeit des erlassenden Gerichts überprüft werde, sondern ob der Inhalt der getroffenen Maßnahme von Art. 31 EuGVVO/Art. 24 EuGVÜ gedeckt sei.[416]

2. Bewertung

a) Argumente gegen eine territoriale Wirkungsbeschränkung für Leistungsverfügungen

Gegen diese Auslegung der EuGH-Entscheidung spricht zu aller erst ihr Wortlaut. Daß nur „bestimmte Vermögensgegenstände" von der Leistungsverfügung betroffen sein sollen, rechtfertigt nicht eine generelle Pflicht für die Gerichte, ihre eigenen Entscheidungen selbst und ausdrücklich territorial zu begrenzen, d.h. der EuGH verlangt von keinem Gericht, in den Tenor aufzunehmen, daß seine Eilentscheidungen nur im Inland vollstreckt werden sollen. Gerade das scheint STADLER aber zu verlangen, wenn sie eine „entsprechende Einschränkung" fordert, die sicherstellt, daß eine Leistungsverfügung nur im Erlaßstaat vollstreckt werden kann. Allein aus der Begrenzung einer eventuellen späteren Zwangsvollstreckung auf ausgewählte Vermögensgegenstände ist aber eine territoriale Wirkungsbeschränkung nicht zu begründen, denn in einem summarischen Verfahren ohne ausreichend Zeit für eine gründliche Beweisaufnahme kann ein Gericht die exakte Belegenheit von Vermögensgegenständen gar nicht sicher feststellen. Es kann sich nur um eine Belegenheitsprognose handeln, die mal mehr mal weniger richtig sein wird. Für Arreste und Sicherungsmaßnahmen anerkennt STADLER diese Tatsache.[417] Für Leistungsverfügungen scheint sie sie nicht gelten lassen zu wollen, obwohl der faktische Wirkungsunterschied zwischen Leistungsverfügungen und Regelungs- und Sicherungsmaßnahmen durch den oben beschriebenen Grundsatz „gesicherter, strenger Einstweiligkeit" auf-

[416] STADLER, JZ 1999, 1089, 1098 l.Sp.; ähnlich NORMAND, Rev. crit. d.i.p. 1999, 353, 365
[417] STADLER, JZ 1999, 1089, 1098 l.Sp.o.

gehoben wird. Es ist gerade die regelmäßige Sicherheitsleistung, die die strenge Einstweiligkeit der Leistungsverfügungen aus Art. 31 EuGVVO/Art. 24 EuGVÜ und die Umgehung des ausgewogenen Systems der Hauptsachezuständigkeiten von EuGVVO und EuGVÜ verhindert – eine zusätzliche territoriale Beschränkung bringt insofern nichts. Deshalb wurde in der Literatur bereits auf eine ausnahmsweise Anerkennung und Vollstreckung auch von Leistungsverfügungen aus Art. 31 EuGVVO/Art. 24 EuGVÜ hingewiesen, wenn sich die Belegenheitsprognose für die ausgewählten Vermögensgegenstände im nachhinein als unzutreffend erweisen sollte.[418]

Darüberhinaus bestehen Abgrenzungsprobleme zwischen Zuständigkeits- und Zwangsvollstreckungsrecht. Man muß differenzieren zwischen der Auswahl bestimmter Vollstreckungsgegenstände als Grundlage einer internationalen Entscheidungszuständigkeit und einer territorialen Vollstreckungsregelung für diese Gegenstände, da sich sonst Konkurrenzprobleme zwischen Art. 31 EuGVVO/Art. 24 EuGVÜ und Art. 22 Nr. 5 EuGVVO/Art. 16 Nr. 5 EuGVÜ ergeben.

Die Abgrenzung von Art. 31 EuGVVO/Art. 24 EuGVÜ und Art. 22 Nr. 5 EuGVVO/Art. 16 Nr. 5 EuGVÜ ist undeutlich. Insbesondere in der älteren, niederländischen Literatur wurde die Auffassung vertreten, daß die Bestätigung oder Aufhebung eines Arrestes nicht unter Art. 31 EuGVVO/Art. 24 EuGVÜ, sondern unter Art. 22 Nr. 5 EuGVVO/Art. 16 Nr. 5 EuGVÜ zu fassen sei.[419]

Um die beiden Zuständigkeiten voneinander abzugrenzen, muß man nach dem Inhalt der einstweiligen Maßnahme zu unterscheiden.[420] Entspricht ihr Inhalt dem eines Hauptsacheurteils (z.B. Zahlungspflicht bei einer Leistungsverfügung), dann ist diese Anordnung unstreitig dem Erkenntnisverfahren zuzuweisen, ihre zwangsweise Durchsetzung dem Vollstreckungsverfahren. Strittiger ist die Zuordnung bei Sicherungsmaßnahmen (z.B. Arrest). Die ältere Literatur ordnete Sicherungsmaßnahmen teilweise beim Vollstreckungsrecht ein.[421] Für die EuGVVO und das EuGVÜ ist diese Kategorisierung aber nicht überzeugend, denn der Begriff der Sicherungsmaßnahmen taucht in Art. 31 EuGVVO/Art. 24 EuGVÜ und nicht in Art. 22 Nr. 5 EuGVVO/Art. 16 Nr. 5 EuGVÜ auf. Hätte man Sicherungsmaßnahmen der Zuständigkeitsnorm des Art. 22 Nr. 5 EuGV-

418 SPELLENBERG/LEIBLE, ZZPInt 4 (1999), 221 ff., 231 f. unter III.; DEDEK, EWS 2000, 246, 252 l.Sp.u.

419 RAS, T.P.R. 1975, 851, 888 f.; siehe Nachw. bei KROPHOLLER, Europäisches Zivilprozeßrecht, Art. 16 N. 115

420 I. MEIER, Besondere Vollstreckungstitel, S. 172 f.

421 GULDENER, S. 180; RIEZLER, S. 665, zitiert nach I. MEIER, Besondere Vollstreckungstitel, S. 172, N. 59; s. auch DALHUISEN, FS Riesenfeld, S. 1, 14 ff.

VO/Art. 16 Nr. 5 EuGVÜ überlassen wollen, hätte man sie nicht ausdrücklich in Art. 31 EuGVVO/Art. 24 EuGVÜ erwähnt.

Entscheidend ist, daß Sicherungsmaßnahmen (z.B. der Erlaß eines Arrestbefehls nach § 917 Abs. 1 ZPO) zwar eine Beziehung zum Zwangsvollstreckungsrecht, aber unmittelbar selbst keine Zwangswirkung haben. Die Sicherung der Zwangsvollstreckung eines nachfolgenden Hauptsacheurteils ist zwar Voraussetzung und Ziel eines Arrestes, aber nicht sein „Verfahrensgegenstand" iSd Art. 22 Nr. 5 EuGVVO/Art. 16 Nr. 5 EuGVÜ.[422] In Eilverfahren ist, wie sonst bei Hauptverfahren auch, zwischen Erkenntnis- und Vollstreckungsverfahren zu unterscheiden. So gründet sich die Zuständigkeit für den Erlaß eines Arrestbefehls auf § 919 ZPO, die für seine Vollziehung durch Pfändung auf § 930 Abs. 1 S. 3 ZPO. Auch wenn in der Praxis der Arrestbefehl mit dem Pfändungsbeschluß in einer Urkunde verbunden werden kann, ändert das nichts an deren rechtlicher Selbständigkeit.[423] Für den nach der älteren, niederländischen Ansicht problematischen Fall der Aufhebung eines Arrestes im europäischen Rechtsverkehr gilt das ebenso: Zwischen dem richterlichen Ausspruch, daß die Voraussetzungen für einen vollzogenen Arrest entfallen sind, und der Aufhebung der Pfändung muß man trennen. Ein Zuständigkeitswechsel von Art. 31 EuGVVO/Art. 24 EuGVÜ auf Art. 22 Nr. 5 EuGVVO/Art. 16 Nr. 5 EuGVÜ zwischen Erlaß und Aufhebung eines Arrestes ist nicht möglich (perpetuatio fori). Die Zuständigkeit für den actus contrarius eines Arrestes bleibt beim arresterlassenden Gericht, denn dieses ist zweifellos das sachnächste.[424] Bedenken könnten nur hinsichtlich hauptsacheersetzender Eilmaßnahmen bestehen. Diese fallen aber eindeutig nicht unter Art. 22 Nr. 5 EuGVVO/Art. 16 Nr. 5 EuGVÜ, weil ihr Tenorinhalt klar dem Erkenntnisverfahren zuzuordnen ist. Wenn die Zuständigkeit aus Art. 31 EuGVVO/Art. 24 EuGVÜ an die Vollstreckungsmöglichkeit im Erlaßstaat anknüpft, macht das weder Sicherungsmaßnahmen noch Leistungsverfügungen zu „Verfahren, welche die Zwangsvollstreckung zum Gegenstand haben" iSd Art. 22 Nr. 5 EuGVVO/Art. 16 Nr. 5 EuGVÜ. Die Anknüpfung der allgemeinen Entscheidungszuständigkeit an den Wohnsitz des Beklagten in Art. 2 Abs. 1 EuGVVO/EuGVÜ macht auch nicht jede in solchem Gerichtsstand ergehende Entscheidung (ob sie vertragliche, deliktische oder Unterhaltsansprüche betrifft) zu einer über den Wohnsitz des Beklagten.

---

[422] vgl. KROPHOLLER, Europäisches Zivilprozeßrecht, Art. 16 Rdnr. 59

[423] STEIN-JONAS-GRUNSKY, ZPO-Komm § 930 Rdnr. 5 mwN.

[424] Im deutschen Recht wird ein Arrest bei versäumter Erhebung der angeordneten Hauptsacheklage gemäß § 926 ZPO immer vom Arrestgericht aufgehoben; dieses ist gemäß § 802 ZPO für die Aufhebung ausschließlich zuständig, auch wenn ein Aufhebungs- oder Widerspruchsverfahren bei einem anderen Gericht schwebt, BAUMBACH/LAUTERBACH, ZPO-Komm., § 926 Rdnr. 4.

Die Bezugnahme auf „bestimmte Vermögensgegenstände“ als spätere Vollstreckungsgegenstände für eine Leistungsverfügung berührt also nicht Art. 22 Nr. 5 EuGVVO/Art. 16 Nr. 5 EuGVÜ, sondern gehört ausschließlich in den Bereich des Art. 31 EuGVVO/Art. 24 EuGVÜ. Deshalb verbietet es sich, den Gerichten abzuverlangen, es solle die räumliche Wirkung seiner Leistungsverfügungen durch „entsprechende Einschränkungen sicherstellen“. Ansonsten würde man Art. 31 EuGVVO/Art. 24 EuGVÜ als lex specialis des Art. 22 Nr. 5 EuGVVO/Art. 16 Nr. 5 EuGVÜ auffassen, was sich mit dem Charakter letzterer Vorschrift als ausschließlicher Zuständigkeit nicht vereinbaren ließe.[425]

Gegen eine strenge territoriale Wirkungsbegrenzung für Leistungsverfügungen aus Art. 31 EuGVVO/Art. 24 EuGVÜ spricht schließlich auch das Mietz-Urteil, denn aus der Begründung des Urteils geht hervor, daß der EuGH die Anerkennungs- und Vollstreckungsfähigkeit von Leistungsverfügungen gerade voraussetzt. Das Van Uden-Urteil als strenge territoriale Wirkungsbeschränkung für Leistungsverfügungen zu interpretieren, würde deshalb das Mietz-Urteil ad absurdum führen. Der EuGH hat in der Mietz-Entscheidung im konkreten Fall die Voraussetzungen für die Anerkennung und Vollstreckung einer Leistungsverfügung aus Art. 31 EuGVVO/Art. 24 EuGVÜ zwar verneint, aber nicht ihre generelle Zulässigkeit.[426] Hätte er Leistungsverfügungen aus Art. 31 EuGVVO/Art. 24 EuGVÜ grundsätzlich den Status einer „Entscheidung“ iSd Art. 32 EuGVVO/Art. 25 EuGVÜ aberkennen wollen, dann hätte er alle Gelegenheit gehabt. Daß er sie nicht nutzte, spricht gegen eine räumliche Wirkungsbeschränkung von Leistungsverfügungen aus Art. 31 EuGVVO/Art. 24 EuGVÜ.

b) Eigene Auslegung der realen Verknüpfung als Voraussetzung der Entscheidungszuständigkeit

Inhaltlich beschreibt die Forderung, daß von einer Eilmaßnahme nur bestimmte, im Zuständigkeitsbereich des Eilgerichts belegene Vermögensgegenstände betroffen sein sollen, eine räumliche und damit zuständigkeitsrechtliche Nähebeziehung. Sie ist also ihrer Natur nach nicht Wesensmerkmal einer Leistungsverfügung oder einer anderen einstweiligen Maßnahme.[427] STADLER spricht davon,

[425] Wenn KROPHOLLER darauf hinweist, daß diese Norm eine ausschließliche Zuständigkeit nur begründe, wenn das Gericht über die Streitsache als Hauptsache entscheide, dann ist damit nicht das Verhältnis von Hauptsache und Eilverfahren angesprochen. Art. 22 Nr. 5 EuGVVO/Art. 16 Nr. 5 EuGVÜ begründet nur dann keine ausschließliche Zuständigkeit, wenn ein Zwangsvollstreckungsverfahren nur Vorfragen für in einem anderen Hauptverfahren geltend zu machende Ansprüche aufwirft, KROPHOLLER, Europäisches Zivilprozeßrecht, Art. 16 Rdnr. 1.

[426] SPELLENBERG/LEIBLE, ZZPInt 4 (1999), 221 ff., 232, N. 68

[427] so schon SPELLENBERG/LEIBLE, ZZPInt 4 (1999), 221 ff., 225, 2. Textabsatz

daß die Einschränkung für Leistungsverfügungen auf bestimmte, im Zuständigkeitsbereich des angerufenen Gerichts belegene Vermögensgegenstände „nicht ohne weiteres verständlich ist". Sie versucht mit ihrer Auslegung dieser Einschränkung einen Sinn zu geben, da sie andere Versuche insofern nicht überzeugen.[428]

Es muß deshalb eine Auslegung der EuGH-Entscheidungen und des Art. 31 EuGVVO/Art. 24 EuGVÜ entwickelt werden, der dem nebulösen zweiten Teil des Tenors Nr. 5 der Van Uden-Entscheidung einen Sinn gibt. Insofern bietet sich auch eine Möglichkeit. Sie betrifft aber nicht die indirekte, sondern die direkte Zuständigkeit für Leistungsverfügungen aus Art. 31 EuGVVO/Art. 24 EuGVÜ :

aa) „Wirtschaftlicher Vermögensbegriff" für Leistungsverfügungen aus Art. 31 EuGVVO/Art. 24 EuGVÜ

Ein Effekt der Auswahlpflicht des Antragstellers, bestimmte Vermögensgegenstände als Vollstreckungsobjekte schon bei der Zuständigkeitsbehauptung benennen zu müssen, hat Auswirkungen auf die konkreten Voraussetzungen der Entscheidungszuständigkeit für Leistungsverfügungen aus Art. 31 EuGVVO/Art. 24 EuGVÜ.

(1) Die reale Verknüpfung als Voraussetzung der Entscheidungszuständigkeit

Zuerst muß geklärt werden, ob mit der Voraussetzung einer realen Verknüpfung tatsächlich eine Belegenheitsanknüpfung oder etwas anderes gemeint ist. Es bieten sich insofern zwei Alternativen: Entweder sieht man im unbestimmten Begriff der „realen Verknüpfung" eine ebenso unbestimmte Zuständigkeitsvoraussetzung, die dem erlassenden Gericht möglichst freies Ermessen für die Zuständigkeitsfrage geben soll, oder man versteht sie als Beschreibung eines räumlichen Bezugs zwischen Eilmaßnahme und Vollstreckungsgegenstand, die der EuGH nur deshalb so unklar gab, um sie je nach Eilmaßnahme und Vollstreckungsgegenstand unterschiedlich bestimmen zu können.

aaa) forum non conveniens und minimum contacts

Die erste Alternative fand soweit ersichtlich nur in den Niederlanden Anhänger. Dort wurde die reale Verknüpfung als europäische Variante der forum non con-

[428] STADLER, JZ 1999, 1089, 1097, r. Sp. unter b), mit Verweis auf HEß/VOLLKOMMER, IPRax 1999, 220, 224 r.Sp. unter 3.b)

veniens-Doktrin verstanden[429], nach der das angerufene Gericht es nach seinem Ermessen ablehnen kann, einen Fall zu entscheiden, wenn es aufgrund der Interessen der Parteien oder aus Gerechtigkeitserwägungen ein anderes zuständiges Gericht für geeigneter hält.[430]
Die Ansicht, die reale Verknüpfung solle die forum non conveniens-Doktrin in die EuGVVO und das EuGVÜ einführen, kann jedoch nicht überzeugen. Das als abschließend gedachte Zuständigkeitssystem von EuGVVO und EuGVÜ verträgt eine solche Durchbrechung für richterliches Ermessen nicht. Die erleichterte Anerkennung und Vollstreckung setzt einen abschließenden Kanon von Entscheidungszuständigkeiten voraus. Würde man eine allgemein gefaßte Zuständigkeitsvoraussetzung wie die forum non conveniens-Doktrin zulassen, wäre dieser innere Zusammenhang von klaren Entscheidungszuständigkeiten als Grundlage erleichterter Anerkennung und Vollstreckung aufgehoben. Darüberhinaus würde die bisher freie Auswahl des Klägers zwischen mehreren nach EuGVVO oder EuGVÜ bestehenden Gerichtsständen kontrollierbar und somit eingeschränkt, und es entstände die Gefahr eines negativen Kompetenzkonfliktes und kompetenzrechtlicher Willkür. Gegen das Verständnis der realen Verknüpfung als „europäischer forum non conveniens"-Doktrin spricht ferner, daß Irland und das Vereinigte Königreich bei den Beitrittsverhandlungen zum EuGVÜ in weiten Bereichen auf die Anwendung dieser Lehre verzichteten.[431] Dieser Verzicht würde sinnlos werden, wenn man die Entscheidungsvoraussetzung der realen Verknüpfung als forum non conveniens-Regel auslegen würde.[432]

Man könnte die reale Verknüpfung auch als Fingerzeig auf die minimum contacts-Lehre verstehen. Man müßte dann zwischen generellen Inlandskontakten (z.B. dem Wohnsitz des Antragstellers im Inland) und spezifischen Inlandskontakten des Sachverhaltes (z.B. die Maßgeblichkeit des eigenen Sachrechtes) differenzieren. Würden spezifische Inlandskontakte fehlen, käme eine Leistungsverfügung auf der Grundlage des Art. 31 EuGVVO/Art. 24 EuGVÜ nicht in

---

429 VLAS, NJ 1999, Nr. 339, S. 1867 f., r.Sp. u. mit Verweis auf STEENHOFF; ähnlich X. E. KRAMER, NIPR 2000, 26, 29 l.Sp.

430 Zur forum non conveniens-Lehre grundsätzlich DORSEL, S. 23 ff., aktuell BLOBEL/SPÄTH, RIW 2001, 598 ff.

431 SCHLOSSER, Bericht zum EuGVÜ, ABlEG Nr. C 59/79, Nr. 78. Sec. 49 Civil Jurisdiction and Judgments Act 1982 schreibt deshalb vor: „Nothing in this Act shall prevent any court in the United Kingdom from staying, sisting, striking out or dismissing any proceedings before it, on the ground of forum non conveniens or otherwise, where to do so ist not inconsistent with the 1968 Convention." Dieser Verzicht wurde durch den freiwilligen Anschluß des Vereinigten Königreiches an die EuGVVO bestätigt, vgl. Erwägungsgrund Nr. 20 zur EuGVVO.

432 VLAS, NJ 1999 Nr. 339, S. 1868 unter 4.; KROPHOLLER, Europäisches Zivilverfahrensrecht vor Art. 2 Rdnr. 20; DERS. Hdb. IZVR-I, Kap. III Rdnrn. 207-212; GEIMER/SCHÜTZE, Europäisches Zivilverfahrensrecht Art. 2 Rdnr. 42.

Betracht. Allein der Wohnsitz des Antragstellers (anders z.B. in den Niederlanden, Art. 126 Nr. 3 WBRv.) könnte keine reale Verknüpfung begründen. Nur bei spezifischen Inlandskontakten käme eine Leistungsverfügung gemäß Art. 31 EuGVVO/Art. 24 EuGVÜ in Frage.[433]

Diese Auslegungsvariante der realen Verknüpfung überzeugt ebenfalls nicht, denn sie birgt zu viele Unsicherheitsmomente und paßt nicht in das System enumerativer Zuständigkeiten von EuGVVO und EuGVÜ.[434] Die mit einer forum non conveniens- oder minimum contacts-Doktrin entstehende Rechtsunsicherheit ist gerade im internationalen Zuständigkeitsrecht des einstweiligen Rechtsschutzes unerwünscht. Die Parteien brauchen eine klare und einfache Zuständigkeitsregelung. Unbestimmte Rechtsbegriffe müssen vermieden werden.[435]

bbb) Belegenheits- oder Wirkungsanknüpfung

Also muß die reale Verknüpfung eine räumliche Beziehung zwischen der beantragten Maßnahme und der von ihr betroffenen Vermögensgegenstände meinen. Es bieten sich zwei Anknüpfungspunkte: zum Staat, in denen Vermögensgegenstände belegen sind und somit die Möglichkeit eines unmittelbaren Vollstreckungszugriffes gegeben ist, und zum Staat, in dem eine einstweilige Maßnahme ihre Wirkungen entfaltet.[436]

Der EuGH stellt in der Van Uden-Entscheidung fest, daß der Erlaß einstweiliger Maßnahmen vom angerufenen Gericht genaue Kenntnis der konkreten Umstände verlangt, in deren Rahmen die beantragten Maßnahmen wirken sollen. Im Anschluß läßt er sich dahin ein, daß das Gericht des Mitglied- bzw. Vertragsstaates, in dem sich die von einer einstweiligen Maßnahme betroffenen Vermögensgegenstände befinden, am besten in der Lage ist, die Einstweiligkeit von Maßnahmen auf der Grundlage von Art. 31 EuGVVO/Art. 24 EuGVÜ sicherzustellen.[437] Er knüpft die internationale Entscheidungszuständigkeit – für alle einstweiligen Maßnahmen, nicht nur für Leistungsverfügungen – also nicht an den Wirkungsort[438], sondern an die Belegenheit der von einer Eilmaßnahme betroffenen Vermögensgegenstände bzw. den möglichen Vollstreckungsort.

---

433 vgl. KLEINSTÜCK, S. 193 ff., 217 der die minimum contacts-Lehre zur Konkretisierung des hinreichenden Inlandsbezugs im Rahmen des § 23 ZPO verwendet.

434 s.o. S. 38 ff.; SCHACK, Minimum Contacts, S. 72 unter VII. 2. Textabsatz

435 s.o. S. 52 f.

436 vgl. die Vorlagefragen des Hoge Raad, EuGH, Rs. C-391/95, (Van Uden/Deco-Line), Slg. 1998, I-7091, Tz. 17 Nr. 8; allgemein schon SCHACK, ZEuP 1997, 931, 953

437 EuGH, Rs. C-391/95, (Van Uden/Deco-Line), Slg. 1998, I-7091, Tz. 38 f.

438 Vollstreckungs- und Wirkungsort können z.B. auseinanderfallen, wenn einem im Ausland befindlichen Schuldner die Vornahme einer unvertretbaren Handlung auferlegt wird. Wird der Schuldner durch Androhung von Zwangsgeld zur Vornahme der Handlung an-

Diese Anknüpfung entspricht derjenigen, die die Kommission in einem Reformpapier zum EuGVÜ vorgeschlagen hat. Art. 18 a Abs. 1 des Kommissionsentwurfes zum EuGVÜ lautet:

> „Die in dem Recht eines Vertragsstaats vorgesehenen einstweiligen Maßnahmen einschließlich solcher, die auf eine Sicherung gerichtet sind, können, wenn sie im Hoheitsgebiet dieses Staates vollstreckt werden müssen, unabhängig davon, wo sie ihre Wirkung entfalten, in diesem Staat auch dann beantragt werden, wenn für die Entscheidung in der Hauptsache das Gericht eines anderen Vertragsstaats aufgrund dieses Übereinkommens zuständig ist."[439]

Der Anknüpfungspunkt an die Belegenheit von Vermögensgegenständen, die zur Sicherung eines Anspruches dienen, ist seit jeher dem EuGVÜ nicht unbekannt. Zwar wurde eine solche Anknüpfung nicht in den Katalog der Entscheidungszuständigkeiten von EuGVVO oder EuGVÜ aufgenommen, aber im Verhältnis zu Drittstaaten berücksichtigt. Gemäß Art. 59 Abs. 2 (1. Alternative) EuGVÜ setzt sich die Entscheidungszuständigkeit eines Vertragsstaates durch, wenn sie „auf das Vorhandensein von Vermögenswerten des Beklagten" im Entscheidungsstaat gegründet war.

Auch systematische Gründe sprechen für ein Verständnis des Begriffes der realen Verknüpfung als Belegenheitsanknüpfung. Insofern ist nicht die immanente Systematik von EuGVVO oder EuGVÜ gemeint, sondern die Anknüpfungskonkordanz unter allen Rechtsakten der EG. Die Verordnung „über die Zuständigkeit [...] in Ehesachen und in Verfahren betreffend die elterliche Verantwortung für die gemeinsamen Kinder der Ehegatten"[440] gewährt in ihrem Art. 12 die internationale Entscheidungszuständigkeit für einstweilige Maßnahmen nur für im Erlaßstaat „befindliche Personen oder Güter".

---

gehalten, droht die Betreibung des Zwangsgeldes durch Vollstreckung in im Erlaßstaat belegenes Vermögen des Schuldners, vgl. § 888 Abs. 1 ZPO. Dann „wirkt" die einstweilige Handlungsverfügung am ausländischen Aufenthaltsort des Schuldners, weil ihm psychisch der Handlungsdruck durch die drohende Beitreibung des Zwangsgeldes im Inland vermittelt wird. Man spricht von „jurisdiktionellen Immissionen", VOGEL, S. 346; allgemein hierzu GRONSTEDT, S. 313-340.

439 Vorschlag für einen Rechtsakt des Rates über die Ausarbeitung des Übereinkommens über die gerichtliche Zuständigkeit, die Anerkennung und die Vollstreckung gerichtlicher Entscheidungen in Zivil- und Handelssachen in den Mitgliedstaaten der Europäischen Union, Abl.EG Nr. C vom 31.1.1998 Nr. 33, S. 20-36

440 Verordnung (EG) Nr. 1347/2000 des Rates vom 29.5.2000 über die Zuständigkeit und die Anerkennung und Vollstreckung von Entscheidungen in Ehesachen und in Verfahren betreffend die elterliche Verantwortung für die gemeinsamen Kinder der Ehegatten, Abl.EG 2000 Nr. L 160, S. 19.

Für die Auslegung der realen Verknüpfung als Zuständigkeitsanknüpfung an die Belegenheit von Vermögen bzw. die Vollstreckungsmöglichkeit der beantragten Maßnahme spricht außerdem, daß in der EuGVVO und im EuGVÜ bereits alle international verbreiteten Anknüpfungspunkte in den Artt. 2 und 5 ff. verwertet wurden. Nur die Anknüpfung an die Vermögensbelegenheit bzw. Vollstreckungsmöglichkeit ist unberücksichtigt geblieben. Im Rahmen von EuGVVO und EuGVÜ wird dem Vollstreckungsinteresse bisher nur im Anerkennungs- und Vollstreckungsverfahren Rechnung getragen, was aber für die eiligen Fälle des einstweiligen Rechtsschutzes nicht ausreicht.[441]

Im übrigen kann man von der speziell für Leistungsverfügungen vom EuGH geforderten qualifizierten Nähebeziehung zwischen Verfügung und den von ihr betroffenen Vermögensgegenständen auf den Inhalt der realen Verknüpfung schlußfolgern. Wenn eine Leistungsverfügung aus Art. 31 EuGVVO/Art. 24 EuGVÜ an die Belegenheit von Vermögensgegenständen im Zuständigkeitsbereich des angerufenen Gerichts angeknüpft wird, gibt es keine Gründe Sicherungs- und Regelungsmaßnahmen aus derselben Zuständigkeitsnorm anders anzuknüpfen. Die Anknüpfung, die für Leistungsverfügungen gilt, gilt (nicht „erst recht", sondern) auch für Sicherungs- und Regelungsmaßnahmen.

Dagegen wird eingewandt, das Gericht des Belegenheitsortes dürfe nicht zuständig sein, weil es nicht sachnah entscheiden könne, denn ihm fehle eine ausreichende Kenntnis der Gerichtsakten.[442] Dieses Argument greift nicht. Bei einstweiligem Rechtsschutz handelt es sich in der Regel um eilige Fälle, die eine vertiefte Prüfung Beweisanträge der Partei(en) sowieso nicht zulassen. Wenn vor oder gleichzeitig mit dem Beginn eines Hauptverfahrens ein Eilantrag gestellt wird, gibt es außerdem noch keine Gerichtsakten, die man kennen könnte. Das Gericht am Belegenheitsort der von einer einstweiligen Maßnahme betroffenen Vermögensgegenstände ist also durchaus sachnah und geeignet, Eilmaßnahmen gerade in Bezug auf diese Vermögensgegenstände zu treffen.

Die Anknüpfung der Entscheidungszuständigkeit an die Belegenheit von Vermögensgegenständen bzw. den möglichen Vollstreckungsort bringt noch zwei weitere, wohl entscheidende Vorteile: Sie führt zu einer Vereinfachung und Beschleunigung des Eilverfahrens,[443] und ist diejenige, die am wenigsten dem Grundsatz des actor sequitur forum rei zuwiderläuft. Ein Grund für die Anknüp-

---

441 WOLF, EWS 2000, 11, 16, l.Sp. unter (3)

442 MERKT, S. 179

443 Darauf wird besonders von französischer Seite hingewiesen, vgl. STADLER, JZ 1999, 1089, 1093 in N. 53.

fung der Zuständigkeit an den Wohnsitz des Schuldners liegt darin, daß eine hohe Wahrscheinlichkeit besteht, dort vollstreckbare Vermögensgegenstände zu finden.[444] Knüpft man die Entscheidungszuständigkeit nun an die Belegenheit von Vermögensgegenständen an, besteht eine Wahrscheinlichkeit, daß der Antragsgegner an seinem Wohnsitz verklagt wird.

ccc) Zwischenergebnis

Die Anwendungsvoraussetzung des Art. 31 EuGVVO/Art. 24 EuGVÜ der realen Verknüpfung meint also die Belegenheit von Vermögensgegenständen, die von der beantragten einstweiligen Maßnahme betroffen sind.[445] Diese Anknüpfung gilt für Sicherungs- und Regelungsmaßnahmen ebenso, wie für Leistungsverfügungen.[446] Als nächster Schritt muß nun ein Leitfaden zur Konkretisierung der Belegenheitsanknüpfung gefunden werden.

(2) Konkretisierung der Belegenheitsanknüpfung

aaa) Belegenheitsanknüpfung bei Sicherungs- und Regelungsmaßnahmen

Die reale Verknüpfung bindet die internationale Entscheidungszuständigkeit für einstweilige Maßnahmen aus Art. 31 EuGVVO/Art. 24 EuGVÜ an die Belegenheit von vollstreckbarem Vermögen im Erlaßstaat. Je nach Art des vollstreckbaren Vermögens muß die Belegenheit unterschiedlich verstanden werden, weil sich später ein jeweils anderer vollstreckungsrechtlicher Zugang ergibt. So ist eine Forderung am Wohnsitz des Schuldners belegen, nicht weil dort der gesetzliche Leistungsort liegt, § 269 Abs. 1 BGB, sondern weil die Forderungspfändung mit Zustellung des Pfändungsbeschlusses an den Schuldner bewirkt wird, vgl. §§ 23 Satz 2 und 829 Abs. 2 Satz 1 und Abs. 3 ZPO.

(i) Bewegliche Sachen und andere Vermögensgegenstände

Einfach liegt die Sache bei der Vollstreckung z.B. eines Arrestbefehls in bewegliche Sachen. Der Staat, in dem die bewegliche Sache belegen ist, ist inter-

---

[444] KROPHOLLER, Hdb. IZVR-I, Kap. III, Rdnr. 265 mwN. in N. 561; PFEIFFER, S. 602; mit gewissen Einschränkungen SCHRÖDER, S. 237 f. unter c) und 374 unter c)

[445] HEß/VOLLKOMMER, IPRax 1999, 220, 222 r.Sp.; HEß, IPRax 2000, 370, 372 ff.; STADLER, JZ 1999, 1089, 1093 unter b); SPELLENBERG/LEIBLE, ZZPInt. 4 (1999), 221, 229 f.; vgl. auch GRONSTEDT, S. 296

[446] Die Anknüpfung der Entscheidungszuständigkeit an die Belegenheit von Vermögensgegenständen im Entscheidungsstaat zwingt den Antragsteller nicht zu einem „Mosaik"-Verfahren. Dies wäre nur der Fall, wenn die einstweiligen Maßnahmen nicht anerkennungs- und vollstreckungsfähig, also in ihrer Wirkung räumlich auf den Entscheidungsstaat begrenzt wären.

national für den Erlaß des Arrestes zuständig. Gleiches gilt, wenn eine Arresthypothek für eine Forderung in das Grundbuch eingetragen werden soll; der Staat, in dessen Grenzen die Immobilie liegt, ist international zuständig. Für eine Vollstreckung in einen Gesellschaftsanteil des Antragsgegners gilt, daß dieser sowohl am Sitz der Gesellschaft als auch am Wohnsitz des Gesellschafters belegen ist.[447] Stellen z.B. Aktien die reale Verknüpfung her, so kommt es darauf an, wo die den Vermögenswert verkörpernden Inhaberpapiere tatsächlich verwahrt werden.[448]

(ii) Forderungen und das Problem der örtlichen Zuständigkeit

Komplizierter wird die Konkretisierung der realen Verknüpfung, wenn als real verknüpfende Vermögensgegenstände Forderungen des Antragsgegners gegen Dritte dienen. Die betroffenen Forderungen des Antragsgegners werden häufig auf mehrere Gerichtsbezirke verteilt sein, denn gemäß § 23 Satz 2, 1. Alternative ZPO sind Forderungen am Wohnsitz des (Dritt-) Schuldners belegen. Bei mehreren Forderungen gegen unterschiedliche Drittschuldner mit unterschiedlichen Wohnsitzen entstehen deshalb unterschiedliche reale Verknüpfungen. Da der EuGH im Tenor Nr. 5 vom „örtlichen Zuständigkeitsbereich des angerufenen Gerichts“ und in Textziffer 39 der Van Uden-Entscheidung vom „örtlich zuständige[n] Gericht“ spricht, wird die unterschiedlich Belegenheit von Forderungen in mehreren Gerichtsbezirken problematisch, denn es bestehen unterschiedliche örtliche Zuständigkeiten im Erlaßstaat für eine beantragte Eilmaßnahme.

Die Lösung des deutschen Rechts für die parallele Frage im nationalen Fall, nämliche eine Analogie zu § 23 S. 1 ZPO und die Ausdehnung der Zuständigkeit nur eines Gerichtes auf alle im Inland belegenen Forderungen[449], kann nicht einfach übertragen werden, denn Art. 31 EuGVVO/Art. 24 EuGVÜ stellt laut EuGH eine eigenständige Zuständigkeit dar.[450] Das Problem, ob der EuGH mit der Erlaßvoraussetzung der realen Verknüpfung nur die internationale oder auch die örtliche Zuständigkeit regeln wollte, wird kontrovers diskutiert.

Die Formulierung des EuGH im Tenor Nr. 5 der Van Uden-Entscheidung, es dürften nur Vermögensgegenstände im „örtlichen Zuständigkeitsbereich“ des angerufenen Gerichts betroffen sein, wird uneinheitlich ausgelegt. Nach einer Ansicht sei sie nicht als Regelung der örtlichen Zuständigkeit zu verstehen, denn

---

[447] BAUMBACH/LAUTERBACH, ZPO-Komm., § 23 Rdnr. 14

[448] OLG FRANKFURT, NJW-RR 1996, 186 ff.

[449] THÜMMEL NJW 1984, 472 f.

[450] EuGH, Rs. C-391/95, (Van Uden/Deco-Line), Slg. 1998, I-7091 Tz. 20, 28, 34; allgemein zur Verdrängung nationaler Regelungen durch EuGVVO und EuGVÜ KROPHOLLER, Europäisches Zivilprozeßrecht, vor Art. 2 Rdnrn. 16-18 und 20

dies sei zu eng und nach Sinn und Zweck der EuGVVO und des EuGVÜ nicht zu rechtfertigen; es sei das gesamte Hoheitsgebiet eines Mitglied-/Vertragsstaates gemeint.[451] Die Gegenansicht hält es für möglich, daß der EuGH die örtliche Zuständigkeit regeln wollte. Weil EuGVVO und EuGVÜ auch Bestimmungen über die örtliche Zuständigkeit enthalten, z.B. Artt. 5, 6 EuGVVO/EuGVÜ, sei der EuGH beim Wort zu nehmen, wenn er vom „örtlichen Zuständigkeitsbereich des angerufenen Gerichts" spreche. Nur so sei sichergestellt, daß „das die Hauptsache vorwegnehmende Gericht wirklich sachnah zur Gewährung einstweiligen Rechtsschutzes" sei.[452]

Zur Lösung der Frage muß man erneut auf einen sprachlichen Unterschied der Formulierungen im Tenor Nr. 5 der Van Uden-Entscheidung in der deutschen und niederländischen Fassung hinweisen. Verfahrenssprache im Van Uden-Prozeß war Niederländisch. In Tenor Nr. 5 findet sich die Formulierung „Vermögensgegenstände [...], die sich in de territorialebevoegdheidssfeer" des angesuchten Richters befinden oder befinden müßten. Dieser Begriff läßt sich nicht nur mit „örtlicher Zuständigkeitsbereich" übersetzen, sondern auch mit „staatsgebietlicher", "staatlicher", also internationaler Zuständigkeit.[453] Vergleicht man die italienische, französische und englische Übersetzung der Van Uden- und Mietz-Entscheidung mit der niederländischen Fassung, so wird jeweils von „territorialer Zuständigkeit" gesprochen. Nur die deutsche Übersetzung lautet auf „örtliche Zuständigkeit".

Aus niederländischer (Sprach-) Perspektive deutet diese Formulierung darauf hin, daß der EuGH eine Regelung der internationalen Zuständigkeit aufstellen wollte, denn Art. 11 Nr. 5 des niederländisch-belgischen Anerkennungs- und Vollstreckungsvertrages verwendet wie der EuGH die Formulierung „territoriale bevoegdheid" und meint damit die internationale Zuständigkeit.[454] Auch der Hoge Raad liest aus dem Van Uden-Urteil des EuGH keine örtliche Zuständigkeitsregel heraus, wie sich in seiner jüngsten Entscheidung zu Art. 31 EuGVVO/Art. 24 EuGVÜ vom 9.2.2001 zeigt. Dort ist die Rede von Vermögensgegenständen, die sich „binnen Nederland" befinden oder befinden müßten.[455] In der niederländischen Literatur wird dieser Teil des Van Uden-Tenors gleichfalls

451 STADLER JZ 1999, 1098, l. Sp.; HEẞ/VOLLKOMMER, IPRax 1999, 220, 224, l. Sp. unter 3.a.

452 SPELLENBERG/LEIBLE, ZZPInt 1999, 221, 230, 3. Textabsatz

453 KROPHOLLER, IPR, S. 513; SCHÜTZE, Deutsches IZPR, S. 32 Text zu N. 9

454 H.E. RAS, T.P.R. 1975, 851, 856 unter § 2.A.5.; Belgisch-niederländischer Anerkennungs- und Vollstreckungsvertrag vom 28.3.1925, RUTTIENS, Les Codes Belges, Band I – Matières civiles et commerciales, S. 459 ff.

455 HR NJ 2001, Nr. 290, S. 2067 ff., S. 2068, l.Sp.o., S. 2078 unter Tz. 3.5.

nicht als Andeutung einer örtlichen Zuständigkeit verstanden, sondern als Regelung der internationalen Zuständigkeit.[456]
Da die Befürworter einer örtlichen Zuständigkeitsregelung den Wortlaut des Van Uden-Tenors Nr. 5 ins Feld führen, ist ihr Argument vor dem Hintergrund der Originalfassung des Urteils in der niederländischen Verfahrenssprache und den italienischen, französischen und englischen Übersetzungen nicht überzeugend. Das weitere Argument, der EuGH sage in der Textziffer 39 des Van Uden-Urteils ausdrücklich, daß das Gericht am besten den Sicherungscharakter und die Einstweiligkeit einer Maßnahme garantieren könne, das „örtlich zuständig oder jedenfalls [für den Mitglied- bzw.] Vertragsstaat international zuständig"[457] sei, in dem sich die von der beantragten Maßnahme betroffenen Vermögensgegenstände befinden, greift nicht, denn in der niederländischen Ursprungsfassung des Urteils taucht der „örtliche Richter" (plaatselijke rechter) aus Textziffer 39 gerade nicht mehr im Tenor Nr. 5 auf.

Zwar bestimmen EuGVVO und EuGVÜ manchmal auch die örtliche Zuständigkeit (z.B. Art. 5 Nrn. 1, 2, 3, 5 EuGVVO/EuGVÜ), aber das ist nicht ihr eigentlicher Regelungsgegenstand und eher die Ausnahme. Aufgabe und Zweck von EuGVVO und EuGVÜ ist es, den internationalen Rechtsverkehr durch die Vereinheitlichung der internationalen Zuständigkeiten zu erleichtern.[458] Wenn der Van Uden-Tenor Nr. 5 vom „örtlichen Zuständigkeitsbereich des angerufenen Gerichts" spricht, ist diese Übersetzung zu eng. Die reale Verknüpfung enthält also keine örtliche Zuständigkeitsregel, sondern eine internationale. Damit wird zugleich eine zuständigkeitsrechtliche Zersplitterung vermieden, wenn Forderungen des Antragsgegners gegen Dritte das Eilverfahren mit der internationalen Zuständigkeit des Erlaßstaates real verknüpfen.[459]

(iii) Kontokorrentforderungen

Ein praktisch häufiger Sonderfall sind Kontokorrentforderungen des Antragsgegners gegen seine Bank, die ebenfalls real verknüpfende Vermögensgegenstände darstellen können. Da dies jeweils Forderungen des Kontoinhabers (Antragsgegners) gegen seine Bank sind, besteht eine reale Verknüpfung zum Sitzstaat der Bank. Als real verknüpfende Vermögenswerte kommen insbesondere

---

[456] KRAMER, NIPR 2000, 26, 28 r.Sp. unter 3.1. a.E.: „vermogensbestanddelen die zich op het Nederlandse territoir bevinden"; DERS., NTBR 1999, 76 r.Sp.; VLAS, NJ 1999 Nr. 339, S. 1868, Tz. 6 a.E.: „hier te lande".

[457] EuGH, Rs. 391/95, (Van Uden/Deco-Line), Slg. 1998, I-7091 Tz. 39.

[458] Präambel zum EuGVÜ und Erwägungsgrund Nr. 2 zur EuGVVO; WOLF, EuZW 2000, 11, 14 l.Sp.; STADLER, JZ 1999, 1098, l.Sp.; HEß/VOLLKOMMER, IPRax 1999, 220, 224 l.Sp. unter 3.a.; DEDEK, EWS 2000, 246, 251 Text zu N. 65

[459] Die Bestimmung der örtlichen Zuständigkeit liegt also beim jeweiligen nationalen Zuständigkeitsrecht. Hierzu THÜMMEL, NJW 1984, 472 f.

das gegenwärtige Kontokorrentguthaben und Guthaben zwischen den Rechnungsabschlüssen in Betracht.

bbb) Belegenheitsanknüpfung bei Leistungsverfügungen

Für Leistungsverfügungen auf einen vertraglichen Zahlungsanspruch macht der EuGH genauere Vorgaben für die Konkretisierung der realen Verknüpfung, denn er verlangt, daß eine Leistungsverfügung nur „bestimmte" Vermögensgegenstände betreffen darf, die sich im Zuständigkeitsbereich des angerufenen Gerichts befinden oder befinden müßten.[460] Wenn bisher lediglich ein einfacher Vollstreckungsbezug erforderlich war, um die internationale Zuständigkeit des Erlaßstaates mit der Eilmaßnahme real zu verknüpfen, dann ist für Leistungsverfügungen ein „bestimmter", ein qualifizierter Vollstreckungsbezug nötig, um eine internationale Entscheidungszuständigkeit gemäß Art. 31 EuGVVO/Art. 24 EuGVÜ begründen zu können.[461] Die Frage, wie diese Qualifikation zu erreichen ist, beantwortet der EuGH dahin, daß er vom Gläubiger verlangt, schon im Rahmen der Begründung der Entscheidungszuständigkeit sich auf bestimmte Vermögensgegenstände des Schuldners als real verknüpfende Vollstreckungsobjekte festzulegen. In der Vollstreckung einer Leistungsverfügung für eine vertragliche Gegenleistung (z.B. Zahlung von Geld) steht dann nicht mehr das gesamte Vermögen des Schuldners zu Verfügung, sondern nur noch die im vorhinein vom Gläubiger ausgewählten, benannten und im Erlaßstaat belegenen Vermögensgegenstände. Es ist STADLER also zuzustimmen, soweit sie eine sachliche Wirkungsbeschränkung für Leistungsverfügungen aus Art. 31 EuGVVO/Art. 24 EuGVÜ befürwortet.[462]

(i) Auswahlrecht des Gläubigers in der Zwangsvollstreckung

Diese Vorauswahl der Vollstreckungsgegenstände durch den Gläubiger schon im Rahmen der Zuständigkeitsbegründung erscheint aber aus zwei Gründen bedenklich: Zum einen könnte das Auswahlrecht des Gläubigers (gradus executionis) tangiert sein, zum anderen könnte darin eine unzulässige Vermengung von Zuständigkeits- und Zwangsvollstreckungsrecht liegen.

In der deutschen Rechtsprechung und Lehre ist umstritten, ob der Gläubiger im Zwangsvollstreckungsverfahren ein Weisungsrecht gegenüber dem Gerichtsvollzieher hat, welche Vermögensgegenstände des Schuldner dieser pfänden solle. Während eine Auffassung die unabhängige Rolle des Gerichtsvollziehers

---

460 EuGH, Rs. C-391/95, (Van Uden/Deco-Line), Slg. 1998, I-7091, Tz. 47

461 so schon GRONSTEDT, S. 296

462 STADLER, JZ 1999, 1089, 1098 l.Sp.

betont, der in erster Linie seine Amtspflichten als Vollstreckungsorgan zu erfüllen habe, verweist die andere Meinung darauf, daß der Gläubiger Herr des Vollstreckungsverfahrens ist.[463] Einigkeit über die Zulässigkeit besteht jedoch hinsichtlich solcher Weisungen des Gläubigers, nur bestimmte Vermögensgegenstände zu pfänden, wenn berechtigte Interessen des Schuldners nicht verletzt und keine überflüssigen Kosten oder zusätzliche Schwierigkeiten bei der Zwangsvollstreckung verursacht werden. Unzulässig ist eine Auswahl der Vollstreckungsgegenstände durch den Gläubiger, wenn dadurch zusätzlicher Druck auf den Schuldner ausgeübt werden soll, z.B. indem Gegenstände gepfändet werden sollen, an denen der Schuldner ein besonderes Affektionsinteresse hat.[464] Dem Gläubiger steht also nur ein Auswahlrecht zu, wenn er damit den Schuldner in dessen Rechtsposition oder Interessen nicht beeinträchtigt. Dann kann auch die vom EuGH verlangte Vorauswahl im Zeitpunkt der Zuständigkeitsprüfung dieses begrenzte Auswahlrecht des Gläubigers nicht unzulässig einschränken, denn die Einschränkung erfolgt im Interesse und zur Schonung des Schuldners.[465] Außerdem wird es gar nicht inhaltlich eingeschränkt, sondern nur zeitlich von der Zwangsvollstreckung zur Antragstellung vorverlagert.

(ii) Schutz des Schuldners in der Zwangsvollstreckung

Bei einer sachlichen Wirkungsbeschränkung von Leistungsverfügungen liegt auch keine unzulässige Vermengung von Zuständigkeits- und Zwangsvollstreckungsrecht vor, denn die Auswahl bestimmter Vollstreckungsgegenstände durch den Gläubiger zur Begründung einer Entscheidungszuständigkeit aus Art. 31 EuGVVO/Art. 24 EuGVÜ für eine Leistungsverfügung nimmt das (eventuell) nachfolgende Zwangsvollstreckungsverfahren nicht vorweg, berührt dieses also nicht unmittelbar. Die Stellung des Schuldners in der Zwangsvollstreckung wird nicht beeinträchtigt, denn ob die zeitlich vorverlagerte Auswahl der Vollstreckungsgegenstände seine Rechtsposition oder Interessen verletzt (z.B. Benennung teilweise unpfändbarer Vermögensgegenstände, wie das Arbeitseinkommen, vgl. § 850 c ZPO), wird im Vollstreckungsverfahren für die Leistungsverfügung noch geprüft. Allein die Benennung bestimmter Vermögensgegenstände im Rahmen der Zuständigkeitsbegründung nach Art. 31 EuGVVO/Art. 24 EuGVÜ hebt die nationalen Vollstreckungsschutzvorschriften nicht auf. Die Entscheidungszuständigkeit für den Erlaß einer Leistungsverfügung an eine spätere Vollstreckungsmöglichkeit zu knüpfen, kann klar von Zwangsvollstreckungsmaßnahmen abgegrenzt werden.[466]

---

463 ausführlich ROSENBERG/GAUL/SCHILKEN, S. 423 f.

464 LACKMANN, Rdnr. 118; ROSENBERG/GAUL/SCHILKEN, S. 424 unter a)

465 Zu Grundsatz der „schonendsten Effektivität“ im internationalen, einstweiligen Rechtsschutz s.o. S. 52 f.

466 siehe oben zum Verhältnis von Art. 31 EuGVVO/Art. 24 EuGVÜ und Art. 22 Nr. 5 EuGVVO/Art. 16 Nr. 5 EuGVÜ, S. 110 ff.

ccc) Zwischenergebnis: Die reale Verknüpfung als sachliche Wirkungsbeschränkung

Man kann festhalten, daß die Belegenheits- bzw. Vollstreckungsanknüpfung („reale Verknüpfung") der Entscheidungszuständigkeit sich bei Leistungsverfügungen für vertragliche Ansprüche aus Art. 31 EuGVVO/Art. 24 EuGVÜ dahin konkretisiert, daß der Gläubiger im Rahmen seines Leistungsverfügungsantrages die später von der (eventuellen) Zwangsvollstreckung der beantragten Leistungsverfügung betroffenen Vermögensgegenstände des Schuldners bestimmen muß. Die auf dieser Zuständigkeitsgrundlage basierende Leistungsverfügung kann später nur in die im Leistungsverfügungsantrag und ebenso im Verfügungstenor aufgelisteten Vermögensgegenstände des Schuldners vollstreckt werden, wobei die nationalen Vollstreckungshindernisse (z.B. Unpfändbarkeit eines Vermögensgegenstandes) oder andere vollstreckungshindernde Umstände (z.B. Untergang eines Vermögensgegenstandes) zu Lasten des Gläubigers gehen.

Für Sicherungs- und Regelungsmaßnahmen, die die Hauptsache nicht vorwegnehmen, besteht eine derartige sachliche Wirkungsbeschränkung nicht.

(3) Folgen der realen Verknüpfung als sachlicher Wirkungsbeschränkung

Diese Anforderung an den Gläubiger, sich schon im Leistungsverfügungsantrag auf bestimmte Vollstreckungsgegenstände festzulegen, hat einen besonderen Effekt. Er läuft darauf hinaus, daß der EuGH mit der sachlichen Wirkungsbeschränkung einer Leistungsverfügung auf bestimmte Vermögensgegenstände eine Art „wirtschaftlichen Vermögensbegriff" etabliert.

aaa) „Wirtschaftlicher Vermögensbegriff" bzw. Wertdeckungsverhältnis zwischen Anspruch und betroffenen Vermögensgegenständen

Der Gläubiger hat ein selbstverständliches Interesse, eine beantragte und zugesprochene Leistungsverfügung schnell zu vollstrecken und in Geld umzumünzen. Deshalb wird er in seinem Leistungsverfügungsantrag jeden Vermögensgegenstand auflisten, den er im Eigentum des Schuldners und im Staat des von ihm angerufenen Gerichts vermutet. Zu einer „Übersicherung" zu Lasten des Schuldners kann es dabei nicht kommen, denn nach Erfüllung des in der Leistungsverfügung titulierten Anspruches im Wege der Zwangsvollstreckung können noch „übrige", im Verfügungstenor aufgelistete Vermögensgegenstände nicht mehr verwertet werden.

Reichen die vom Gläubiger bestimmten Vermögensgegenstände zur Erfüllung seines Anspruches im Wege der Zwangsvollstreckung nicht aus, so muß er umständlich, teuer und zeitraubend erneut eine Leistungsverfügung unter Benennung anderer, im Erlaßstaat belegener Vermögensgegenstände des Schuldners beantragen, denn seine erste Leistungsverfügung ist in ihrer Wirkung sachlich begrenzt. Damit zwingt der EuGH den Gläubiger, in seinem eigenen Interesse für ein wirtschaftliches Deckungsverhältnis zwischen dem im Erlaßstaat belegenen, vollstreckungstauglichen Vermögen und seinem geltend gemachten Anspruch zu sorgen. Den Richter trifft dabei nicht die Pflicht, den Wert der vom Antragsteller benannten Vermögensgegenstände zu schätzen, erst recht nicht zu ermitteln. Dies würde das jeweilige Eilverfahren erheblich verzögern und seine Effektivität gefährden.

Gegen eine solche sachliche Wirkungsbeschränkung wurde vorgebracht, daß dadurch ein Verfahren weniger vorhersehbar und berechenbar würde, weil dem Antragsteller die Ungewißheit aufgebürdet wird, in welcher Höhe seine Leistungsverfügung später vollstreckbar sein wird.[467] Dieses Argument, das in der Kontroverse um § 23 ZPO benutzt wird, ist aber nicht auf die Problematik des Art. 31 EuGVVO/Art. 24 EuGVÜ übertragbar. Im europäischen Fall hat der Antragsteller mit den Hauptsachezuständigkeiten Gerichtsstände für sachlich unbegrenzte und damit vorhersehbare und berechenbare Leistungsverfügungen zur Hand. Das System von Entscheidungszuständigkeiten in den Artt. 2 und 5 ff. EuGVVO/EUGVÜ darf durch Art. 31 EuGVVO/Art. 24 EuGVÜ nicht ausgehebelt werden, was eine einschränkende Auslegung des Art. 31 EuGVVO/Art. 24 EuGVÜ zu Lasten des Antragstellers rechtfertigt.

Der EuGH mußte zu diesen Weg wählen, denn es ist ihm nicht möglich, diejenigen Zuständigkeitsnormen der nationalen Verfahrensrechte, die ein solches wirtschaftliches Deckungsverhältnis zwischen Anspruch und zuständigkeitsbegründendem Vermögen nicht enthalten, zu ändern oder anders auszulegen. Da Art. 31 EuGVVO/Art. 24 EuGVÜ in seinem Wortlaut keinen Begriff enthält, aus dem sich ein solches wirtschaftliches Deckungsverhältnis herleiten läßt, mußte er mittels einer sachlichen Wirkungsbeschränkung für Leistungsverfügungen den Gläubiger dazu bringen, im eigenen Interesse für ein Wertdeckungsverhältnis zwischen seinem Anspruch und dem zuständigkeitsbegründenden Vermögen des Schuldners zu sorgen.

---

467 STEIN-JONAS-SCHUMANN, § 23 ZPO, Rdnr. 16 a Text zu N. 74

bbb) Keine Teilzuständigkeit des Eilrichters

Fraglich ist, ob neben der Beschränkung der Vollstreckbarkeit einer Leistungsverfügung auf die vom Antragsteller im vorhinein benannten Vermögensgegenstände auch die Entscheidungszuständigkeit beschränkt werden soll.[468] Der faktische Zwang auf den Gläubiger, ein wirtschaftliches Deckungsverhältnis zwischen den von einer Leistungsverfügung betroffenen Vermögensgegenständen des Antragsgegners und seinem Anspruch zu beachten, spricht gegen die teilweise vertretene Ansicht, daß sich die Zuständigkeit des angerufenen Gerichts auf die voraussichtlich im Inland vollstreckbare Summe beschränke. Eine solche „sachliche Teilzuständigkeit“, orientiert an einem bloß geschätzten Wert von nur vermutlich im Inland belegenen Vermögensgegenständen, läßt sich weder aus Wortlaut noch Geschichte des Art. 31 EuGVVO/Art. 24 EuGVÜ begründen. Die sachliche Zuständigkeit ist außerdem nicht Regelungsgegenstand von EuGVVO und EuGVÜ.[469] Eine Teilzuständigkeit würde darüberhinaus zu einer Aufspaltung des Streitgegenstandes führen.[470] Gegen eine geschätzte Teilzuständigkeit spricht auch, daß sie sich nicht in das System von EuGVVO und EuGVÜ einfügt und der EuGH es dem Gläubiger und nicht dem Richter auflasten will, ein Wertdeckungsverhältnis von Anspruch und zuständigkeitsbegründendem Vermögen herzustellen. Der Richter ist in den regelmäßig eiligen Fällen des einstweiligen Rechtsschutzes mit der summarischen Prüfung des Anspruchsgrundes schon ausreichend beschäftigt. Ihm noch Schätzungen hinsichtlich des möglichen Wertes von vermutlich im Inland belegenen Vermögensgegenständen aufzubürden, würde den einstweiligen Rechtsschutz aus Art. 31 EuGVVO/Art. 24 EuGVÜ nur verzögern und dessen Effektivität gefährden.[471] Das liefe den Parteiinteressen zuwider.[472]

bb) Reale Verknüpfung, „doing business“ und Beweismaß

Die Formulierung, daß nur „bestimmte“ Vermögensgegenstände von einer Leistungsverfügung betroffen sein dürfen, die sich im Zuständigkeitsbereich des angerufenen Gerichtes „befinden oder befinden müßten“, zielt nicht nur auf eine

---

468 KRAMER, NTBR 1999, 76 r.Sp.u. bis 77 l.Sp.o.; STADLER, JZ 1999, 1089, S. 1094, l.Sp. zu N. 63; für § 23 ZPO vorgeschlagen von KROPHOLLER, ZfRV 23 (1982), S. 1, 8 unter d); DERS. Hdb. IZVR-I, Kap. III Rdnr. 342

469 KROPHOLLER, Europäisches Zivilprozeßrecht, vor Art. 2 Rdnr. 4

470 SCHACK, ZZP 97 (1984), 46, 64 unter 3.

471 STEIN-JONAS-SCHUMANN, § 23 ZPO Rdnr. 16 a, S. 431 o.: „prozeß-ökonomisch nicht zu vertreten“.

472 s.o. zu den Parteiinteressen im internationalen Eilverfahren, S. 46 ff.

sachliche Wirkungsbeschränkung von Leistungsverfügungen, sondern wirft weitere Fragen auf.

(1) Reale Verknüpfung, „doing business" und zukünftige Vermögensgegenstände

Die niederländischen Vorinstanzen im Van Uden-Fall erörterten das Problem, ob sich eine internationale Zuständigkeit darauf stützen läßt, daß der kort geding-Beklagte am internationalen Handelsverkehr[473] teilnimmt und aus diesem Grund in den Niederlanden Forderungen erwerben werde, in die eine einstweilige Maßnahme vollstreckt werden könne. In diesem Sinne bejahte der Präsident des Landgerichts Rotterdam seine internationale Zuständigkeit.[474] Die Rechtsmittelinstanz in Den Haag hob dessen Inkassoverfügung mit dem Argument auf, daß die bloße Möglichkeit eines zukünftigen Forderungserwerbs des kort geding-Beklagten in den Niederlanden eine internationale Zuständigkeit nicht begründen könne.[475] Der Hoge Raad griff das Problem in seinen Vorlagefragen auf,[476] und der EuGH bezog es bei der Umformulierung der acht Vorlagefragen in nur drei Fragen ausdrücklich mit ein:

> „[Es] fragt das vorlegende Gericht, ob die Zuständigkeit des Gerichtes des vorläufigen Rechtsschutzes von der Voraussetzung abhängt, daß [..] die beantragte Anordnung in dem betreffenden Gerichtsstaat [...] vollstreckt werden kann, und ob es erforderlich ist, daß diese Voraussetzung [bereits] bei der Stellung des Antrags erfüllt ist."[477]

Bis zum Tenor Nr. 5 der Entscheidung erwähnt der EuGH diese Problematik mit keinem Wort mehr. Da nicht anzunehmen ist, daß die Richter eine von ihnen selbst umformulierte Vorlagefrage auf wenigen Seiten Urteilsbegründung vergessen haben, darf man im Tenor Nr. 5 der Van Uden-Entscheidung die Antwort auf diese Frage sehen.

Es bieten sich zwei Verständnismöglichkeiten: Die Formulierung „bestimmte Vermögensgegenstände" enthält einen Hinweis auf das vollstreckungsrechtliche Bestimmtheitsgebot.[478] Entweder man betont, daß die Vermögensgegenstände

---

[473] Zur doing-business-Zuständigkeit im US-amerikanischen Recht siehe H. MÜLLER, insbesondere S. 21-23, 33-37, 46-56

[474] EuGH, Rs. C-391/95, (Van Uden/Deco-Line), Slg. 1998, I-7091, Tz. 13

[475] EuGH, Rs. C-391/95, (Van Uden/Deco-Line), Slg. 1998, I-7091, Tz. 16

[476] EuGH, Rs. C-391/95, (Van Uden/Deco-Line), Slg. 1998, I-7091, Tz. 17 Nr. 2 und Nr. 8, jeweils a.E.

[477] EuGH, Rs. C-391/95, (Van Uden/Deco-Line), Slg. 1998, I-7091, Tz. 18, 2. Spiegelstrich

[478] zum Bestimmtheitsgebot im Vollstreckungsrecht ROSENBERG/GAUL/SCHILKEN, Zwangsvollstreckungsrecht, S. 104 unter III.

„bestimmt“ sein müssen, und versteht dies streng dahin, daß schon im Zeitpunkt der Zuständigkeitsprüfung die real verknüpfenden Vermögensgegenstände, insbesondere Forderungen entstanden sein müssen, oder man legt den Schwerpunkt auf den Konjunktiv, daß auch solche Vermögensgegenstände für eine reale Verknüpfung genügen, die sich im Erlaßstaat „befinden oder befinden müßten“. Dann könnten bei großzügiger Handhabung auch zukünftige Forderungen eine taugliche Grundlage für eine internationale Zuständigkeitsanknüpfung darstellen.

Hält man sich die Voraussetzungen für eine Abtretung zukünftiger Forderungen nach deutschem Recht vor Augen, zeigt sich das Problem deutlich. Da eine Forderungsabtretung eine Verfügung ist, muß ihr Gegenstand bestimmt oder zumindest bestimmbar sein. Eine Forderung ist in diesem Sinne bestimmbar, wenn sie mit so hinreichender Deutlichkeit bezeichnet ist, „daß es nur noch der Entstehung der Forderung bedarf, um die Abtretung wirksam werden zu lassen“.[479] Falls die Forderung nicht entsteht, liegt eben keine wirksame Abtretung vor. Aus der gescheiterten Abtretung entstehen keine weiteren Rechtsfolgen. Anders ist es im internationalen Zuständigkeitsrecht, denn hier würde einer Leistungsverfügung die Zuständigkeitsgrundlage wegbrechen, wenn die als Vermögensgegenstand des Antragsgegners benannte, zukünftige Forderung entgegen der Einschätzung des Antragstellers nicht entsteht. Im Rahmen der Zuständigkeitsfrage müßten dann Forderungen als Vermögensgegenstände „bestimmt“ im Sinne von „schon existent“ sein. Die Zuständigkeit gemäß Art. 31 EuGVVO/Art. 24 EuGVÜ würde eine „reale“ Verknüpfung voraussetzen, die durch zukünftige und deshalb „fiktive“ Vermögensgegenstände nicht begründet werden könnte.[480]

Diese Argumentation wird aber durch die wohl unklarste Wendung im Van Uden-Urteil relativiert. Der EuGH formuliert, daß sich die Vermögensgegenstände des Antragsgegners im Zuständigkeitsbereich des angerufenen Gerichts „befinden oder befinden müßten“.[481] Es bieten sich drei Auslegungsmöglichkeiten – wobei die folgenden Ausführungen für alle Vermögensgegenstände und nicht nur für Forderungen gelten: Entweder bezieht sich der Konjunktiv auf die vermutete Existenz der Vermögensgegenstände an sich, auf die Existenz gerade im Erlaßstaat, also die Belegenheit oder auf beide Zuständigkeitsvoraussetzungen. Die Probleme verdichten sich an dieser Stelle, da nicht nur juristische sondern auch sprachliche Unklarheiten hinzukommen. Während die bisherigen Unter-

---

479 h.M., siehe SOERGEL-ZEISS, § 398 Rdnr. 7 und BGH NJW 1995, 1668, 1669 l.Sp. unter cc)

480 STADLER, JZ 1999, 1089, 1094, l.Sp.o.

481 EuGH, Rs. C-391/95, (Van Uden/Deco-Line), Slg. 1998, I-7091, Tz. 47 und Tenor Nr. 5 a.E.

schiede zwischen niederländischem Ursprungsurteil und deutscher Übersetzung recht einfach abzustecken waren, öffnet sich nun ein weiteres Gelände.

Die Formulierung in der Verfahrenssprache Niederländisch lautet im Van Uden- und im Mietz-Urteil: bestimmte Vermögensgegenstände, die sich im Zuständigkeitsbereich des angerufenen Gerichts „(zullen) bevinden". Das auch im Originalurteil eingeklammerte Hilfsverb „zullen" wird im Niederländischen sowohl zur Bildung des Futur (werden), zur Formulierung von Geboten (sollen) als auch zum Ausdruck von Wahrscheinlichkeiten und Vermutungen (müßten) benutzt.[482] Es bieten sich also folgende Verständnisvarianten an. Erstens, daß auch Gegenstände, die sich noch nicht im Zuständigkeitsbereich des angerufenen Richters befinden, eine reale Verknüpfung begründen können, wenn sie sich zukünftig dort befinden werden – bezogen sowohl auf ihre Existenz, als ihre Belegenheit. Zweitens, daß eine reale Verknüpfung zu einem Staat besteht, wenn sich bestimmte Vermögensgegenstände dort befinden oder befinden sollen, sich also ihrer vom Antragsgegner in der Vergangenheit vorgenommenen Funktions- und Lagebestimmung, ihrer „Gebrauchswidmung" nach an einem bestimmten Ort befinden sollen. Drittens, daß die reale Verknüpfung für Vermögensgegenstände besteht, die sich nicht bloß bestimmungsgemäß, sondern gewohnheitsgemäß oder rein tatsächlich (u.U. also auch entgegen ihrer Gebrauchswidmung) vermutlich im Erlaßstaat befinden oder befinden müßten.

Während kleine Handwörterbücher des Niederländischen die Bedeutung von „zullen" im Sinne von „werden" an erster Stelle nennen, sagt das Großwörterbuch VAN DALE, daß die Bedeutung als Ausdrucksmittel für Zukünftiges sekundär sei. „Zullen" beschreibe Ge- oder Verbote die aus einer sittlichen Pflicht oder kraft der Macht einer Autorität Geltung erlangen.[483] Zur Komplettierung der Unklarheiten favorisiert aber das Basiswörterbuch VAN DALE eine andere Übersetzung von „zullen". Dort wird die Bedeutung als Hilfsverb zur Bildung des Futurs vor alle anderen Bedeutungsmöglichkeiten gestellt. Dann müßte man die Formulierung „(zullen) bevinden" dahin verstehen, daß auch noch nicht existente Vermögensgegenstände, insbesondere zukünftige Forderungen zur Begründung einer realen Verknüpfung ausreichen.

In diesem Sinne wird die Formulierung auch in der niederländischen Literatur verstanden.[484] Aber ebenfalls nicht einheitlich. KRAMER versteht „zullen" einmal

---

[482] VAN DALE, Groot Woordenboek der Nederlandse taal, S. 4116 f.
[483] VAN DALE, Groot Woordenboek der Nederlandse taal, S. 4116
[484] VLAS, NJ 1999, Nr. 339, S. 1868 r.Sp., Tz. 6 a.E.

als Ausdruck einer Wahrscheinlichkeit (aannemelijk)[485], ein andermal als Hinweis auf zukünftige Forderungen[486].

Die Lösung des Problems läßt sich nicht mit semantischer Mikroskopie entdecken. Ob das Wort „zullen" im niederländischen Urteilstext entweder auf die Zukunft oder die bloße Möglichkeit der Existenz von Vermögen im Erlaßstaat hinweist, ist sachlich das gleiche. In jedem Verweis auf zukünftige Tatsachen liegt nämlich ein Wahrscheinlichkeitselement, denn die zukünftige Sachverhaltsentwicklung ist nie mit Gewißheit vorhersagbar. Dann wären auch Forderungen, die im Zeitpunkt der Antragstellung noch nicht existent sind, Vermögensgegenstände, die eine Eilzuständigkeit nach Art. 31 EuGVVO/Art. 24 EuGVÜ begründen können.

Für diese Ansicht spricht, daß das Entstehen oder Nicht-Entstehen von Forderungen, allgemeiner die Existenz oder Nicht-Existenz von real verknüpfenden Vermögensgegenständen zu Lasten des Antragstellers geht. Benennt der Antragsteller als Vermögensgegenstand z.B. ein Auto des Antragsgegners und geht dieses bis zur Zwangsvollstreckung der Leistungsverfügung wegen eines Unfalls unter, trifft dies den Antragsteller, denn seine Leistungsverfügung ist in ihrer Wirkung auf die zu Beginn des Eilverfahrens bestimmten Vermögensgegenstände sachlich beschränkt. Es stellt aber für die Wirkung einer Leistungsverfügung und damit hinsichtlich der Umgehungsgefahr für das System der Hauptsachezuständigkeiten von EuGVVO und EuGVÜ keinen Unterschied dar, ob die vom Antragsteller bestimmten Vermögensgegenstände nach Erlaß der Leistungsverfügung untergehen oder erst gar nicht entstehen. Der Antragsteller trägt eben nicht nur das Rechts- bzw. Vollstreckungsrisiko, sondern auch das Veritätsrisiko.[487] Demnach kann eine internationale Zuständigkeit aus Art. 31 EuGVVO/Art. 24 EuGVÜ auf zukünftige Forderungen gestützt werden. Der Konjunktiv in der Formulierung „befinden oder befinden müßten" zielt also auf die Frage, ob die vom Antragsteller bestimmten Vermögensgegenstände überhaupt existieren.

Zugleich bezieht er sich auf die Frage, ob die benannten Vermögensgegenstände gerade im Erlaßstaat existieren, sie also dort belegen sind. Da im summarischen Eilverfahren der Richter keine Zeit hat, die behauptete Belegenheit der Vermö-

---

485 KRAMER, NIPR 2000, 26, 29, r.Sp. unter 3.2.

486 KRAMER, NTBR 1999, 77 l.Sp. unter 3.3

487 Wie der Verkäufer einer Forderung für die Verität des von ihm veräußerten Rechts haftet, § 437 Abs. 1 BGB, so muß auch der Antragsteller einer Leistungsverfügung gemäß Art. 31 EuGVVO/Art. 24 EuGVÜ die Folgen des Untergangs oder Nicht-Entstehens eines Vermögensgegenstandes tragen.

gensgegenstände in einer umfassenden Beweisaufnahme zweifelsfrei festzustellen, kann es immer nur um eine Belegenheitsprognose gehen.[488]

Diese Prognose darf sich aber nicht in der ungeprüften Akzeptanz z.B. der pauschalen Behauptung des Antragstellers erschöpfen, der Antragsgegner nehme am internationalen Handelsverkehr (doing business) teil und werde schon einmal Forderungen erwerben, die im Entscheidungsstaat belegen sein werden. Sonst könnte der Gläubiger den wirtschaftlichen Aktionsraum seines Schuldners für die Zukunft beschränken, indem er in jedem Mitglied- bzw. Vertragsstaat Leistungsverfügungen gemäß Art. 31 EuGVVO/Art. 24 EuGVÜ auf Vorrat beantragt.[489] Damit zukünftige Forderungen eine reale Verknüpfung herstellen können, muß also der Antragsteller nachweisen, daß der Antragsgegner gerade im Entscheidungsstaat geschäftlich aktiv ist.

(2) Zum Beweismaß

Darüberhinaus bleibt das Problem des Beweismaßes. Die Formulierung „befinden oder befinden müßte" wurde als Hinweis auf ein eingeschränktes Beweismaß im Rahmen des einstweiligen Rechtsschutzes interpretiert.[490] Während in Hauptverfahren in der Regel[491] die volle richterliche Überzeugung von der Wahrheit einer Tatsachenbehauptung verlangt wird, verzichtet z.B. das deutsche Recht im einstweiligen Rechtsschutz auf diesen hohen Beweismaßstandard und läßt ein geringeres Maß an Wahrscheinlichkeit genügen, indem es neben den Mitteln des Strengbeweises noch die Glaubhaftmachung als Beweismittel zuläßt, §§ 920 Abs. 2, 936, 294 Abs. 1 ZPO.[492]

Ob der EuGH tatsächlich auf eine Absenkung des Beweismaßes in summarischen Verfahren Bezug nimmt, ist insbesondere für den Antragsteller von Be-

---

488 siehe oben S. 109

489 Das Risiko eines solchen Mißbrauchs von Leistungsverfügungen aus Art. 31 EuGVVO/Art. 24 EuGVÜ ist gering, denn der Antragsteller müßte für jede Leistungsverfügung eine Sicherheitsleistung stellen und aufrechterhalten. Da eine ernst zu nehmende Beschränkung der wirtschaftlichen Entwicklungsfreiheit des Antragsgegners nur mit Leistungsverfügungen geschaffen wird, die eine hohe Forderung titulieren, werden die Kosten für die Sicherheitsleistung entsprechend hoch sein. Die Kosten-Nutzen-Relation von „Vorrats"-Verfügungen ist für den Gläubiger also sehr ungünstig.

490 SPELLENBERG/LEIBLE, ZZPInt 4 (1999), 221, 230 f.

491 Die Anforderungen an das Beweismaß sind in den Mitgliedstaaten der EU bzw. den Vertragsstaaten des EuGVÜ unterschiedlich. Während das deutsche Recht eine an Sicherheit grenzende Wahrscheinlichkeit in Hauptverfahren verlangt, begnügt sich das schwedische Recht mit einer „einfachen überwiegenden Wahrscheinlichkeit", SCHACK, IZVR, Rdnr. 695. Dem schwedischen Recht insofern ähnlich ist der anglo-amerikanische Rechtskreis, COESTER-WALTJEN, Rdnr. 358

492 allgemein zur Glaubhaftmachung MÜKO-ZPO-PRÜTTING, § 286 Rdnr. 40, § 294 Rdnr. 24

deutung. Es stellt für ihn einen erheblichen Unterschied dar, ob er den Richter im Eilverfahren von der an Sicherheit grenzenden Wahrscheinlichkeit einer Tatsachenbehauptung (der Belegenheit von Vermögensgegenständen im Erlaßstaat) mit den Beweismitteln der ZPO (Zeugen, Augenschein, Urkunde, Sachverständige, Parteivernehmung) überzeugen muß, oder ob er den Richter mit einer Versicherung an Eides Statt überzeugen darf, daß die behauptete Tatsache überwiegend wahrscheinlich ist. Fraglich ist also, ob sich der Konjunktiv „müßte“ auf die Tatsache (Strengbeweis nicht für die exakte, sondern für die wahrscheinliche[493] Belegenheit), das Beweismaß (Glaubhaftmachung nicht hinsichtlich der wahrscheinlichen, sondern der genauen Belegenheit) oder auf beides (Glaubhaftmachung der wahrscheinlichen Belegenheit) bezieht.

Das Problem, welches Beweismaß anzulegen ist, kann man nach dem Prozeßrecht der lex fori beurteilen, wenn man ihren Zusammenhang mit der Beweiswürdigung betont.[494] Andere heben die unmittelbare Bedeutung der Beweismaßanforderungen für die Sachentscheidung hervor und kommen so zur Geltung der lex causae.[495]

Daß der EuGH sich zu Fragen des Beweismaßes überhaupt äußern wollte, kann gerade im Zusammenhang mit Leistungsverfügungen nicht von vorneherein ausgeschlossen werden. So wird z.B. in der deutschen Lehre vertreten, daß für hauptsacheersetzende Eilmaßnahmen wie einer Leistungsverfügung die Senkung des Beweismaßes nicht gelten solle.[496]

Die Formulierung „befinden oder befinden müßte“ kann gleichwohl keine Entscheidung über die Anknüpfung des Beweismaßes enthalten, sondern allenfalls die Kundgabe des EuGH, ein niedrigeres Beweismaß der nationalen Prozeßrechte in summarischen Verfahren – unabhängig von deren Anknüpfung – in seine Überlegungen mit einbezogen zu haben. Anders kann man diese Formulierung nicht auslegen, denn EuGVVO und EuGVÜ haben die direkte und indirekte Zuständigkeit zum Regelungsgegenstand und nicht das internationale Beweisrecht, insbesondere nicht die Anknüpfung des Beweismaßes.[497]

---

493 Auch Prognosen können Gegenstand eines Beweisantrags sein, MüKo-ZPO-Prütting, § 284 Rdnr. 41, S. 1760.

494 Schack, IZVR, Rdnr. 698; allgemein MüKo-ZPO-Prütting, § 294 Rdnr. 1

495 Buciek, S. 283; Geimer, IZPR, Rdnr. 2334

496 Scherer, S. 89 unter 4., S. 95 unten; a.A. mit überzeugenden Argumenten z.B. MüKo-ZPO-Prütting, § 294 Rdnr. 25

497 siehe Art. 293 EG, die Präambel zum EuGVÜ und Erwägungsgründe Nr. 2 und 6 zur EuGVVO

Der Antragsteller muß also nur beweisen, daß die von ihm benannten Vermögensgegenstände des Antragstellers wahrscheinlich im Erlaßstaat belegen sind. Ob er auf die Mittel des Strengbeweises verpflichtet ist oder nur ein abgesenktes Beweismaß erfüllen muß, entscheidet das jeweilige, nationale Verfahrensrecht.

3. Ergebnis der Bewertung: Die reale Verknüpfung als Belegenheitsanknüpfung und sachliche Wirkungsbeschränkung

STADLERs Auslegung der realen Verknüpfung und des Tenors Nr. 5 der Van Uden-Entscheidung als strikter, territorialer Wirkungsbeschränkung kann nicht gefolgt werden. Die Voraussetzung für Art. 31 EuGVVO/Art. 24 EuGVÜ, daß der Gegenstand einer einstweiligen Maßnahme mit der gebietsbezogenen Zuständigkeit des angerufenen Gerichts real verknüpft sein muß bzw. daß „die beantragte Maßnahme nur bestimmte Vermögensgegenstände des Antragsgegners betrifft", bestimmt in erster Linie die Entscheidungszuständigkeit im Sinne einer (qualifizierten) Belegenheitsanknüpfung und reglementiert nicht die Anerkennung und Vollstreckung von Leistungsverfügungen aus Art. 31 EuGVVO/Art. 24 EuGVÜ. Vielmehr sind Leistungsverfügungen in den Grenzen der sachlichen Wirkungsbeschränkung wie jede andere Entscheidung anerkennungs- und vollstreckungsfähig, z.B. wenn ein Vermögensgegenstand zwischen Antragstellung und Vollstreckung einer Leistungsverfügung ins Ausland verbracht wird oder der Drittschuldner einer betroffenen Forderung seinen Wohnsitz ins Ausland verlegt.[498]

Die vorstehenden Ausführungen könnten den Eindruck vermitteln, der Antragsteller könne überall in Europa eine Leistungsverfügung beantragen und bekommen, indem er schlicht die Existenz und Belegenheit von Vermögensgegenständen des Antragstellers im Forumstaat oder die Teilnahme seines Schuldners am internationalen Handelsverkehr behauptet und mittels einer Versicherung an Eides Statt locker beweist. Eine richterliche Kontrolle der Existenz und des Wertes der vom Antragsteller benannten Vermögensgegenstände findet ja nicht statt. Damit könnte dem forum shopping für Leistungsverfügungen Tür und Tor geöffnet sein.

---

498 SPELLENBERG/LEIBLE, ZZPInt 4 (1999), 221 ff., 231 o. Nicht zulässig ist dagegen eine „erweiterte perpetuatio fori" (so HEß/VOLLKOMMER, IPRax 1999, 220, 224, l.Sp. unter 3.a) in dem Sinne, daß die Verbringung eines Vermögensgegenstandes ins Ausland vor der Antragstellung dem Gläubiger gemäß Art. 31 EuGVVO/Art. 24 EuGVÜ einen Gerichtsstand im Inland sichern kann. Eine perpetuatio fori setzt nämlich die Antragstellung im Sinne der Wahl eines Forums voraus.

Dem ist aber nicht so. Der Antragsteller muß auch bei einer Glaubhaftmachung den Richter immer noch von der überwiegenden Wahrscheinlichkeit[499] überzeugen, daß die benannten Vermögensgegenstände tatsächlich im Staat des angerufenen Gerichts belegen sind. Erfundene Vermögensgegenstände oder die vorgeschobene Behauptung, der Antragsgegner nehme allgemein am internationalen Handelsverkehr teil und werde schon irgendwann einmal auch im Entscheidungsstaat belegene Forderungen erwerben, bringen dem Antragsteller außerdem nichts, denn die so erhaltene Leistungsverfügung wäre sachlich nicht verwertbar. Der Richter muß von einer Teilnahme des Antragstellers am Handelsverkehr gerade im Entscheidungsstaat überzeugt werden. So kann der Gläubiger nicht die wirtschaftliche Entfaltungsfreiheit seines Schuldners für die Zukunft einengen, indem er Leistungsverfügungen in jedem Mitglied- bzw. Vertragsstaat auf Vorrat hortet.

[499] MÜKO-ZPO-PRÜTTING, § 294 Rdnr. 24

§ 12 Anerkennungs- und Vollstreckungskontrolle

A. Anerkennungs- und Vollstreckungskontrolle und Art. 35 EuGVVO/Art. 28 EuGVÜ

Der EuGH formulierte im Tenor Nr. 5 der Van Uden-Entscheidung, daß eine Leistungsverfügung auf vertragliche Ansprüche nur dann den Begriff der „einstweiligen Maßnahme" iSd Art. 31 EuGVVO/Art. 24 EuGVÜ erfüllt, wenn eine ausreichende Sicherheitsleistung und eine räumliche Nähebeziehung zwischen den von der Leistungsverfügung betroffenen Vermögensgegenständen und dem Zuständigkeitsbereich des angerufenen Gerichts gegeben sind. Er behandelt die räumliche und damit zuständigkeitsrechtliche Nähebeziehung als Teil des Maßnahmebegriffes. Dies hat einen besonderen Effekt: Grundsätzlich darf das Zweitgericht nicht nachprüfen, ob die Zuständigkeitsnormen von EuGVVO oder EuGVÜ richtig angewandt wurden, Art. 35 Abs. 3 EuGVVO/Art. 28 Abs. 3 EuGVÜ. Steht aber die Anerkennung und Vollstreckung einer Leistungsverfügung aus Art. 31 EuGVVO/Art. 24 EuGVÜ an, müsse das Exequaturgericht prüfen, ob die Voraussetzungen des Maßnahmebegriffes des Art. 31 EuGVVO/Art. 24 EuGVÜ eingehalten wurden. Habe das Erstgericht versäumt, seine Zuständigkeitsgrundlage ausdrücklich zu benennen oder ergebe sich diese nicht aus den Gründen der anzuerkennenden Leistungsverfügung, sei zu unterstellen, daß die Verfügung auf Art. 31 EuGVVO/Art. 24 EuGVÜ basiere. Fehle dann eine der Voraussetzungen des Maßnahmebegriffes, seien Anerkennung und Vollstreckung zu versagen.[500] Der EuGH rechtfertigt dieses Vorgehen mit dem „Interesse daran, daß die Vorschriften [von EuGVVO und EuGVÜ] nicht umgangen werden", was bei Art. 31 EuGVVO/Art. 24 EuGVÜ immer der Fall sei, da diese Zuständigkeitsvorschrift „nicht zum System der Artt. 2 und 5 bis 18 EuGVÜ" bzw. 5 bis 24 EuGVVO gehöre.[501]

Nur eine Stimme in der Literatur kritisiert diese Art der Anerkennungs- und Vollstreckungskontrolle als einen Systembruch, der sich aus System und Zweck des Titels II des EuGVÜ bzw. Kapitels II der EuGVVO nicht mehr herleiten lasse.[502] Im übrigen wird sie für zulässig erachtet, da nicht die internationale Zuständigkeit des Erstgerichts überprüft werde, sondern nur, ob eine einstweilige Maßnahme iSd Art. 31 EuGVVO/Art. 24 EuGVÜ vorliege.[503]

---

[500] EuGH, Rs. C-99/96, (Mietz/Intership Yachting Sneek BV), Slg. 1999, I-2277 ff., Tz. 54-57

[501] EuGH, Rs. C-391/95, (Van Uden/Deco-Line), Slg. 1998, I-7091, Tz. 20; EuGH, Rs. C-99/96, (Mietz/Intership Yachting Sneek BV), Slg. 1999, I-2277 ff., Tz. 55

[502] JAYME/KOHLER, IPRax 1999, 401, 408 l.Sp.

[503] STADLER, JZ 1999, 1089, 1098 r.Sp.o.; SPELLENBERG/LEIBLE, ZZPInt 4 (1999), 221, 232, Text zu N. 67.

Diese Art der Anerkennungs- und Vollstreckungskontrolle ist angreifbar, denn sie umgeht die Regelung des Art. 35 EuGVVO/Art. 28 EuGVÜ. Wenn man wie der EuGH Art. 31 EuGVVO/Art. 24 EuGVÜ als selbständige Zuständigkeitsnorm ansieht[504], dann gehört der Begriff der einstweiligen Maßnahme zum Tatbestand dieser Zuständigkeitsnorm, wie z.B. der Begriff der unerlaubten Handlung zum Tatbestand der Zuständigkeitsnorm des Art. 5 Nr. 3 EuGVVO/EuGVÜ. Gemäß Art. 35 EuGVVO/Art. 28 EuGVÜ werden Fehlentscheidung bezüglich der internationalen Zuständigkeit bis auf genau benannte Ausnahmefälle grundsätzlich hingenommen, „gleichgültig, ob sie durch unzutreffende tatsächliche Feststellungen oder durch fehlerhafte Rechtsanwendung entstanden" sind.[505] Wenn man die Anwendung der Tatbestandsmerkmale (z.B. „Begriff der einstweiligen Maßnahme" oder „unerlaubte Handlung") einer Zuständigkeitsnorm überprüft, dann kontrolliert man die Entscheidungszuständigkeit des Erstgerichts. Die Verlagerung der zuständigkeitsrechtlichen Komponente in den Maßnahmebegriff (bei der Leistungsverfügung) ändert also nichts an der grundsätzlichen Unzulässigkeit dieser Anerkennungs- und Vollstreckungskontrolle. Der (qualifizierte) Vollstreckungsbezug zwischen der gebietsbezogenen Zuständigkeit des angerufenen Gerichts und den von einer Leistungsverfügung betroffenen Vermögensgegenständen ist nämlich kein Wesens- oder Begriffsmerkmal einstweiliger Maßnahmen, sondern ein zuständigkeitsrechtliches Anknüpfungskriterium, das auf eine räumliche Nähe zwischen Forum und potentiellen Vollstreckungsobjekten abstellt. Eine anderes Verständnis dieser Entscheidungsvoraussetzung ist nicht nur „kühn"[506] sondern sachlich nicht plausibel.

Jedoch ist das Argument des EuGH, mittels einer Leistungsverfügung könne das System der Artt. 2 und 5 ff. EuGVVO/EuGVÜ umgangen werden, ernst zu nehmen. Man muß zwei Schritte seiner Anerkennungs- und Vollstreckungskontrolle unterscheiden: Als ersten Schritt fordert der EuGH, daß ein Gericht seine Entscheidungsgrundlage benennen oder diese sich aus den Gründen der anzuerkennen Leistungsverfügung ergeben muß. Fehlen entsprechende Hinweise auf die Zuständigkeitsgrundlage, sei zu unterstellen, daß das Gericht sich auf Art. 31 EuGVVO/Art. 24 EuGVÜ gestützt habe. Erst im zweiten Schritt soll geprüft werden, ob eine Leistungsverfügung die im Van Uden-Urteil aufgestellten Voraussetzungen für Art. 31 EuGVVO/Art. 24 EuGVÜ erfüllt.

504 EuGH, Rs. C-391/95, (Van Uden/Deco-Line), Slg. 1998, I-7091, Tz. 20, 34 a.E.

505 KROPHOLLER, Europäisches Zivilprozeßrecht, Art. 28 Rdnr. 1; s. auch THÜMMEL, in WIECZOREK/SCHÜTZE, ZPO-Komm., Anh. § 945 Rdnr. 7; KRAMER, NIPR 2000, 26, 30 unter 4.2.

506 SPELLENBERG/LEIBLE, ZZPInt 4 (1999), 221 ff., 232, 3. Textabsatz

Nur der zweite Schritt ist nach Art. 35 EuGVVO/Art. 28 EuGVÜ in seiner Allgemeinheit unzulässig, aber nicht der erste. Es besteht nämlich ein vitales Interesse, daß das Zuständigkeitssystem von EuGVVO und EuGVÜ nicht umgangen wird. Dieses Interesse rechtfertigt z.B. den Grundsatz „gesicherter, strenger Einstweiligkeit" und damit die regelmäßige Sicherheitsleistung für Leistungsverfügungen. Man muß dem EuGH also zuzustimmen, wenn er dem Erstrichter beim Erlaß von Leistungsverfügungen die Pflicht auferlegt ausdrücklich anzugeben, ob er sich auf eine Hauptsachezuständigkeit der Artt. 2 und 5 ff. EuGVVO/EuGVÜ oder Art. 31 EuGVVO/Art. 24 EuGVÜ stützt. Aber eine generelle Anerkennungs- und Vollstreckungskontrolle für alle Leistungsverfügungen aus Art. 31 EuGVVO/Art. 24 EuGVÜ lassen die Art. 35 EuGVVO/Art. 28 EuGVÜ nicht zu.

Trotzdem bleibt ein Unterlassen der Pflicht des Erstrichters, seine Entscheidungszuständigkeit für Leistungsverfügungen ausdrücklich zu benennen, nicht sanktionslos, denn ausnahmsweise besteht die Möglichkeit, die Einhaltung der Voraussetzungen von Entscheidungszuständigkeiten zu kontrollieren. Art. 35 Abs. 1 EuGVVO/Art. 28 Abs. 1 EuGVÜ erlauben es, die richtige Anwendung der Zuständigkeitsvorschriften nachzuprüfen und die Anerkennung und Vollstreckung bei Falschanwendung zu verweigern – dies für abschließend aufgezählte Fälle, nämlich bei Zuständigkeiten für Versicherungs- und Verbrauchersachen und den ausschließlichen Zuständigkeiten des Art. 22 EuGVVO/Art. 16 EuGVÜ.[507] Diese Ausnahmen begründen sich aus dem Schutzinteresse der typischerweise schwächeren Vertragspartei (favor infirmioris) bzw. dem Jurisdiktionsinteresse des ausschließlich international zuständigen Staates.[508] Wenn für Hauptsacheurteile diese Entscheidungszuständigkeiten in der Anerkennungsphase zur Kontrolle gestellt werden, so muß dies auch für ihnen dienende, einstweilige Maßnahmen gelten, denn die schutzbedürftige Partei ist in beiden Fällen gleich schutzbedürftig, das Jurisdiktionsinteresse gleichermaßen beeinträchtigt.[509] Eine Anerkennungs- und Vollstreckungskontrolle für Leistungsverfügungen aus Art. 31 EuGVVO/Art. 24 EuGVÜ ist also dann zulässig, wenn für den

---

507 Für die anderen Fälle, insbesondere Art. 72 EuGVVO, Art. 59 Abs. 2 EuGVÜ und Art. 28 Abs. 2 LugÜbk siehe KROPHOLLER, Europäisches Zivilprozeßrecht, Art. 28 Rdnrn. 14-19

508 GEIMER/SCHÜTZE, Europäisches Zivilverfahrensrecht, Art. 28 Rdnr. 8 f.; gegen die Privilegierung des Verbrauchers in EuGVVO und EuGVÜ zuletzt SCHÜTZE, EWS 2001, S. 1

509 Gegen diese A-maiore-ad-minus-Argumentation läßt sich nicht einwenden, daß bei Einhaltung des Grundsatzes „gesicherter, strenger Einstweiligkeit" Leistungsverfügungen keine hauptsacheersetzende Wirkung mehr haben und damit Hauptsacheurteilen nicht mehr gleichzustellen seien, denn auch eine letztlich die Hauptsache nicht vorwegnehmende Leistungsverfügung beeinträchtigt die subjektiven Rechte des schutzwürdigen Antragsgegners.

geltend gemachten Anspruch in der Hauptsache ein Gerichtsstand der Abschnitte 3, 4 und 6 des Kapitels II der EuGVVO oder ein Gerichtsstand der Abschnitte 3, 4 und 5 des Titels II des EuGVÜ gegeben ist.[510]

Diese Lösung harmoniert auch mit der Mietz-Entscheidung des EuGH, denn dort lag in der Hauptsache eine Verbraucherstreitigkeit vor.[511] In den übrigen Fällen von Leistungsverfügungen aus Art. 31 EuGVVO/Art. 24 EuGVÜ bei einem Gerichtsstand der Artt. 2, 5 bis 7, 18 bis 21 und 23 EuGVVO bzw. der Artt. 2, 5 bis 6 a und 17 EuGVÜ für das Hauptverfahren verbleibt dagegen noch eine Umgehungsgefahr. Diese ist jedoch sehr niedrig zu veranschlagen, da man nach der Van Uden- und der Mietz-Entscheidung und deren Echo in der Literatur darauf vertrauen kann, daß die Entscheidungsvoraussetzungen für Leistungsverfügungen, insbesondere der Grundsatz „gesicherter, strenger Einstweiligkeit“, im Rahmen des Art. 31 EuGVVO/Art. 24 EuGVÜ eingehalten werden.[512] Ansonsten müßte man dem Richter z.B. eines kort geding oder einer référé-provision Böswilligkeit oder Unfähigkeit unterstellen, daß er die Entscheidungsvoraussetzungen für Leistungsverfügungen aus Art. 31 EuGVVO/Art. 24 EuGVÜ ignorieren würde. „Das gegenseitige Vertrauen in die Justiz im Rahmen der [EU] rechtfertigt, daß die in einem Mitgliedstaat ergangenen Entscheidungen, von Rechts wegen, ohne ein besonderes Verfahren anerkannt werden“.[513] Dieses Vertrauen in die Justiz der anderen Mitglied- bzw. Vertragsstaaten kann beim einstweiligen Rechtsschutz kein anderes, engeres sein, als bei Hauptverfahren.

B. Ergebnis

Eine Anerkennungs- und Vollstreckungskontrolle für Leistungsverfügungen auf der Grundlage des Art. 31 EuGVVO/Art. 24 EuGVÜ ist nur möglich, wenn für den im Eilverfahren geltend gemachten Anspruch in der Hauptsache ein Gerichtsstand der Abschnitte 3, 4 und 6 des Kapitels II der EuGVVO oder ein Gerichtsstand der Abschnitte 3, 4 und 5 des Titels II des EuGVÜ gegeben ist. Darüberhinaus findet eine Anerkennungs- und Vollstreckungskontrolle nach EuGVVO oder EuGVÜ nicht statt.

---

510 OLG MÜNCHEN RIW 2000, S. 464 Tenor Nr. 4, S. 465 r.Sp.

511 EuGH, Rs. C-99/96, (Mietz/Intership Yachting Sneek BV), Slg. 1999, I-2277 ff., Tz. 22-33. Ob sich die Verbraucherzuständigkeit auf Art. 13 Abs. 1 Nr. 1 oder Nr. 3 stützt, ist in diesem Zusammenhang irrelevant.

512 KOHLER, Die Revision des Brüsseler und Luganer Übereinkommens, S. 30 f. Text zu N. 126; KROPHOLLER, Europäisches Zivilprozeßrecht, Einl. Rdnrn. 29 a.E. und 30

513 Erwägungsgrund Nr. 16 zur EuGVVO. Daß der EuGH vielleicht kein so großes Vertrauen in die Justiz der anderen Mitglied- bzw. Vertragsstaaten hat, mutmaßt und kritisiert LANGE, NJB 1999, 157, 162, l.Sp., Text zu N. 23

§ 13 Die reale Verknüpfung und ihr Verhältnis zu den nationalen Zuständigkeitsnormen

A. Art. 31 EuGVVO/Art. 24 EuGVÜ als eigenständige und abschließende Zuständigkeitsvorschrift

Grundlage der schnellen und erleichterten Anerkennung und Vollstreckung nach der EuGVVO und dem EuGVÜ sind die vereinheitlichten Entscheidungszuständigkeiten, die eine Gleichbehandlung aller Bürger der Mitglied- und Vertragsstaaten sicherstellen. Deshalb schließt Art. 3 Abs. 2 EuGVVO/EuGVÜ überraschende, weil nicht in allen Mitglied- und Vertragsstaaten gleichermaßen verbreitete, sog. exorbitante Gerichtsstände für Hauptverfahren aus. Nach dem Wortlaut des Art. 3 Abs. 1 EuGVVO/EUGVÜ dürfen Personen, die ihren Wohnsitz im Hoheitsgebiet eines Mitglied- oder Vertragsstaates haben, vor den Gerichten dieser Staaten nur gemäß den Vorschriften der Abschnitte 2 bis 7 der EuGVVO bzw. 2 bis 6 des EuGVÜ verklagt werden. Die Zuständigkeitsvorschrift des Art. 31 EuGVVO/Art. 24 EuGVÜ findet sich im 10. Abschnitt der EuGVVO bzw. 9. Abschnitt des EuGVÜ.

Seit langem ist streitig, ob man nicht entgegen des Wortlautes von Art. 3 Abs. 1 EuGVVO/EUGVÜ das Verbot exorbitanter Gerichtsstände auf Art. 31 EuGVVO/Art. 24 EuGVÜ ausdehnen soll. Einige legten Art. 31 EuGVVO/Art. 24 EuGVÜ als eingeschränkte Verweisung auf nur nicht-exorbitante, nationale Zuständigkeitsvorschriften aus; die h.M. nahm Art. 3 Abs. 1 EuGVVO/EUGVÜ beim Wort und sah in Art. 31 EuGVVO/Art. 24 EuGVÜ eine unbeschränkte Verweisung auf alle nationalen Gerichtsstände. Nur nach der h.M. war eine einstweilige Maßnahme im Gerichtsstand des § 23 ZPO iVm Art. 31 EuGVVO/Art. 24 EuGVÜ möglich.[514]

Der EuGH entschied diese Streitfrage. „Das Verbot der Geltendmachung exorbitanter Zuständigkeitsvorschriften in Art. 3 EuGVVO/EuGVÜ [gilt] nicht für die Sonderregelung des Art. 31 EuGVVO/Art. 24 EuGVÜ". Gleichzeitig stellte er fest, „daß die Anordnung einstweiliger oder sichernder Maßnahmen nach Art. 31 EuGVVO/Art. 24 EuGVÜ insbesondere voraussetzt, daß zwischen dem Gegenstand der beantragten Maßnahmen und der [..] Zuständigkeit des [Mitglied-] Vertragsstaats des angerufenen Gerichts eine reale Verknüpfung besteht."[515]

---

514 s.o. S. 6 ff.

515 EuGH, Rs. C-391/95, (Van Uden/Deco-Line), Slg. 1998, I-7091, Tz. 42 a.E. und Tz. 40, Tenor Nr. 4

Die bisherige Analyse ergab, daß die reale Verknüpfung eine eigene Zuständigkeitsanknüpfung im Rahmen des Art. 31 EuGVVO/Art. 24 EuGVÜ darstellt. Für einstweilige Maßnahmen gemäß Art. 31 EuGVVO/Art. 24 EuGVÜ sind die Gerichte nur des Staates international zuständig, in dessen Staatsgebiet sich der von der beantragten, einstweiligen Maßnahme betroffene Vermögensgegenstand des Antragstellers befindet oder befinden müßte.[516] Durch dieses zuständigkeitsrechtliche Tatbestandselement verlor Art. 31 EuGVVO/Art. 24 EuGVÜ seine Natur als bloße Verweisungszuständigkeit. Der EuGH entwickelte das räumliche Anknüpfungskriterium der realen Verknüpfung, das zuerst erfüllt sein muß, bevor mit Art. 31 EuGVVO/Art. 24 EuGVÜ eine internationale Eilzuständigkeit begründet werden kann.

Fraglich ist, welche Rechtsnatur Art. 31 EuGVVO/Art. 24 EuGVÜ jetzt zukommt. Es bieten sich zwei Möglichkeiten: Entweder Art. 31 EuGVVO/Art. 24 EuGVÜ verweist weiterhin auf nationale Normen und stellt eine „zuständigkeitsrechtliche Rechtsgrundverweisung" dar, zu deren Anwendung der eigene Tatbestand (reale Verknüpfung) und zusätzlich der Tatbestand der nationalen Zuständigkeitsvorschriften erfüllt sein muß – oder Art. 31 EuGVVO/Art. 24 EuGVÜ ist nunmehr eine eigenständige Zuständigkeitsvorschrift ohne Verweisungsrechtsfolge, für deren Anwendung die nationalen Normen keine Rolle mehr spielen. Im ersten Fall wäre die Anwendungsvoraussetzung der realen Verknüpfung eine zusätzliche, im zweiten Fall eine abschließende und verdrängende.

In der ersten Alternative würde sich Art. 31 EuGVVO/Art. 24 EuGVÜ wie folgt lesen:

> „Die im Recht eines Mitglied-/Vertragsstaats vorgesehenen einstweiligen Maßnahmen [...], können bei den Gerichten dieses Staates beantragt werden,
>
> wenn zwischen dem Gegenstand der beantragten Maßnahme und dem Zuständigkeitsbereich des angerufenen Gerichts des Mitglied-/Vertragsstaates eine reale Verknüpfung besteht
>
> und wenn die Voraussetzungen der nationalen Zuständigkeitsnormen des Mitglied-/Vertragsstaates auf die der Antragsteller sich stützt zusätzlich erfüllt sind,.

516 s.o. S. 112 ff.

Die einstweiligen Maßnahmen [...] können auch dann beantragt werden, wenn für die Entscheidung in der Hauptsache das Gericht eines anderen Mitglied-/Vertragsstaates aufgrund dieser Verordnung/dieses Übereinkommens zuständig ist."

Für diese Lesart kann angeführt werden, daß der EuGH davon spricht, daß die Anwendung des Art. 31 EuGVVO/Art. 24 EuGVÜ insbesondere eine reale Verknüpfung voraussetzt. Damit ist zunächst klar, daß zur realen Verknüpfung noch mindestens eine weitere Voraussetzung für die Anwendung des Art. 31 EuGVVO/Art. 24 EuGVÜ hinzukommt. Das könnten die einzelnen Tatbestandsvoraussetzungen der nationalen Vorschriften sein. Das ist aber nicht zwingend, denn als weiteres Tatbestandselement des Art. 31 EuGVVO/Art. 24 EuGVÜ kommt auch der Grundsatz "strenger, gesicherter Einstweiligkeit" in Betracht.

In der zweiten Alternative würde Art. 31 EuGVVO/Art. 24 EuGVÜ also folgendermaßen lauten:

„Die im Recht eines Mitglied-/Vertragsstaats vorgesehenen einstweiligen Maßnahmen [...], können bei den Gerichten dieses Staates beantragt werden,

wenn zwischen dem Gegenstand der beantragten Maßnahme und dem Zuständigkeitsbereich des angerufenen Gerichts des Mitglied-/Vertragsstaates eine reale Verknüpfung besteht

und wenn der einstweilige und auf eine Sicherung gerichtete Charakter der beantragten Maßnahmen sichergestellt ist.

Die einstweiligen Maßnahmen [...] können auch dann beantragt werden, wenn für die Entscheidung in der Hauptsache das Gericht eines anderen Mitglied-/Vertragsstaates aufgrund dieser Verordnung/dieses Übereinkommens zuständig ist."

Für die zweite Alternative spricht, daß dann Art. 31 EuGVVO/ Art. 24 EuGVÜ gänzlich vereinheitlicht wäre, während die erste Lesart nur eine unvollständige Rechtsvereinheitlichung der Zuständigkeit im europäischen, einstweiligen Rechtsschutz bringen würde. Eine solche teilweise Rechtsvereinheitlichung führt aber zu Ungleichbehandlungen. Ungleiche Zuständigkeiten für einstweilige Maßnahmen würden unterschiedlichen Rechtsschutz innerhalb der Mitglied- und Vertragsstaaten bewirken und damit ein forum shopping herausfordern. Zur Veranschaulichung kann ein Vergleich zwischen deutsch-niederländischem und deutsch-französischem Rechtsverkehr dienen.

Ein Antragsteller mit Wohnsitz in der Bundesrepublik Deutschland könnte bei Anwendung der ersten Lesart des Art. 31 EuGVVO/Art. 24 EuGVÜ nicht von der Zuständigkeit des Art. 126 Nr. 3 WBRv. Gebrauch machen, denn die nach niederländischem Recht zusätzlich zu erfüllende Zuständigkeitsvoraussetzung eines Wohnsitzes in den Niederlanden[517] läge bei ihm nicht vor. Andererseits könnte ein Antragsteller mit Wohnsitz in den Niederlanden seinen Eilantrag sowohl auf Art. 126 Nr. 3 WBRv. als auch auf § 23 ZPO stützen, denn § 23 ZPO setzt nach seinem Wortlaut keinen Wohnsitz des Antragstellers in der Bundesrepublik Deutschland voraus.

Zur Korrektur dieser Ungleichbehandlung könnte der für § 23 ZPO erforderliche „hinreichende Bezug des Rechtsstreits zum deutschen Inland“ herangezogen werden. Nach der Rechtsprechung des BGH muß für die Anwendung des § 23 ZPO stets ein hinreichender Inlandsbezug gegeben sein. Als Konkretisierung dieses Begriffes zog der BGH gerade den Wohnsitz des Klägers bzw. Antragstellers in der Bundesrepublik Deutschland in Betracht.[518] Damit könnte im Rahmen des europäischen, einstweiligen Rechtsschutzes der hinreichende Inlandsbezug eine ähnliche rechtsangleichende Wirkung entfalten, wie Art. 3 Abs. 2 EuGVVO/EuGVÜ und die Gleichbehandlung von Antragstellern sichern. Würde also ein Gläubiger mit Wohnsitz in den Niederlanden im gemäß Art. 3 Abs. 2 EuGVVO/EuGVÜ exorbitanten Gerichtsstand des § 23 ZPO eine einstweilige Maßnahme beantragen, könnte die Tatbestandsvoraussetzung der gemäß Art. 3 Abs. 2 EuGVVO/EuGVÜ exorbitanten Zuständigkeitsnorm seines Wohnsitzstaates (Art. 126 Nr. 3 WBRv. „inländischer [=niederländischer] Wohnsitz“) zur Konkretisierung des „hinreichenden Bezuges des Rechtsstreits zum deutschen Inland“ herangezogen werden (dann: inländischer [=deutscher] Wohnsitz). Allgemein formuliert: Mittels des hinreichenden Inlandsbezuges könnten die Tatbestandsmerkmale der exorbitanten Zuständigkeitsnorm(en) des Wohnsitzstaates des Antragstellers, auf die er sich stützen könnte, in die Zuständigkeitsprüfung nach § 23 ZPO „gespiegelt“ und zum Tatbestand des § 23 ZPO „addiert“ werden. Aus deutscher Sicht würde man damit nicht nur die reale Verknüpfung als additive, rechtsangleichende Voraussetzung für Art. 31 EuGVVO/Art. 24 EuGVÜ, sondern auch den hinreichenden Inlandsbezug als zweites, rechtsangleichendes Element begreifen.

Ein solches Zusammenspiel von Art. 31 EuGVVO/Art. 24 EuGVÜ und § 23 ZPO stößt aber auf erhebliche Bedenken. So müßten im Falle eines Antragstellers mit Wohnsitz in Frankreich die Tatbestandsvoraussetzungen des Art. 14 CC dem Tatbestand des § 23 ZPO hinzugefügt werden. Damit der Antragsteller sich

---

517 s.o. S. 25 unter 2.

518 BGH NJW 1991, 3092, 3094, unter 3)

auf Art. 14 CC berufen kann, muß er französischer Staatsangehöriger sein. Addiert man diese Staatsangehörigkeitsanknüpfung als Konkretisierung des hinreichenden Inlandsbezuges zum Tatbestand des § 23 ZPO, müßte man eine deutsche Staatsangehörigkeit des Antragstellers verlangen, der ja schon französischer Staatsangehöriger ist. Damit dieser Fall jemals praktisch würde, müßte der Antragsteller sowohl die deutsche, als auch die französische Staatsangehörigkeit besitzen. Die Unwahrscheinlichkeit dieser Situation hätte Folgen: Einerseits würde im deutsch-französischen Rechtsverkehr § 23 ZPO für einstweiligen Rechtsschutz nach Art. 31 EuGVVO/Art. 24 EuGVÜ kaum mehr eine Rolle spielen. Der für § 23 ZPO erforderliche „hinreichende Bezug des Rechtsstreits zum deutschen Inland" würde ähnlich dem Art. 3 EuGVVO/EuGVÜ eine rechtsangleichende Wirkung haben. Diese Angleichung würde aber nur im jeweiligen Verhältnis Frankreich-Deutschland bzw. Niederlande-Deutschland erreicht. Es blieben also erhebliche Unterschiede zwischen deutsch-französischem und deutsch-niederländischem Rechtsverkehr, denn ein zweiter Wohnsitz in der Bundesrepublik Deutschland ist für einen in den Niederlanden Niedergelassenen ungleich einfacher und schneller zu erreichen, als die deutsche Staatsangehörigkeit. Diese Ungleichbehandlung ist nicht zu rechtfertigen. Der hinreichende Inlandsbezug vermag also die Ungleichbehandlungen der Antragsteller, die entstehen, wenn man Art. 31 EuGVVO/ Art. 24 EuGVÜ als Verweisungsnorm versteht, nicht auszugleichen.

Gegen den Einsatz des hinreichenden Inlandsbezuges als Tatbestandsspiegel für ausländische, exorbitante Zuständigkeitsnormen spricht auch der hohe Arbeitsaufwand für den deutschen Richter. Er müßte die Tatbestandsvoraussetzungen der in Art. 3 Abs. 2 EuGVVO/EuGVÜ aufgeführten, exorbitanten Zuständigkeitsvorschrift des Wohnsitzstaates des Antragstellers ermitteln und ins deutsche Recht übertragen. Dies würde die Behandlung jedes Eilantrags erheblich verzögern und damit die Effektivität des europäischen, einstweiligen Rechtsschutzes gefährden. Zuständigkeitsklarheit und damit Rechtssicherheit wären nicht mehr gewährleistet.

Letztlich spricht auch das Diskriminierungsverbot des Art. 12 EGV gegen eine solche europäische Rechtsangleichung mit national wirkenden Mitteln, denn die Anknüpfung internationaler Zuständigkeiten an die Staatsangehörigkeit ist diskriminierend[519] und deshalb unzulässig. Nur wenn man Art. 31 EuGVVO/Art. 24 EuGVÜ nicht als Verweisungsnorm begreift und als insbesondere Zustän-

---

519 So könnte ein Antragsteller mit Wohnsitz in Frankreich, der nicht die französische Staatsbürgerschaft besitzt und deshalb nicht von Art. 14 CC profitieren kann, ohne die „gespiegelte" Zuständigkeitsvoraussetzung einer deutschen Staatsangehörigkeit sich auf § 23 ZPO berufen.

digkeitsvoraussetzung den Grundsatz "strenger, gesicherter Einstweiligkeit" annimmt, kann eine Ungleichbehandlung von Antragstellern aus unterschiedlichen Mitglied- und Vertragsstaaten verhindert werden.

Noch andere Argumente sprechen gegen die Auslegung des Art. 31 EuGVVO/Art. 24 EuGVÜ als Verweisungsnorm. Zuerst ist auf die Textziffern 38-41 des Van Uden-Urteils hinzuweisen. Zunächst sagt der EuGH, daß das sachnächste Gericht „am besten in der Lage [ist], die Umstände zu beurteilen, auf die es für den Erlaß oder die Versagung der beantragten Maßnahmen oder für die Bestimmung der vom Antragsteller zu beachtenden Modalitäten und Voraussetzungen ankommt, durch die der einstweilige und auf eine Sicherung gerichtete Charakter der Maßnahme sichergestellt werden soll".[520] Aus dieser Feststellung folgert er sowohl die Notwendigkeit einer realen Verknüpfung („Daraus folgt...") als auch den Grundsatz "strenger, gesicherter Einstweiligkeit" („Weiter folgt daraus...").[521] Damit kommt dem Grundsatz "strenger, gesicherter Einstweiligkeit" das gleiche Gewicht zu, wie der Zuständigkeitsvoraussetzung der realen Verknüpfung. Für die Gleichgewichtigkeit der beiden Voraussetzungen sprechen auch sachliche Gründe. Dem Grundsatz "strenger, gesicherter Einstweiligkeit" kommt entscheidende Bedeutung zu, denn er hat eine Wirkungsangleichung aller nationaler Eilmaßnahmen zur Folge, verhindert damit ein forum shopping und macht so die Anerkennung und Vollstreckung einstweiliger Maßnahmen erst möglich.

Der Wortlaut von Art. 31 EuGVVO/Art. 24 EuGVÜ zwingt nicht dazu, von einer Zuständigkeitsverweisung auszugehen. Die Vorschrift verweist ausdrücklich nur auf die „im Recht eines Mitglied- bzw. Vertragsstaates vorgesehenen einstweiligen Maßnahmen" und nicht auf die dafür im jeweiligen nationalen Recht vorgesehenen internationalen Zuständigkeiten. Bisher hatte Art. 31 EuGVVO/Art. 24 EuGVÜ kein eigenes zuständigkeitsrechtliches Tatbestandsmerkmal. In der Van Uden-Entscheidung stellte der EuGH die Zuständigkeitsvoraussetzung einer realen Verknüpfung zwischen Forum, beantragter Maßnahme und den davon betroffenen Vermögensgegenständen auf. Die Erweiterung des Tatbestandes um eine räumliche Zuständigkeitsanknüpfung wertet die Verweisungsnorm zu einer vollwertigen Zuständigkeitsvorschrift auf. Vollwertige Zuständigkeitsvorschriften von EuGVVO und EuGVÜ verdrängen aber nationale Normen.[522]

---

520 EuGH, Rs. C-391/95, (Van Uden/Deco-Line), Slg. 1998, I-7091, Tz. 38 f. mit Verweis auf EuGH, Rs. 125/79, (Denilauler/Couchet Frères), Slg. 1980, 1553, Tz. 16

521 EuGH, Rs. C-391/95, (Van Uden/Deco-Line), Slg. 1998, I-7091, Tz. 40 f.

522 Daß der Wortlaut des Art. 31 EuGVVO/Art. 24 EuGVÜ nur an den Begriff der einstweiligen Maßnahmen anknüpft, führte auch dazu, daß der EuGH das räumliche Zuständigkeitskriterium der „realen Verknüpfung" in den Maßnahmebegriff integrierte.

Für eine verdrängende Wirkung des Art. 31 EuGVVO/Art. 24 EuGVÜ spricht auch, daß grundsätzlich alle Entscheidungszuständigkeiten in EuGVVO und EuGVÜ die nationalen Zuständigkeiten verdrängen.[523] Einzig Art. 31 EuGVVO/Art. 24 EuGVÜ ist ein Freibrief[524], der auf nationale Vorschriften verweist. Zu der grundsätzlich verdrängenden Natur der Vorschriften von EuGVVO und EuGVÜ paßt eine Verweisungsnorm nicht. Diese Systemlücke würde durch die Interpretation des Art. 31 EuGVVO/Art. 24 EuGVÜ als abschließender Zuständigkeitsnorm geschlossen.

Für das Verständnis des Art. 31 EuGVVO/Art. 24 EuGVÜ als abschließender, nichtverweisender Zuständigkeitsvorschrift sprechen letztlich Sinn und Zweck der Norm. Art. 31 EuGVVO/Art. 24 EuGVÜ soll nicht die uneingeschränkte Auswahl der Rechtsschutzmöglichkeiten, sondern die (Chancen-) Gleichheit bei der Rechtsfindung im Rahmen der EU sichern.[525] „Alle am Rechtsleben Beteiligten [...] [sollen] gleichwertigen Schutz genießen".[526]

Alle diese Argumente sprechen dafür, nicht auf halbem Weg bei einer unvollständigen Angleichung der Entscheidungszuständigkeiten im europäischen, einstweiligen Rechtsschutz stehen zu bleiben. Gerade im einstweiligen Rechtsschutz sind die Unterschiede in den Rechten der Mitglied- und Vertragsstaaten so groß, daß die Kommission von einer „Zersplitterung der Rechte" sprach.[527] Art. 31 EuGVVO/Art. 24 EuGVÜ ist demgemäß als abschließende, nichtverweisende Zuständigkeitsvorschrift zu interpretieren. Die Anwendungsvoraussetzung der realen Verknüpfung erweist sich als Mittel judikativer Rechtsangleichung.[528] Während Art. 3 Abs. 2 EuGVVO/EuGVÜ die Zuständigkeiten für Hauptsacheverfahren negativ angleicht, indem er die Anwendung gewisser, exorbitanter Zuständigkeiten untersagt, gleicht die reale Verknüpfung die Entscheidungszuständigkeit positiv an, indem sie aus einer Verweisungsnorm eine abschließende Zuständigkeitsvorschrift macht. Der realen Verknüpfung kommt

---

523 Statt vieler KROPHOLLER, Europäisches Zivilprozeßrecht, vor Art. 2 Rdnr. 16 ff.

524 SCHACK, IZVR, Rdnr. 424

525 s.o. S. 85 ff.

526 Mitteilung der Kommission „Wege zu einer effizienteren Erwirkung und Vollstreckung von gerichtlichen Entscheidungen in der EuGVVO" vom 31.1.1998, Abl.EG Nr. C 33, S. 3 ff., 11 unter Tz. 26

527 Mitteilung der Kommission „Wege zu einer effizienteren Erwirkung und Vollstreckung von gerichtlichen Entscheidungen in der EuGVVO" vom 31.1.1998, Abl.EG Nr. C 33, S. 3 ff., 11 unter Tz. 25

528 FRANZEN, S. 12

für Eilverfahren ebenso rechtsvereinheitlichende Funktion zu wie Art. 3 EuGVVO/EuGVÜ für Hauptverfahren.[529]

B. Art. 31 EuGVVO/Art. 24 EuGVÜ und der Hauptsachegerichtsstand im Sinne der §§ 919 1. Alt., 937 Abs. 1 ZPO

Weil Art. 31 EuGVVO/Art. 24 EuGVÜ eine abschließende Zuständigkeitsvorschrift ist, hat sich damit der Streit erledigt, ob Art. 3 Abs. 2 EuGVVO/EuGVÜ seine Ausschlußwirkung auch im Rahmen des Art. 31 EuGVVO/Art. 24 EuGVÜ entfaltet und die Bestimmung des Hauptsachegerichtes nach den §§ 919 1. Alt., 937 Abs. 1 ZPO beeinflußt. Eine internationale Zuständigkeit gemäß Art. 31 EuGVVO/Art. 24 EuGVÜ iVm § 23 ZPO gibt es nicht mehr. Statt dessen enthalten EuGVVO und EuGVÜ mit Art. 31 EuGVVO bzw. Art. 24 EuGVÜ einen selbständigen Vermögensgerichtsstand im Bereich des einstweiligen Rechtsschutzes. Dieser setzt im Gegensatz zu § 23 ZPO für Leistungsverfügungen ein wirtschaftliches Deckungsverhältnis zwischen dem vom Antragsteller geltend gemachten Anspruch und dem von der beantragten Maßnahme betroffenen Vermögen voraus.

529 Eine Konsequenz dieser Auslegung des Art. 31 EuGVVO/Art. 24 EuGVÜ ist, daß die Einschränkung des Art. 24 EuGVVO/Art. 18 EuGVÜ, (EuGH, Rs. C-99/96, (Mietz/Intership Yachting Sneek BV), Slg. 1999, I-2277 ff., Tz. 52; hierzu oben S. 100 f.) nicht mehr gilt, denn über Art. 31 EuGVVO/Art. 24 EuGVÜ können nationale Zuständigkeitsnormen nicht mehr geltend gemacht werden.

§ 14 Zusammenfassung der Ergebnisse

Die Zuständigkeitsregelung im europäischen, einstweiligen Rechtsschutz war unklar. Mit den Entscheidungen in Sachen Van Uden und Mietz beantwortet der EuGH alte Fragen und entwirft neue Regeln. Daß er sich dazu des unbestimmten Rechtsbegriffs der „realen Verknüpfung“ bedient, erschwert das Verständnis und die Umsetzung der Entscheidungen in der Praxis.

Es zeigen sich drei zentrale Argumente, die für eine Einschränkung des Art. 31 EuGVVO/Art. 24 EuGVÜ sprechen.

1. Einstweiliger Rechtsschutz dient den Interessen des Gläubigers. Er kann mit schneller gerichtlicher Hilfe die spätere Vollstreckung seiner Ansprüche sichern oder ein Rechtsverhältnis vorläufig regeln. Dazu stehen ihm die Hauptsachezuständigkeiten der Artt. 2 und 5 ff. EuGVVO/ EuGVÜ offen. Die parallele, zweite Zuständigkeit gemäß Art. 31 EuGVVO/Art. 24 EuGVÜ belastet den Schuldner doppelt.

2. Art. 31 EuGVVO/Art. 24 EuGVÜ ist eine Zuständigkeit außerhalb des Systems der Artt. 2 und 5 ff. EuGVVO/EuGVÜ. Mittels einer das Hauptverfahren vorwegnehmenden Leistungsverfügung kann der Gläubiger seinem Schuldner den Schutz dieses Zuständigkeitssystems (z.B. Art. 16 EuGVVO/Art. 14 EuGVÜ) nehmen.

3. Der einstweilige Rechtsschutz ist in den Mitglied- bzw. Vertragsstaaten sehr unterschiedlich ausgestaltet. Das gilt für die Voraussetzungen von einstweiligen Regelungen, die rechtliche und faktische Wirkung von Eilmaßnahmen, die Formerfordernisse, die Verfahrensgestaltung (Einseitigkeit oder Streitigkeit des Eilverfahrens) und nicht zuletzt die internationale Zuständigkeit. Wenn man Art. 31 EuGVVO/Art. 24 EuGVÜ einschränkt, so muß das auf eine Weise geschehen, die zu einer möglichst weitgehenden Vereinheitlichung der internationalen Zuständigkeit führt. Die so geschaffene Zuständigkeitsklarheit fördert die Rechtssicherheit, steigert die Effektivität des Rechtsschutzes im Binnenmarkt und schont die Rechte des doppelt belasteten Schuldners.

Im einzelnen: Das kort geding und alle Eilmaßnahmen des deutschen Rechts fallen nur dann unter den Begriff der „einstweiligen Maßnahme“ aus Art. 31 EuGVVO/Art. 24 EuGVÜ, wenn sie die Hauptsache weder rechtlich noch tatsächlich vorwegnehmen. Im Rahmen des Art. 31 EuGVVO/Art. 24 EuGVÜ gilt für Eilmaßnahmen der Grundsatz "strenger, gesicherter Einstweiligkeit", der bei Leistungsverfügungen grundsätzlich eine Sicherheitsleistung in Höhe des ausgeurteilten Betrages verlangt, um eine eventuelle spätere Rückerstattung, des vom Antragsgegner Geleisteten sicherzustellen. Da bei Unterlassungsverfügungen die Vorwegnahme der Hauptsache mit einer Sicherheitsleistung nicht zuverlässig („strenge Einstweiligkeit") vermieden werden kann, können Unterlassungsverfügungen nicht mehr im Gerichtsstand des Art. 31 EuGVVO/Art. 24 EuGVÜ beantragt werden.

Der Grundsatz "strenger, gesicherter Einstweiligkeit" ist unverzichtbarer Bestandteil des europäischen Maßnahmebegriffs. Ausnahmsweise kann bei einer Leistungsverfügung auf die Sicherheitsleistung verzichtet werden, wenn sich ein Antragsteller durch Fremdverschulden in einer besonderen finanziellen Notsituation befindet und gesetzliche Unterhalts- oder deliktische Regreßansprüche geltend macht. In einem solchen Fall muß das angerufene Gericht die zeitnahe Erhebung der Hauptsacheklage anordnen, um dem Grundsatz "strenger, gesicherter Einstweiligkeit" gerecht zu werden. Im deutschen Recht werden insofern die §§ 938 Abs. 1, 936, 926 ZPO eingeschränkt.

Die „reale Verknüpfung" regelt nur die internationale, nicht die örtliche Entscheidungszuständigkeit. Sie knüpft sie an die Belegenheit von Vermögensgegenständen im Staatsgebiet des angerufenen Gerichts. Hintergrund ist die räumliche Nähe zwischen Forum, einstweiliger Maßnahme und den von der Maßnahme betroffenen Vermögensgegenständen.

Für Sicherungs- und Regelungsmaßnahmen muß der Antragsteller nachweisen, daß sich die von der Sicherungs- und Regelungsmaßnahme betroffenen Vermögensgegenstände im Erlaßstaat befinden oder befinden müßten.

Im Falle einer Leistungsverfügung verdichtet sich die Belegenheitsanknüpfung zur Vollstreckungsanknüpfung. Der Antragsteller muß schon im Maßnahmeantrag diejenigen im Erlaßstaat belegenen Vermögensgegenstände bezeichnen, in die er seine Leistungsverfügung später vollstrecken will. Das Gericht prüft nicht detailliert, ob diese Vermögensgegenstände überhaupt existieren und ob die angegebenen Vermögensgegenstände die vom Antragsteller geltend gemachte Forderung der Höhe nach abdecken, sondern nur summarisch, ob die benannten Gegenstände im Erlaßstaat belegen sind. Ist es von der Belegenheit im Erlaßstaat überzeugt, muß es alle vom Antragsteller bestimmten Vermögensgegenstände in seinen Entscheidungstenor aufnehmen. Die Leistungsverfügung ist nur in die aufgelisteten Vermögensgegenstände vollstreckbar. Eine Vollstreckung in das gesamte Vermögen des Antragstellers ist nicht möglich. Leistungsverfügungen aus Art. 31 EuGVVO/Art. 24 EuGVÜ sind also in ihrer Wirkung sachlich beschränkt.

Zur Konkretisierung der „realen Verknüpfung" bei Leistungsverfügungen kommt es auf die Art der vom Antragsteller benannten Vermögensgegenstände an. Je nach Vermögensgegenstand ergibt sich ein anderer vollstreckungsrechtlicher Zugang. Dieser konkretisiert die „reale Verknüpfung" jeweils anders.

Mit der Pflicht im vorhinein Vermögensgegenstände des Antragsgegners als spätere Vollstreckungsgegenstände bindend auszuwählen, ist der Antragsteller im eigenen Interesse gezwungen, für ein wirtschaftliches Deckungsverhältnis zwischen seinem geltend gemachten Anspruch und den betroffenen Vermögensgegenständen zu sorgen. Sind die von ihm ausgewählten Vermögensgegenstände z.B. unpfändbar, untergegangen oder erst gar nicht entstanden, geht dies zu seinen Lasten, denn seine Leistungsverfügung ist in ihrer Vollstreckbarkeit sachlich begrenzt. Faktisch ergibt sich so ein „wirtschaftlicher Vermögensbegriff" für Leistungsverfügungen aus Art. 31 EuGVVO/Art. 24 EuGVÜ.

Der EuGH verlangt, daß die Vermögensgegenstände des Antragsgegners sich im Erlaßstaat „befinden oder befinden müßte[n]". Das bedeutet für den Antragsteller, daß er weder bei Sicherungs- und Regelungsmaßnahmen noch im Falle einer Leistungsverfügung die exakte Belegenheit der betroffenen Vermögensgegenstände beweisen muß, sondern nur deren wahrscheinliche Belegenheit. Im übrigen bestimmen alleine die Verfahrensrechte der Mitglied- bzw. Vertragsstaaten die Höhe des Beweismaßes für Eilverfahren vor ihren Gerichten.

Alle einstweiligen Maßnahmen aus Art. 31 EuGVVO/Art. 24 EuGVÜ sind „Entscheidungen" iSd Art. 32 EuGVVO/Art. 25 EuGVÜ und können extraterritoriale Wirkung haben. Die Interpretation der „realen Verknüpfung" als Belegenheits- bzw. Vollstreckungsanknüpfung hindert das nicht. Beispielsweise ist die Anerkennung und Vollstreckung einer einstweiligen Maßnahme zulässig, wenn ein vom Antragsteller benannter Vermögensgegenstand zwischen Erlaß und Vollstreckung der Maßnahme ins Ausland verbracht wurde.

Die neuen Voraussetzungen des Art. 31 EuGVVO/Art. 24 EuGVÜ, die Belegenheitsanknüpfung und der Grundsatz "strenger, gesicherter Einstweiligkeit", verwandeln die Verweisungsvorschrift in eine selbständige, abgeschlossene internationale Zuständigkeitsvorschrift, die alle nationalen Regeln verdrängt. Es gibt keinen Gerichtsstand des Art. 31 EuGVVO/Art. 24 EuGVÜ in Verbindung mit § 23 ZPO mehr. Der Streit, wie der Gerichtsstand der Hauptsache iSd §§ 919 1. Alt., 937 Abs. 1 ZPO im Falle des Art. 31 EuGVVO/Art. 24 EuGVÜ zu bestimmen sei, wurde irrelevant.

Literaturverzeichnis

Albrecht, Christian	Das EuGVÜ und der einstweilige Rechtsschutz in England und in der Bundesrepublik Deutschland, (Dissertation) Heidelberg 1991
Banniza von Bazan, Ulrike	Der Gerichtsstand des Sachzusammenhangs im EuGVÜ, dem Lugano-Abkommen und im deutschen Recht, (Dissertation Heidelberg), Frankfurt am Main 1995
v. Bar, Christian	Internationales Privatrecht, Erster Band: Allgemeine Lehren, München 1987; Zweiter Band, München 1991
Baumbach/Lauterbach	Kommentar zur Zivilprozeßordnung, 59. Auflage, München 2001
Baur, Fritz	Studien zum einstweiligen Rechtsschutz, Tübingen 1967
Basedow, Jürgen	Europäisches Zivilprozeßrecht – Generalia, aus Handbuch des Internationalen Zivilverfahrensrechts Band 1, Kapitel II, Tübingen 1982
Bertele, Joachim	Souveränität und Verfahrensrecht – Eine Untersuchung der aus dem Völkerrecht ableitbaren Grenzen staatlicher extraterritorialer Jurisdiktion im Verfahrensrecht, (Dissertation Freiburg) Tübingen 1998
Bertrams, R.I.V.F.	De positie van het kort geding in het EEG Executieverdrag, WPNR 1981, S. 1-5, 21-23, 49-53
Bischoff, J.-M./Huet, A.	Urteilsanmerkung zu EuGH, Urt. vom 31.3.1982, Rs. 25/81, C.H.W./G.J.H., Journal du droit international, 1982, S. 942 ff.

Bittighofer, Andreas — Der internationale Gerichtsstand des Vermögens, Frankfurt am Main, 1994

Blankenburg, Erhard — Das Kort Geding im niederländischen Zivilprozeßrecht, in: Neue Methoden im Zivilverfahren, summarischer Rechtsschutz und Bagatellverfahren, Köln 1991

Bleckmann, Albert — Europarecht – Das Recht der Europäischen Union und der Europäischen Gemeinschaften, Köln/Berlin/Bonn/München 1997 (zit.: Europarecht), 6. Auflage

ders. — Staatsrecht II – Die Grundrechte, 4. Auflage, Köln/Berlin/Bonn/München 1997 (zit.: Staatrecht II)

Breit, James — Über das Ausländerforum, JW 1911, S. 636 ff.

Brownlie, Ian — Principles of Public International Law, 4. Auflage Oxford 1995

Buchner, Benedikt — Kläger- und Beklagtenschutz im Recht der internationalen Zuständigkeit, (Dissertation Augsburg) Tübingen 1998

Buciek, Klaus D. — Beweislast und Anscheinsbeweis im internationalen Recht: eine Untersuchung zum Grundsatz des „Verfahrens nach eigenem Recht", Bonn 1984 (Dissertation Bonn)

Bülow, Arthur/Böckstiegel, Karz-Heinz — Der internationale Rechtsverkehr in Zivil- und Handelssachen, Stand: 1.1.1998, München (zit.: Internationaler Rechtsverkehr)

Busse, Christian — Die Geltung der EMRK für Rechtsakte der EU, NJW 2000, 1074 ff.

Bydlinski, Franz — Juristische Methodenlehre und Rechtsbegriff, 2. Auflage, Wien 1991

Dahm, Georg/Delbrück, Jost/Wolfrum, Rüdiger — Völkerrecht Band 1/1, 2. Auflage, Berlin 1989

van Dale — Groot Woordenboek der Nederlandse taal, Utrecht 1999

Dedek, Helge — Art. 24 EuGVÜ und provisorische Anordnungen zur Leistungserbringung, EWS 2000, S. 246 ff.

Dethloff, Nina — Ausländisches Wettbewerbsrecht im einstweiligen Rechtsschutz, RabelsZ 62 (1998), 286 ff.

Dessauer, Johannes — Internationales Privatrecht, Ethik und Politik: Betrachtungen zur Reform des internationalen Privatrechts am Beispiel der Anerkennungsprognose als Zuständigkeitsvoraussetzung im internationalen Eherecht, Frankfurt a.M. 1986

Dietze, J./Schnichels, D. — Die aktuelle Rechtsprechung des EuGH zum EuGVÜ, EuZW 1999, S. 549 ff.

Dreier, Horst (Hrsg.) — Grundgesetz-Kommentar, Bd. 3, Tübingen 2000 (zit.: GG-Kommentar)

Dohm, Christian — Die Einrede ausländischer Rechtshängigkeit im deutschen internationalen Zivilprozessrecht, Berlin 1996 (Dissertation Univ. Münster)

Dorsel, Christoph — Forum non conveniens – Richterliche Beschränkung der Wahl des Gerichtsstandes im deutschen und amerikanischen Recht, (Dissertation Freiburg) Berlin 1996

Dunkl/Moeller/u.a. — Handbuch des vorläufigen Rechtsschutzes: einstweiliger Rechtsschutz in allen wichtigen Verfahrensarten, 3. Aufl., München 1999

Ehrenzeller, Sabine — Vorläufiger Rechtsschutz im internationalen Verhältnis, SZIER 1998, 177 ff.

Eilers, Anke — Maßnahmen des einstweiligen Rechtsschutzes im europäischen Zivilrechtsverkehr, (Dissertation) Bielefeld 1991

Falkena/Oudelaar/Sterk — Vademecum Burgerlijk Procesrecht – Executie en beslag, Deventer; Loseblatt, Stand: 07/1999

Fallon, Marc — Les conflits de lois et de juridictions dans un espace économique intégré. L`expérience de la Communauté européenne, in Récueil des Cours 1995 (253), S. 9 ff.

Fischer, Klaus — Zum hinreichenden Inlandsbezug des Rechtsstreits nach § 23 ZPO – Anmerkung zum Urteil des BGH vom 2.7.1991 XI ZR 206/90, RIW 1992, S. 57 ff.

Franzen, Martin — Privatrechtsangleichung durch die Europäische Gemeinschaft, Berlin 1999

Gamillscheg, Franz — Internationale Zuständigkeit und Entscheidungseinklang im Internationalen Privatrecht, in: Berichte der deutschen Gesellschaft für Völkerrecht (Heft 3), Verhandlungen der Tagung der Gesellschaft in Frankfurt am Main am 9. und 10. April 1959, Karlsruhe 1959, S. 25 ff.

Gaskell, N./Shaw, R. — The Arrest Convention 1999, in: Lloyd´s maritime and commercial law quarterly 1999, S. 470 ff.

Geimer, Reinhold — Zur Rechtfertigung des Vermögensgerichtsstandes, JZ 1984, S. 979 ff.

ders. — Verfassung, Völkerrecht und Internationales Zivilverfahrensrecht, ZfRV 1992, 321 ff., 401 ff.

ders. — Zur internationalen Gerichtspflichtigkeit im Vermögensgerichtsstand, IPRax 1993, 216 ff.

ders. | Menschenrechte im internationalen Zivilverfahrensrecht, in: Berichte der deutschen Gesellschaft für Völkerrecht, Bd. 33, „Aktuelle Probleme des Menschenrechtsschutzes“, Heidelberg 1994

ders. | Verfassungsrechtliche Vorgaben bei der Normierung der internationalen Zuständigkeit, in FS Schwind, Wien 1993, S. 17 ff.

ders. | Internationales Zivilprozeßrecht, 3. Aufl., Köln 1997 (zit.: IZPR)

ders. | Einige Zweifelsfragen zur Abgrenzung nach dem EWG-Übereinkommen vom 27.9.1968, RIW 1975, 81 ff. (zit.: Zweifelsfragen)

ders./Schütze, Rolf A. | Europäisches Zivilverfahrensrecht – Kommentar zum EuGVÜ und zum Lugano-Übereinkommen, München 1997 (zit.: Europäisches Zivilverfahrensrecht)

Gerhard, Frank | La compétence du juge dáppui pour prononcer des mesures provisoires extraterritoriales, SZIER 1999, S. 97 ff.

Gottwald, Peter | Grenzen zivilgerichtlicher Maßnahmen mit Auslandsberührung, FS Habscheid, 1989, S. 119 ff.

ders. [Hrsg.] | Revision des EuGVÜ – Neues Schiedsverfahrensrecht, Bielefeld 2000

ders. | Grundfrage der Anerkennung und Vollstreckung ausländischer Entscheidungen in Zivilsachen, ZZP 103 (1990), S. 257 ff.

Gronstedt, Sebastian | Grenzüberschreitender einstweiliger Rechtsschutz, (Dissertation Regensburg) Frankfurt am Main 1994

Grundmann, Stefan | Anerkennung Vollstreckung ausländischer einstweiliger Maßnahmen nach IPRG und Lugano-

Übereinkommen, (Dissertation) Basel/Frankfurt am Main 1996

Guldener, Max — Das internationale und interkantonale Zivilprozessrecht in der Schweiz, Zürich 1951; Supplement, Zürich 1959

Hector, Pascal — Das völkerrechtliche Abwägungsgebot, Abgrenzung der Souveränitätssphären durch Verfahren, Berlin 1992

Heinz, Thomas K. — Die Sicherungsbeschlagnahme von Luftfahrzeugen, TranspR 1988, 1 ff.

Heiss, Bernhard-Rudolf — Einstweiliger Rechtsschutz im europäischen Zivilrechtsverkehr: (Art. 24 EuGVÜ), Berlin 1987

Heldrich, Andreas — Internationale Zuständigkeit und anwendbares Recht, Berlin/Tübingen, 1969

Hellwig, Konrad — System des deutschen Zivilprozeßrechts, Band I, Leipzig 1912

Heß, Burkhard/ Vollkommer, Gregor — Die begrenzte Freizügigkeit einstweiliger Maßnahmen nach Art. 24 EuGVÜ, IPRax 1999, S. 220 ff.

Heß, Burkhard — Der Binnenmarktprozeß – Neuer Verfahrenstyp zwischen nationalem und internationalem Zivilprozeßrecht, JZ 1998, 1021 ff.

ders. — Die Zustellung von Schriftstücken im europäischen Justizraum, NJW 2001, 15 ff.

ders. — Die begrenzte Freizügigkeit einstweiliger Maßnahmen im Binnenmarkt II – weitere Klarstellung des Europäischen Gerichtshofs, IPRax 2000, 370 ff.

v. Hoffmann, Bernd — Gegenwartsprobleme internationaler Zuständigkeit, IPRax 1982, 217 ff.

Jayme, Erik — Forum non conveniens und anwendbares Recht, IPRax 1984, 303 ff.

ders. — Zum Jahrtausendwechsel: Das Kollisionsrecht zwischen Postmoderne und Futurismus, IPRax 2000, 165 ff.

ders. — Anmerkung zu OLG Düsseldorf, Beschluß vom 29.5.2000, in IPRax 2000, 547

Jayme, E./Kohler, C. — Europäisches Kollisionsrecht 1996 – Anpassung und Transformation der nationalen Rechte, IPRax 1996, 377 ff.

dies. — Europäisches Kollisionsrecht 1999 – Die Abendstunde der Staatsverträge, IPRax 1999, 401 ff.

Jenard, P. — Bericht zu dem Übereinkommen über die gerichtliche Zuständigkeit und die Vollstreckung gerichtlicher Entscheidungen in Zivil- und Handelssachen, ABl. EG vom 5.3.1979 Nr. C59, S. 1 ff.

Kegel, Gerhard — Zur Reform des deutschen internationalen Ehescheidungsrechts, in: Vorschläge und Gutachten zur Reform des deutschen internationalen Eherechts, Berlin/Tübingen, 1982, S. 101 ff. (zit.: Vorschläge und Gutachten)

Kerameus, Konstantinos — Bericht über den Beitritt der Republik Griechenland zum EG-Übereinkommen über die gerichtliche Zuständigkeit und die Vollstreckung gerichtlicher Entscheidungen in Zivil- und Handelssachen, in Bülow-Böckstiegel, Internationaler Rechtsverkehr in Zivil- und Handelssachen, Loseblatt Stand 10/2000, München (zit.: Kerameus-Bericht)

Kleinstück, Till — Due Process-Beschränkungen des Vermögensgerichtsstandes durch hinreichenden Inlandsbezug und Minimum Contacts – Eine rechtsvergleichen-

	de Untersuchung unter besonderer Berücksichtigung des U.S.-amerikanischen und österreichischen Rechts, (Dissertation) München 1994 (zit.: Due Process)
Kohler, Christian	Internationale Gerichtsstandsvereinbarungen: Liberalität und Rigorismus im EuGVÜ, IPRax 1983, 265 ff.
ders.	Internationales Verfahrensrecht für Ehesachen in der Europäischen Union: Die Verordnung „Brüssel II", NJW 2001, S. 10 ff.
ders.	Einheit, Vielheit und Relativität im Kollisionsrecht der EG-Mitgliedstaaten, IPRax 1992, 277 ff.
ders.	Die Revision des Brüsseler und des Luganer Übereinkommens über die gerichtliche Zuständigkeit und die Vollstreckung gerichtlicher Entscheidungen in Zivil- und Handelssachen – Generalia und Gerichtsstandsproblematik, in: [Hrsg.] Gottwald, Peter, Revision des EuGVÜ – Neues Schiedsverfahrensrecht – Ein Forschungsbericht, Bielefeld 2000, dort S. 1 ff.
Kramer, X.E.	De erkenning en tenuitvoerlegging van kortgeding-vonnissen oder het EEX: het Mietz-arrest, in NIPR 2000, S. 26 ff.
ders.	Internationale bevoegdheid van de kortgedingrechter, Nederlands Tijdschrift voor Burgerlijk Recht, 1999, S. 74 ff.
Kronke, Herbert	Die Wirkungskraft der Grundrechte bei Fällen mit Auslandsbezug, in: Berichte der Deutschen Gesellschaft für Völkerrecht, 25. Tagung, „Die Wirkungskraft der Grundrechte bei Fällen mit Auslandsbezug", hrsg. von Doester-Waltjen, Kronke, Kokott, Heidelberg 1998, S. 33 ff. (zit.: Grundrechte)

ders. | Reform des internationalen Zivilprozessrechts in Europa: Grundfragen der Regelung internationaler Zuständigkeit, in Collisio legum, FS für Gerardo Broggini, Milano 1997, S. 223 ff. (zit.: FS Broggini)

Kropholler, Jan | Europäisches Zivilprozeßrecht, 6. Auflage, Heidelberg 1998

ders. | Internationales Privatrecht, 3. Auflage, Tübingen 1997 (zit.: IPR)

ders. | „Internationale Zuständigkeit", in: Handbuch des internationalen Zivilverfahrensrechts, Bd. I, Tübingen 1982, S. 197 ff. (zit.: Hdb. IZVR)

Lalive, Pierre | Tendances et méthodes en droit international privé, Récueil des Cours 1977-II, 1 ff.

Lange, Sandra | Het Nederlandse `incassokorgeding´ EEXit?, Nederlands Jurisdenblad 1999, 157 ff.

Larenz, Karl | Methodenlehre der Rechtswissenschaft, 6. Auflage, Berlin 1991

Leipold, Dieter | Grundlagen des einstweiligen Rechtsschutzes im zivil-, verfassungs- und verwaltungsgerichtlichen Verfahren, München1971 (zit.: Grundlagen)

ders. | Zur internationalen Zuständigkeit im Insolvenzverfahren, FS für Gottfried Baumgärtel, Köln 1990, S. 291 ff. (zit.: Internationale Zuständigkeit)

Mann, F.A. | The Doctrin of Jurisdiction in International Law, Recueil des Cours, 1964-I (111), S. 1 ff.

ders. | The Doctrin of Jurisdiction revisited after twenty years, Recueil des Cours, 1984-III (186), S. 9 ff.

Mark Jürgen/Ziegenhain, Hans-Jörg	Der Gerichtsstand des Vermögens im Spannungsfeld zwischen Völkerrecht und deutschem Prozeßrecht, NJW 1992, S. 3062 ff.
Matscher, Franz	Die Einwirkungen der EMRK auf das Internationale Privat- und zivilprozessuale Verfahrensrecht, FS Schwind, Wien 1993, S. 71 ff.
Maunz-Dürig	Grundgesetz-Kommentar, München, Stand März 2001 (zit.: GG-Komm.)
Meier, Isaak	Internationales Zivilprozeßrecht, Zürich 1994
ders.	Besondere Vollstreckungstitel nach dem Lugano-Übereinkommen, in Schwander, Ivo [Hrsg.], Das Lugano-Übereinkommen, St. Gallen 1990, S. 157 ff. (zit.: Besondere Vollstreckungstitel)
Meyer, Ernst	Grundzüge einer systemorientierten Wertungsjurisprudenz, Tübingen 1984
Meng, Werner	Völkerrechtliche Zulässigkeit und Grenzen wirtschaftsverwaltungsrechtlicher Hoheitsakte mit Auslandswirkung, ZaöRV 44 (1984), S. 657 ff. (zit.: Völkerrechtliche Zulässigkeit)
Milleker, Erich	Der negative internationale Kompetenzkonflikt – Versuch eines Beitrages zur Lehre vom Renvoi im internationalen Zivilprozeß (zit.: Negativer Kompetenzkonflikt)
Mülbert, Peter O.	Mißbrauch von Bankgarantien und einstweiliger Rechtsschutz, Tübingen 1985 (Dissertation Tübingen)
Müller, Harald	Die Gerichtspflichtigkeit wegen „doing business“; ein Vergleich zwischen dem US-amerikanischen und dem deutschen Zuständigkeitssystem, München 1992 (Dissertation Regensburg)

Münchener Kommentar — Band 1 und 2, 2. Auflage, München 2000; Band 3, 1. Auflage, München 1992 (zit.: Müko-ZPO-Bearbeiter)

Nagel, H./Gottwald P. — Internationales Zivilprozeßrecht, 4. Auflage, Münster 1997 (zit.: IZPR)

Neuhaus, Paul H. — Internationales Zivilprozeßrecht und Internationales Privatrecht, RabelsZ 20 (1955), 201 ff.

Normand, Jacques — Anmerkung zum Urteil der Cour de Cassation vom 13.4.1999 (1re Ch.civ.), Revue critique de droit international privé 1999, S. 353 ff.

North, P.M. — The Brussels Convention and Forum Non Conveniens, IPRax 1992, S. 183 ff.

Oehlmann, Alexander W. — Praxis der Auslandsgarantien, Hrsg. Deutscher Sparkassen- und Giroverband e.V., Stuttgart 1998

Pagenstecher, Max — Gerichtsbarkeit und internationale Zuständigkeit als selbständige Prozessvoraussetzungen, RabelsZ 11 (1937), S. 337 ff.

Palandt — Bürgerliches Gesetzbuch – Kommentar, 60 Auflage, München 2000

Peukert, Wolfgang — Verfassungsgarantien und Zivilprozess (Art. 6 EMRK), RabelsZ 63 (1999), S. 600 ff.

Pfeiffer, Thomas — Internationale Zuständigkeit und prozessuale Gerechtigkeit – Die international Zuständigkeit im Zivilprozeß zwischen effektivem Rechtsschutz und nationaler Zuständigkeitspolitik, Frankfurt a.M. 1995, (zit.: Internationale Zuständigkeit)

Punt, B.C. — Vortrags- und Buchbesprechung über J.F. Bruinsma, „Kadi-rechtspraak in postmodern Nederland“ und „Korte gedingen, een rechtssociologisch verslag“, THEMIS 1998, S. 156 ff.

Puttfarken, Hans Jürgen — Anmerkung zu Koblenz, Urteil vom 2.5.1975, RIW/AWD 1977, 360 ff.

Ras, H.E. — De betekenis van het EEG-executieverdrag voor de rechter van het land waar een onder het verdrag vallende zaak wordt aangebracht, T.P.R. 1975, S. 851 ff.

Riezler, Erwin — Internationales Zivilprozessrecht und prozessuales Fremdenrecht, Berlin 1949

Rosenberg/Gaul/Schilken — Zwangsvollstreckungsrecht, 11. Aufl., München 1997

Rudolf, Walter — Territoriale Grenzen der staatlichen Rechtsetzung, in: Berichte der Deutschen Gesellschaft für Völkerrecht, Heft 11 (1971), Karlsruhe, 1973 (zitiert: Territoriale Grenzen)

Ruttiens/Blondiaux — Les Codes et les lois spéciales les plus usuelles en vigueur en Belgique, 29. Auflage, Brüssel 1956, Band I „Matières civiles et commerciales“ (zit.: Les Codes Belges)

Sachs, Michael (Hrsg.) — Grundgesetz Kommentar, 2. Auflage, München 1999

Schack, Haimo — Internationales Zivilverfahrensrecht, 2. Auflage, München 1996 (zit.: IZVR)

ders. — Jurisdictional minimum contacts scrutinized: interstaatliche und internationale Zuständigkeit US-amerikanischer Gerichte, Heidelberg, 1983 (zit.: Minimum Contacts)

ders. — Entscheidungszuständigkeiten in einem weltweiten Gerichtsstands- und Vollstreckungsübereinkommen, ZEuP 1998, S. 931 ff.

Schellhammer, Kurt — Zivilprozeß – Ein Lehrbuch, 8. Auflage, Heidelberg 1999

Schellhammer, Kurt — Zivilprozeß: Gesetz-Praxis-Fälle, 8. Auflage, Heidelberg 1999

Scherer, Inge — Das Beweismaß bei der Glaubhaftmachung, Köln 1996

Scheucher, Leo — Studien zur internationalen Zuständigkeit in Vermögensstreitigkeiten, Wien 1972 (zit.: Studien)

Schlosser, Peter — Einschränkungen des Vermögensgerichtsstandes, IPRax 1992, 140 ff

ders. — Jurisdiction in international litigation – The issue of human rights in relation to national law and to the Brussels Convention, Rivista di Diritto Internazionale 74 (1991), S. 5 ff.

ders. — Bericht zu dem Übereinkommen vom 9.10.1978 über den Beitritt des Königreichs Dänemark, Irlands und des Vereinigten Königreichs Großbritannien und Nordirland zum Übereinkommen über die gerichtliche Zuständigkeit und die Vollstreckung gerichtlicher Entscheidungen in Zivil- und Handelssachen, Abl.EG Nr. C 59 vom 5.3.1979, S. 71 ff. (zit.: Schlosser-Bericht)

ders. — Kommentar zum EuGVÜ, München 1996

Schmidt, Hubert — Anfechtungsklage des Konkursverwalters und Anwendbarkeit des EuGVÜ, EuZW 1990, S. 219 ff.

Scholz, Ingo — Das Problem der autonomen Auslegung des EuGVÜ, Tübingen, 1998

Schröder, Jochen — Internationale Zuständigkeit – Entwurf eines Systems von Zuständigkeitsinteressen im zwischenstaatlichen Privatrechtsverfahren aufgrund rechtshistorischer, rechtsvergleichender und rechtspolitischer Betrachtungen, Opladen 1972

Schumann, Ekkehard — Der internationale Gerichtsstand des Vermögens und seine Einschränkungen, studi in onore die Enrico Tullio Liebmann II, Mailand 1979, S. 839 ff.

ders. — Menschenrechtskonvention und Zivilprozeß, FS Karl Heinz Schwab, München 1990, S. 449 ff.

Schuschke/Walker — Vollstreckung und vorläufiger Rechtsschutz – Kommentar zum 8. Buch der Zivilprozeßordnung, 2. Aufl., Köln 1999

Schütze, Rolf A. — Deutsche Internationales Zivilprozeßrecht, Berlin 1985 (zit.: Deutsches IZPR)

Schwarz, Matthias — Der Gerichtsstand der unerlaubten Handlung nach deutschem und europäischem Zivilprozeßrecht, Frankfurt a.M., 1991 (Dissertation Freiburg i.Br.)

Sickhoff, Andreas — Die Tatortregel im neuen Deliktskollisionsrecht, IPRax 2000, 1 ff.

Snijders, H.J. [Hrsg.] — Nederlands burgerlijk procesrecht, Zwolle 1993

ders. [Hrsg.] — Access to civil procedure abroad, Kluwer 1996, (zit.: Civil procedure)

Soergel-Bearbeiter — Kommentar zum BGB, Bd. 2, 12. Auflage, Stuttgart 1990

Spellenberg, Ulrich/ Leible, Stefan — Die Notwendigkeit vorläufigen Rechtsschutzes bei transnationalen Streitigkeiten, in: Gilles, Peter (Hrsg.) Transnationales Prozessrecht: Deutsche Landesberichte zur Weltkonferenz für Prozeßrecht in Taormina, Sizilien, 1995, Baden-Baden, 1995.

Spellenberg, Ulrich — Die Vereinbarung des Erfüllungsortes und Art. 5 Nr. 1 des Europäischen Gerichtsstands- und Vollstreckungsübereinkommens, IPRax 1981, 75 ff.

Stadler, Astrid — Erlaß und Freizügigkeit einstweiliger Maßnahmen im Anwendungsbereich des EuGVÜ, JZ 1999, S. 1089 ff.

dies. — Die Revision des Brüsseler und des Lugano-Übereinkommens über die gerichtliche Zuständigkeit und die Vollstreckung gerichtlicher Entscheidungen in Zivil- und Handelssachen, in „Revision des EuGVÜ – Neues Schiedsverfahrensrecht", Hrsg. von Peter Gottwald, Bielefeld 2000, S. 37 ff.

Stein, P.A. — Civil Procedure, in: Introduction to Dutch law for foreign lawyers, 2. Auflage, hsrg. von Chorus/Gerver/Hondius/Koekkoek, Kluwer 1993 (zit.: Introduction)

ders. — Compendium van het burgerlijk procesrecht, Deventer 1995 (zit.: Compendium)

Stein/Jonas — Kommentar zur Zivilprozeßordnung, 21. Auflage, Tübingen 1996 (zit.: Stein/Jonas-Bearbeiter)

Stern, Jacques — Arrest und einstweilige Verfügungen nach der deutschen Zivilprozeßordnung, Berlin 1912

Stickler, Susanne — Das Zusammenwirken von Art. 24 EuGVÜ und §§ 916 ff. ZPO, (Dissertation Regensburg), Berlin 1992

Stürner, Rolf — Einstweilige Verfügung auf Durchführung von Austauschverträgen, Festschrift für Albrecht Zeuner, Tübingen 1994, S. 513 ff.

ders. — Der einstweilige Rechtsschutz in Europa, Festschrift für Karlmann Geiß, Köln 2000, S. 199 ff.

Szászy, István — Allgemeine Grundsätze zur Bestimmung der Gerichtsbarkeit im internationalen Zivilprozeßrecht, ÖZöR 15 (1965), S. 422 ff.

Thiere, Karl — Die Wahrung überindividueller Interessen im Zivilprozeß, Bielefeld 1980

Thomas/Putzo — Zivilprozeßordnung, 22. Auflage, München 1999 (zit.: Thomas/Putzo-Bearbeiter)

Thümmel, Roderich C. — Zum Gerichtsstand im Arrestverfahren, NJW 1985, S. 472 f.

Ulmer P./Brandner H.E./ Hensen H.-D. — Kommentar zum Gesetz zur Regelung des Rechts der Allgemeinen Geschäftsbedingungen, 8. Auflage, Köln 1997 (zit.: AGB-Gesetz)

Vogel, Klaus — Der räumliche Anwendungsbereich der Verwaltungsrechtsnorm, Frankfurt a.M./Berlin 1965

Vogg, Stefan — Einstweiliger Rechtsschutz und vorläufige Vollstreckbarkeit: Gemeinsamkeiten und Wertungswidersprüche (Dissertation Augsburg), Berlin 1991

Vlas, Peter — Anmerkung zum Van Uden-Urteil, in Nederlandse Jurisprudentie 1999, Nr. 339, S. 1867 ff.

ders. — Anmerkung zum Mietz-Urteil, in Nederlandse Jurisprudentie 2000, Nr. 90, S. 569 ff.

Walker, Wolf-Dietrich — Der einstweilige Rechtsschutz im Zivilprozeß und im arbeitsgerichtlichen Verfahren, Tübingen 1993

Weizenegger, Rudolf — Der Gerichtsstand des § 23 ZPO und seine geschichtliche Entwicklung, (Dissertation) Göttingen 1915

Wieczorek/Schütze — Zivilprozessrecht und Nebengesetze – Großkommentar, 3. Auflage, Berlin 1995 (zit.: ZPO-Komm)

Wolf, Christian — Die Anerkennungsfähigkeit von Entschei-dungen im Rahmen eines niederländischen kort geding-Verfahrens nach dem EuGVÜ, EuZW 2000, 11 ff.

ders.	Konturen eines europäischen Systems des einstweiligen Rechtsschutzes, EWS 2000, S. 11 ff.
Wolff, H./Bachof, O.	Verwaltungsrecht I, 9. Auflage, München 1974
Zarbock, Walter H.	Internationales Jugend- und Familienrecht, Köln, Loseblatt (bis 1988 lautete der Veröffentlichungstitel: „Jugend- und Familienrecht – Internationale Abkommen")
Zeiler, Gerold	Europäisches Sicherungsverfahren: Die Regelungen der Europäischen Gerichtsstands- und Vollstreckungsübereinkommen über einstweilige Maßnahmen, Juristische Blätter, 1996, S. 635 ff.
Ziegenhain, Hans-Jörg	Extraterritoriale Rechtsanwendung und die Bedeutung des Genuine-Link-Erfordernisses – Eine Darstellung der deutschen und amerikanischen Staatenpraxis, (Dissertation) München 1992 (zit. Extraterritoriale Rechtsanwendung)
Zonderland, Pieter	Einstweilige Verfügungen in den Niederlanden, ZZP 1977, 225 ff.
Zweigert, Konrad	Nichterfüllung auf Grund ausländischer Leistungsverbote, RabelsZ 14 (1942), S. 283 ff.

Abkürzungsverzeichnis

a.A.	anderer Auffassung
Abl.EG	Amtsblatt der Europäischen Gemeinschaften
a.E.	am Ende
a.F.	alter Fassung
All ER	All England Law Reports
Aufl.	Auflage
AVAG	Anerkennungs- und Vollstreckungsausführungsgesetz
BayOblG	Bayerisches Oberstes Landesgericht
Bd.	Band
Ber.d.dtn.Ges.f.Völkerr.	Berichte der deutschen Gesellschaft für Völkerrecht
BGBl.	Bundesgesetzblatt
BGH	Bundesgerichtshof
BGHZ	Entscheidungen des Bundesgerichtshofes in Zivilsachen
BT-Drucks.	Drucksache des Deutschen Bundestages
BVerfGE	Entscheidungen des Bundesverfassungsgerichtes
CC	Code Civil (Frankreich)
Cir.	Circuit
ders.	derselbe
dies.	dieselben
DR	Decisions and Reports (Amtliche Sammlung der Entscheidungen der Europäischen Menschenrechtskommission von 1974-1998)
ebd.	ebenda
Einl.	Einleitung
EMRK	Europäische Menschenrechtskonvention
EuGH	Gerichtshof der Europäischen Gemeinschaften
EuGRZ	Europäische Grundrechtezeitschrift

EuGVÜ	Brüsseler EWG-Übereinkommen über die gerichtliche Zuständigkeit und die Anerkennung und Vollstreckung von Entscheidungen in Zivil- und Handelssachen
EuGVVO	Verordnung (EG) Nr. 44/2001 des Rates über die gerichtliche Zuständigkeit und die Anerkennung und Vollstreckung von Entscheidungen in Zivil- und Handelssachen
EuZW	Europäische Zeitschrift für Wirtschaftsrecht
EWG	Europäische Wirtschaftsgemeinschaft
EWS	Europäisches Wirtschafts- und Steuerrecht
FGG	Gesetz über die Angelegenheiten der freiwilligen Gerichtsbarkeit
FS	Festschrift
GG	Grundgesetz
GRUR Int.	Gewerblicher Rechtsschutz und Urheberrecht – International
HdBuch	Handbuch
h.M.	herrschende Meinung
HR	Hoge Raad
ICJ Reports	International Court of Justice, Reports of Judgments, Advisory Opinions and Orders
idF	in der Fassung
IPRax	Praxis des Internationalen Privat- und Verfahrensrechts
IP-Rechtsprechung	Die deutsche Rechtsprechung auf dem Gebiete des IPR
IPR-G	Schweizer IPR Gesetz
iS(v)	im Sinne (von)
IZPR	Internationales Zivilprozeßrecht
IZVR	Internationales Zivilverfahrensrecht
JBl	Juristische Blätter (Österreich)
JW	Juristische Wochenschrift
JZ	Juristenzeitung
Kap.	Kapitel

Komm.	Kommentar
LugÜbk	Lugano-Übereinkommen über die gerichtliche Zuständigkeit und die Vollstreckung gerichtlicher Entscheidungen in Zivil- und Handelssachen
l.Sp.	linke Spalte
MDR	Monatsschrift für Deutsches Recht
mittl. Sp.	mittlere Spalte
MüKo	Münchener Kommentar
mwN	mit weiterem(n) Nachweis(en)
NCPC	Nouveau Code de procédure civile
NIPR	Nederland´s internationaal privaatrecht
N.	Fußnote
NJ	Nederland´s Jurisprudentie (Jahrgänge bis 1918 zitiert mit Seitenzahl; spätere Jahrgänge zitiert nach fortlaufenden Nummern und Seitenzahl)
NJB	Nederland´s Juristenblad
NJW	Neue Juristische Wochenschrift
NJW-RR	Rechtsprechungsreport der NJW
NTBR	Nederland´s Tijdschrift voor burgerlijk recht
OGH	Oberster Gerichtshof
ÖJZ	Österreichische Juristenzeitung
OLG	Oberlandesgericht
PCIJ	Permanent Court of International Justice
RabelsZ	Rabels Zeitschrift für ausländisches und internationales Privatrecht
RdC	Recueil des Cours (Académie de Droit international)
Rdnr(n).	Randnummer(n)
Rev. crit. d.i.p.	Revue critique de droit international privé
Riv.Dir.Int.	Rivista di diritto internazionale
RIW	Recht der Internationalen Wirtschaft/Außenwirtschaftsdienst des Betriebsberaters (auch zitiert als RIW/AWD)
r.Sp.	rechte Spalte
Rs.	Rechtssache

S.Ct.	Supreme Court Reporter
Sec.	section
Slg.	Sammlung der Rechtsprechung des Europäischen Gerichtshofes
StIGH	Ständiger Internationaler Gerichtshof
SZIER	Schweizerische Zeitschrift für internationales und europäisches Recht
T.P.R.	Tijdschrift voor privaatrecht
Tz.	Textziffer
Urt. v.	Urteil vom
U.S.	United States Supreme Court Reports
v.	versus oder vom
Vorbem.	Vorbemerkung
WBRv.	Wetboek van Burgelijke Rechtsvordering
WLR	Weekly Law Reports
WPNR	Weekblad voor privaatrecht, notariaat en registratie
ZaöRV	Zeitschrift für ausländisches öffentliches Recht und Völkerrecht
z.B.	zum Beispiel
ZEuP	Zeitschrift für Europäisches Privatrecht
ZfRV	Zeitschrift für Rechtsvergleichung
ZZP	Zeitschrift für Zivilprozeßrecht
ZZPInt.	Zeitschrift für Zivilprozeßrecht International

FSC
www.fsc.org
MIX
Papier | Fördert gute Waldnutzung
FSC® C083411

Kolibri 360 GmbH
Ferdinand-Jühlke-Straße 7
99095 Erfurt, Deutschland
produktsicherheit@kolibri360.de

Druck:
CPI Druckdienstleistungen GmbH
im Auftrag der
Kolibri 360 GmbH
Ferdinand-Jühlke-Str. 7
99095 Erfurt